STEVE LAUBE · AMANDA JENKINS · DALLAS JENKINS

The CHOSEN

Die Jesus-Geschichte

wie die **Bibel** sie erzählt

SCM
R.Brockhaus

SCM

Stiftung Christliche Medien

SCM R.Brockhaus ist ein Imprint der SCM Verlagsgruppe,
die zur Stiftung Christliche Medien gehört, einer gemeinnützigen Stiftung,
die sich für die Förderung und Verbreitung christlicher Bücher, Zeitschriften,
Filme und Musik einsetzt.

MIX
Papier | Fördert gute Waldnutzung
FSC® C014496

SCM R.Brockhaus in der SCM Verlagsgruppe GmbH
Max-Eyth-Straße 41 · 71 088 Holzgerlingen
Internet: www.scm-brockhaus.de | E-Mail: info@scm-brockhaus.de

Originally published in English under the title
The Chosen presents: A Blended Harmony of the Gospels.
This book was first published in the United States by BroadStreet Publishing Group
LLC, 8646 Eagle Creek Circle, Suite 210, Savage, MN 55378,

SCM R.Brockhaus in der SCM Verlagsgruppe GmbH
Max-Eyth-Str. 41 · 71088 Holzgerlingen
Internet: www.scm-brockhaus.de | E-Mail: info@scm-brockhaus.de
Textstand 22|10

Übersetzung und Redaktion: Lydia Rieß
Umschlaggestaltung: Kathrin Spiegelberg, Weil im Schönbuch
Satz: typoscript GmbH, Walddorfhäslach
Druck und Verarbeitung: GGP Media GmbH, Pößneck
Gedruckt in Deutschland
ISBN 978-3-417-02030-4
Bestell-Nr. 227.002.030

INHALT

VORWORT VON DALLAS UND AMANDA JENKINS

Vor ein paar Jahren hörten wir eine bemerkenswerte Geschichte von einem Missionar, der im Iran tätig war. Sein Team verteilte Bibeln, aber da christliche Literatur in diesem Land verboten ist, mussten die Bibeln im Schutze der Dunkelheit aus einem geheimen Fach hinten in einem LKW weitergegeben werden.

Eines Nachts, als das Team auf dem Weg zu einem bestimmten Ort war, hatte das Auto plötzlich eine Panne. Während das Team versuchte, die Ursache herauszufinden, kam ein Fremder auf sie zu und sagte in gebrochenem Englisch: »Ihr habt Bibel.«

Aus Angst vor der Geheimpolizei wichen sie einer Antwort aus.

Wieder sagte er: »Ihr habt Bibel.«

Das Team zögerte immer noch, weil es unsicher war, wie es antworten sollte, und weil es mögliche Konsequenzen fürchtete.

»Gott mir befohlen hat zu kommen«, fuhr der Mann fort. »Bleib hier stehen. Warte auf Bibel.«

Nun, wenn das so war. – »Ja. Wir haben Bibel.«

Sie gaben dem Mann alle Bibeln, die sie hatten. Als er sich zum Gehen wandte, bot das Team ihm an, mit ihm zu gehen und den Menschen im Dorf zu predigen. Doch als er in der Dunkelheit verschwand, hörten sie ihn sagen: »Nein. Bibel predigt.«

Diese Geschichte und diese zwei Worte sind uns im Gedächtnis geblieben. Schließlich ist die Bibel genug. Die Botschaft auf ihren Seiten ist das, was wir brauchen, denn sie bietet neues Leben in Jesus, dem lang erwarteten Retter der Welt und dem Grund, warum wir *die Auserwählten* sind.

Das bringt uns zu dem Buch, das du gerade in der Hand hältst. Als Geschichtenerzähler lieben wir es, dass es sich wie eine Geschichte liest – eine schöne Geschichte, die fließt und leicht zu verstehen ist. Als Menschen, die die Bibel lieben, sind wir überglücklich, dass im Gegensatz zur Serie jedes Wort in diesem Buch »von Gottes Geist eingegeben [ist] und uns lehren [kann], was wahr ist, und uns erkennen lassen [kann], wo Schuld in unserem Leben ist. Sie weist uns zurecht und erzieht uns dazu, Gottes Willen zu tun. Durch die Schrift bereitet Gott uns umfassend vor und rüstet uns aus für alles, was wir nach seinem Willen tun sollen« (2. Timotheus 3,16-17).

Wir fühlen uns gesegnet, dass wir *The Chosen* machen können, aber die Wahrheit ist, dass es nur eine Fernsehsendung ist.

Aber das hier … *die Bibel* ist der Grund, warum wir tun, was wir tun.

Mit anderen Worten, liebe Leserin, lieber Leser: Bibel predigt.

Dallas und Amanda Jenkins

EINFÜHRUNG VON STEVE LAUBE

Es ist eine Ehre und ein Privileg, an einem Projekt wie diesem zu arbeiten. Die vier Evangelien, Matthäus, Markus, Lukas und Johannes, sind Teil des inspirierten Wortes Gottes, das uns als Heilige Schrift gegeben wurde. Auch wenn sie sich im Stil unterscheiden, wurden sie alle jeweils geschrieben, um genaues historisches Material mit einer göttlichen Absicht zu präsentieren. Wer diese vier Berichte sorgfältig studiert, formt schließlich die größere Geschichte in seinem Kopf, eine zusammenhängende Geschichte der Ereignisse.

Es ist jedoch nicht einfach, die vier Evangelien zu einer einzigen zusammenhängenden Geschichte zusammenzufügen. Erschwerend kommt hinzu, dass unsere moderne Welt Geschichten chronologisch erzählt, oft mit Datierungen als Orientierungshilfe, wie bei einem Dokumentarfilm. Die Schreiber des ersten Jahrhunderts dachten und schrieben nicht auf diese Weise. Außerdem gibt es Geschichten, die in einem Evangelium vorkommen, in den anderen aber nicht.

Um diese Herausforderung zu meistern, haben viele Gelehrte im Laufe der Jahrhunderte die Worte der vier Evangelien in parallelen Spalten angeordnet – in *Synopsen.* (Beispiele dafür findest du in der Literatur am Ende des Buches.) Andere wollten die vier Evangelien in einer einzigen Geschichte zusammenfassen, anstatt sie nebeneinanderzustellen. Um das Jahr 160 n. Chr. schrieb Tatian, ein früher Christ in Syrien, sein *Diatessaron*, in dem er die Evangelien zu einer einzigen fortlaufenden Geschichte, einer *Harmonie*, zusammenfasste. Andere bekannte Autoren wie Augustinus und Johannes Calvin verfassten ihre Kommentare so, dass die

Evangelien parallel oder zusammenhängend dargestellt wurden. In Anlehnung an diese langjährige Praxis haben wir etwas Ähnliches getan und eine Harmonie der Evangelien zusammengestellt.

Das Ziel dieses Buches ist es, die Jesusgeschichte in einer nahtlosen Form zu erzählen. Die Verszählung (die ursprünglich 1551 in die Bibel aufgenommen wurde) wurde entfernt, damit sie beim Lesen nicht stört. Vor den in organische Abschnitte unterteilten Szenen oder Themen stehen Zwischenüberschriften, um den Lesefluss zu erleichtern. Zusätzlich ist die Geschichte in vierzig Lesungen unterteilt. Das ermöglicht es den Lesern und Leserinnen, jeden Tag über das Leben von Jesus zu meditieren.

Der Text der vier Evangelien bildet in seiner Gesamtheit die Grundlage dieses Buches, ohne dass identische Parallelsätze wiederholt werden. Dieses Werk ist nicht dazu gedacht, die Heilige Schrift in ihrer ursprünglichen Form zu ersetzen. Im hinteren Teil des Buches befindet sich sogar ein Index für jeden Abschnitt, der Leser und Leserinnen ermutigen soll, sich mit dem Text selbst weiter zu beschäftigen.

Letztendlich hoffen wir, dich dazu ermutigen zu können, in die größte Geschichte aller Zeiten einzutauchen. Jesus ist der Mittelpunkt von allem. Der Apostel Johannes drückt es in seinem Evangelium so passend aus: Diese Worte wurden »aufgeschrieben, damit ihr glaubt, dass Jesus der Christus ist, der Sohn Gottes, und damit ihr durch den Glauben an ihn in seinem Namen das ewige Leben habt« (Johannes 20,31).

Steve Laube

Tag 1

Der Anfang

So beginnt die gute Botschaft von Jesus Christus, dem Sohn Gottes. Verehrter Theophilus, viele haben schon über die Ereignisse geschrieben, die bei uns geschehen sind. Dabei haben sie die Berichte der ersten Jünger zugrunde gelegt, die mit eigenen Augen gesehen haben, wie Gott seine Verheißungen erfüllt hat. Ich habe alle diese Berichte von Anfang an sorgfältig studiert und beschlossen, alles in geordneter Folge für dich aufzuzeichnen. Auf diese Weise kannst du dich von der Zuverlässigkeit der Lehre überzeugen, in der du unterrichtet wurdest.

Am Anfang war das Wort. Das Wort war bei Gott und das Wort war Gott. Er war am Anfang bei Gott. Durch ihn wurde alles geschaffen, was ist. Es gibt nichts, was er, das Wort, nicht geschaffen hat. Das Leben selbst war in ihm, und dieses Leben schenkt allen Menschen Licht. Das Licht scheint in der Dunkelheit, und die Dunkelheit konnte es nicht auslöschen.

Gott sandte Johannes den Täufer, um allen Menschen von dem Licht zu erzählen, damit durch ihn alle daran glauben. Johannes selbst war nicht das Licht; er war nur ein Zeuge für das Licht. Der, der das wahre Licht ist, das alle Menschen erleuchtet, sollte erst noch in die Welt kommen.

Doch obwohl die Welt durch ihn geschaffen wurde, erkannte die Welt ihn nicht, als er kam. Er kam in die Welt, die ihm gehört, und sein eigenes Volk nahm ihn nicht auf. All denen aber, die ihn aufnahmen und an seinen Namen glaubten, gab er das Recht, Gottes Kinder zu werden. Sie wurden dies weder durch ihre Abstammung noch durch menschliches Bemühen oder Absicht, sondern dieses neue Leben kommt von Gott.

Er, der das Wort ist, wurde Mensch und lebte unter uns. Er war voll Gnade und Wahrheit und wir wurden Zeugen seiner Herrlichkeit, der Herrlichkeit, die der Vater ihm, seinem einzigen Sohn, gegeben hat. Auf ihn wies Johannes die Menschen hin. Er rief ihnen zu: »Das ist der, von dem ich gesagt habe: ›Es kommt einer nach mir, der ist größer als ich, denn er war da, lange bevor es mich gab.‹« Aus seiner Fülle haben wir ja alle geschöpft: Eine Gnade folgte auf die andere. Denn das Gesetz wurde durch Mose gegeben; Gottes Gnade und Wahrheit kamen durch Jesus Christus. Niemand hat Gott je gesehen. Doch sein einziger Sohn, der selbst Gott ist, ist dem Herzen des Vaters ganz nahe; er hat uns von ihm erzählt.

Der Stammbaum von Abraham bis Jesus

Dies ist ein Verzeichnis der Vorfahren von Jesus Christus, einem Nachkommen des Königs David und Abrahams:

Abraham war der Vater von Isaak. Isaak war der Vater von Jakob. Jakob war der Vater von Juda und seinen Brüdern. Juda war der Vater von Perez und Serach (ihre Mutter war Tamar). Perez war der Vater von Hezron. Hezron war der Vater von Ram. Ram war der Vater von Amminadab. Amminadab war der Vater von Nachschon. Nachschon war der Vater von Salmon. Salmon war der Vater von Boas (seine Mutter war Rahab). Boas war der Vater von Obed (seine Mutter war Rut). Obed war der Vater von Isai. Isai war der Vater von König David.

David war der Vater von König Salomo (seine Mutter war die Frau von Uria). Salomo war der Vater von Rehabeam. Rehabeam war der Vater von Abija. Abija war der Vater von Asa. Asa war der Vater von Joschaphat. Joschaphat war der Vater von Joram. Joram war der Vater von Usija. Usija war der Vater von Jotam. Jotam war der Vater von Ahas. Ahas war der Vater von Hiskia. Hiskia war der Vater von Manasse. Manasse war der Vater von Amon. Amon war der Vater von Josia. Josia war der Vater von Jojachin und seinen Brüdern (die in der Zeit des babylonischen Exils geboren wurden).

Nach dem babylonischen Exil: Jojachin war der Vater von Schealtiël. Schealtiël war der Vater von Serubbabel. Serubbabel war der Vater von Abihud. Abihud war der Vater von Eljakim. Eljakim war der Vater von Asor. Asor war der Vater von Zadok. Zadok war der Vater von Achim. Achim war der Vater von Eliud. Eliud war der Vater von Eleasar. Eleasar war der Vater von Mattan. Mattan war der Vater von Jakob. Jakob war der Vater von Josef, dem Ehemann Marias. Maria war die Mutter von Jesus, der Christus genannt wird.

Von Abraham bis König David sind es insgesamt vierzehn Generationen, von David bis zum babylonischen Exil wiederum vierzehn, und noch einmal vierzehn Generationen nach dem babylonischen Exil bis zu Christus.

Der Stammbaum von Jesus bis Adam

Jesus war etwa dreißig Jahre alt, als er öffentlich zu wirken begann. Jesus war bekannt als der Sohn Josefs. Josef war der Sohn von Eli. Eli war der Sohn von Mattat. Mattat war der Sohn von Levi. Levi war der Sohn von Melchi. Melchi war der Sohn von Jannai. Jannai war der Sohn von Josef. Josef war der Sohn von Mattitja.

Mattitja war der Sohn von Amos. Amos war der Sohn von Nahum. Nahum war der Sohn von Hesli. Hesli war der Sohn von Naggai. Naggai war der Sohn von Mahat. Mahat war der Sohn von Mattitja. Mattitja war der Sohn von Schimi. Schimi war der Sohn von Josech. Josech war der Sohn von Joda. Joda war der Sohn von Johanan. Johanan war der Sohn von Resa. Resa war der Sohn von Serubbabel. Serubbabel war der Sohn von Schealtiël. Schealtiël war der Sohn von Neri. Neri war der Sohn von Melchi. Melchi war der Sohn von Addi. Addi war ein Sohn von Kosam. Kosam war der Sohn von Elmadam. Elmadam war der Sohn von Er. Er war der Sohn von Joschua. Joschua war der Sohn von Eliëser. Eliëser war der Sohn von Jorim. Jorim war der Sohn von Mattat. Mattat war der Sohn von Levi. Levi war der Sohn von Simeon. Simeon war der Sohn von Juda. Juda war der Sohn von Josef. Josef war der Sohn von Jonam. Jonam war der Sohn von Eljakim. Eljakim war der Sohn von Melea. Melea war der Sohn von Menna. Menna war der Sohn von Mattata. Mattata war der Sohn von Nathan. Nathan war der Sohn von David. David war der Sohn von Isai. Isai war der Sohn von Obed. Obed war der Sohn von Boas. Boas war der Sohn von Salmon. Salmon war der Sohn von Nachschon. Nachschon war der Sohn von Amminadab. Amminadab war der Sohn von Admin. Admin war der Sohn von Arni. Arni war der Sohn von Hezron. Hezron war der Sohn von Perez. Perez war der Sohn von Juda. Juda war der Sohn von Jakob. Jakob war der Sohn von Isaak. Isaak war der Sohn von Abraham. Abraham war der Sohn von Terach. Terach war der Sohn von Nahor. Nahor war der Sohn von Serug. Serug war der Sohn von Regu. Regu war der Sohn von Peleg. Peleg war der Sohn von Eber. Eber war der Sohn von Schelach. Schelach war der Sohn von Kenan. Kenan war der Sohn von Arpachschad. Arpachschad war der Sohn von Sem. Sem war der Sohn von Noah. Noah war der Sohn von Lamech. Lamech war der Sohn von Metuschelach. Metuschelach war der Sohn von Henoch. Henoch war der Sohn von Jered. Jered war der Sohn von Mahalalel. Mahalalel war der Sohn von Kenan. Kenan war der Sohn von Enosch. Enosch war der Sohn von Set. Set war der Sohn von Adam. Adam kam von Gott.

Die Ankündigung der Geburt von Johannes dem Täufer

Zu der Zeit, als Herodes König von Judäa war, lebte ein jüdischer Priester namens Zacharias. Er war Priester von der Ordnung des Abija, und auch seine Frau Elisabeth stammte aus dem Priestergeschlecht Aarons. Zacharias und seine Frau führten ein gottesfürchtiges Leben und befolgten alle Gebote und Vorschriften des Herrn. Sie hatten keine Kinder, weil Elisabeth unfruchtbar war, und jetzt waren sie beide schon sehr alt.

Eines Tages, als Zacharias seinen Dienst im Tempel verrichtete, weil in dieser Woche seine Ordnung an der Reihe war, wurde er nach priesterlichem Brauch durch das Los dazu ausgewählt, das Heiligtum zu betreten, um das Rauchopfer darzubringen. Währenddessen stand draußen eine große Menschenmenge und betete. Als Zacharias im Heiligtum war, erschien ihm ein Engel des Herrn. Dieser stand rechts neben dem Altar für das Rauchopfer. Zacharias erschrak bis ins Herz, doch der Engel sagte: »Hab keine Angst, Zacharias! Gott hat dein Gebet erhört. Deine Frau Elisabeth wird dir einen Sohn schenken, und du sollst ihn Johannes nennen. Du wirst überglücklich sein bei seiner Geburt, und viele Menschen werden sich mit dir freuen, denn er wird in den Augen des Herrn groß sein. Er wird keinen Wein oder andere berauschende Getränke anrühren und schon vor seiner Geburt mit dem Heiligen Geist erfüllt werden. Und er wird viele Israeliten dazu bringen, sich wieder dem Herrn, ihrem Gott, zuzuwenden. Er wird ein Mann mit dem Geist und der Kraft des Propheten Elia sein, der dem Herrn vorausgeht und das Volk auf seine Ankunft vorbereitet. Er wird die Herzen der Väter ihren Kindern zuwenden und die Ungehorsamen dazu bewegen, sich der göttlichen Weisheit zu öffnen.«

Zacharias fragte den Engel: »Wie kann ich sicher sein, dass das wirklich geschehen wird? Ich bin jetzt ein alter Mann, und auch meine Frau ist schon in fortgeschrittenem Alter.«

Da sagte der Engel: »Ich bin Gabriel. Ich habe meinen Platz in der Gegenwart Gottes. Er hat mich mit dieser frohen Botschaft zu dir gesandt! Weil du meinen Worten nicht geglaubt hast, wirst du nicht mehr sprechen können, bis das Kind geboren ist. Denn meine Worte werden sich erfüllen, wenn die Zeit gekommen ist.«

Mittlerweile warteten die Menschen draußen auf Zacharias und wunderten sich, wo er so lang blieb. Als er endlich heraustrat, konnte er nicht zu ihnen sprechen. An seinen Gesten erkannten sie jedoch, dass er im Heiligtum des Tempels eine Vision gehabt hatte. Er blieb im Tempel, bis die Zeit seines Dienstes vorüber war, und ging dann nach Hause.

Kurze Zeit später wurde seine Frau Elisabeth schwanger. Sie zog sich fünf Monate lang zurück. »Wie gütig doch der Herr ist!«, rief sie. »Er hat mich von der Schande der Kinderlosigkeit befreit!«

Maria wird die Geburt von Jesus angekündigt

Als Elisabeth im sechsten Monat schwanger war, sandte Gott den Engel Gabriel nach Nazareth, in eine Stadt in Galiläa, zu einem Mädchen, das noch Jungfrau war. Sie hieß Maria und war mit einem Mann namens Josef verlobt, einem Nachfahren von David. Gabriel erschien ihr und sagte: »Sei gegrüßt! Du bist beschenkt mit großer Gnade! Der Herr ist mit dir!« Erschrocken überlegte Maria, was der Engel damit wohl meinte. Da erklärte er ihr: »Hab keine Angst, Maria, denn du hast Gnade bei Gott gefunden. Du wirst schwanger werden und einen Sohn zur Welt bringen, den du Jesus nennen sollst. Er wird groß sein und Sohn des Allerhöchsten genannt werden. Gott, der Herr, wird ihn auf den Thron seines Vaters David setzen. Er wird für immer über Israel herrschen, und sein Reich wird niemals untergehen!«

Maria fragte den Engel: »Aber wie kann ich ein Kind bekommen? Ich bin noch Jungfrau.«

Der Engel antwortete: »Der Heilige Geist wird über dich kommen, und die Macht des Allerhöchsten wird dich überschatten. Deshalb wird das Kind, das du gebären wirst, heilig und Sohn Gottes genannt werden. Sieh doch: Deine Verwandte Elisabeth ist in ihrem hohen Alter noch schwanger geworden! Die Leute haben immer gesagt, sie sei unfruchtbar, und nun ist sie bereits im sechsten Monat. Denn bei Gott ist nichts unmöglich.«

Maria antwortete: »Ich bin die Dienerin des Herrn und beuge mich seinem Willen. Möge alles, was du gesagt hast, wahr werden und mir geschehen.« Darauf verließ der Engel sie.

Tag 2

Maria besucht Elisabeth

Einige Tage später beeilte sich Maria, ins Bergland von Judäa zu kommen, in die Stadt, in der Zacharias lebte. Als sie das Haus betrat und Elisabeth begrüßte, hüpfte Elisabeths Kind im Bauch seiner Mutter, und Elisabeth wurde vom Heiligen Geist erfüllt. Sie rief Maria laut entgegen: »Du bist von Gott gesegnet vor allen anderen Frauen, und gesegnet ist auch dein Kind. Welche Ehre, dass die Mutter meines Herrn mich besucht! Als du das Haus betreten und mich begrüßt hast, hüpfte mein Kind beim Klang deiner Stimme vor Freude! Gesegnet bist du, weil du geglaubt hast, dass der Herr tun wird, was er gesagt hat.«

Marias Lobgesang

Maria erwiderte: »Gelobt sei der Herr! Wie freue ich mich an Gott, meinem Retter! Er hat seiner unbedeutenden Magd Beachtung geschenkt, darum werden mich die Menschen in alle Ewigkeit glücklich preisen. Denn er, der Mächtige, ist heilig, und er hat Großes für mich getan. Seine Barmherzigkeit gilt von Generation zu Generation allen, die ihn ehren. Sein mächtiger Arm vollbringt Wunder! Wie er die Stolzen und Hochmütigen zerstreut! Er hat Fürsten vom Thron gestürzt und niedrig Stehende erhöht. Die

Hungrigen hat er mit Gutem gesättigt und die Reichen mit leeren Händen fortgeschickt. Und nun hat er seinem Diener Israel geholfen! Er hat seine Verheißung nicht vergessen, barmherzig zu sein, wie er es unseren Vorfahren verheißen hat, Abraham und seinen Kindern – für immer.«

Etwa drei Monate blieb Maria bei Elisabeth und kehrte dann nach Hause zurück.

Die Geburt von Johannes dem Täufer

Als für Elisabeth die Zeit der Geburt kam, brachte sie einen Jungen zur Welt. Schon bald hörten die Nachbarn und Freunde von der großen Barmherzigkeit, die der Herr ihr erwiesen hatte, und alle freuten sich von Herzen mit ihr.

Als das Kind acht Tage alt war, kamen die Verwandten und Freunde zur Beschneidungszeremonie. Sie wollten den Jungen nach seinem Vater Zacharias nennen. Aber Elisabeth sagte: »Nein! Sein Name lautet Johannes!«

»Was?«, riefen sie aus. »In deiner ganzen Familie gibt es niemand, der diesen Namen trägt.« Und sie wandten sich an den Vater des Kindes und befragten ihn mit Gesten. Er ließ sich eine Schreibtafel bringen und schrieb zur Überraschung aller: »Sein Name ist Johannes!« Im gleichen Augenblick konnte Zacharias wieder sprechen, und er fing an, Gott zu loben. Ehrfürchtiges Staunen erfasste die Menschen in der ganzen Gegend. Die Nachricht von diesen Ereignissen verbreitete sich überall im Bergland von Judäa. Alle, die davon erfuhren, dachten darüber nach und fragten sich: »Was wohl aus diesem Kind werden wird?« Denn es war offensichtlich, dass die Hand des Herrn mit ihm war.

Das Lied von Zacharias

Sein Vater Zacharias wurde mit dem Heiligen Geist erfüllt und weissagte:

»Gelobt sei der Herr, der Gott Israels, denn er ist zu seinem Volk gekommen und hat es erlöst. Einen mächtigen Retter aus dem königlichen Geschlecht seines Knechtes David hat er uns gesandt, wie er es vor langer Zeit durch seine heiligen Propheten versprochen hat. Nun werden wir vor unseren Feinden und vor allen, die uns hassen, gerettet werden. Er hat unseren Vorfahren Barmherzigkeit erwiesen, indem er seinen heiligen Bund mit ihnen nicht vergisst, den Bund, den er mit unserem Stammvater Abraham schloss. Wir wurden vor unseren Feinden gerettet, damit wir Gott alle Tage unseres Lebens dienen können in Heiligkeit und Gerechtigkeit – ohne Furcht. Und du, mein Kind, wirst Prophet des Allerhöchsten genannt werden, weil du dem Herrn den Weg ebnen wirst. Du wirst seinem Volk verkünden, wie es Rettung finden kann durch die Vergebung seiner Sünden. Durch die Güte und Barmherzigkeit Gottes wird nun das Licht des Himmels uns besuchen, um die zu erleuchten, die in der Dunkelheit und im Schatten des Todes sitzen, und um uns auf den Weg des Friedens zu leiten.«

Johannes wuchs heran und wurde stark im Geist. Später lebte er draußen in der Wildnis, bis die Zeit seines öffentlichen Wirkens in Israel begann.

Josef wird von Jesus erzählt

Und so wurde Jesus Christus geboren. Maria, seine Mutter, war mit Josef verlobt. Aber noch vor ihrer Hochzeit wurde sie, die noch Jungfrau war, schwanger durch den Heiligen Geist. Josef, ihr Verlobter, war ein aufrechter Mann. Um sie nicht der öffentlichen Schande preiszugeben, beschloss er, die Verlobung in aller Stille zu lösen.

Während er noch darüber nachdachte, erschien ihm im Traum ein Engel des Herrn. »Josef, Sohn Davids«, sagte der Engel, »zögere nicht, Maria zu heiraten. Denn das Kind, das sie erwartet, ist vom Heiligen Geist. Sie wird einen Sohn zur Welt bringen. Du sollst ihm den Namen Jesus geben, denn er wird sein Volk von allen Sünden befreien.«

All das geschah, damit sich erfüllt, was Gott durch seinen Propheten angekündigt hat: »Seht! Die Jungfrau wird ein Kind erwarten! Sie wird einem Sohn das Leben schenken, und er wird Immanuel genannt werden. Das heißt, Gott ist mit uns.«

Als Josef aufwachte, tat er, was der Engel des Herrn ihm gesagt hatte. Er nahm Maria zur Frau. Josef aber rührte sie nicht an, bis ihr Sohn geboren war. Und Josef gab ihm den Namen Jesus.

Die Geburt von Jesus

Zu jener Zeit ordnete der römische Kaiser Augustus an, dass alle Bewohner des Römischen Reiches behördlich erfasst werden sollten. Diese Erhebung geschah zum ersten Mal, und zwar, als Quirinius Statthalter von Syrien war. Alle Menschen reisten in ihre betreffende Stadt, um sich für die Zählung eintragen zu lassen.

Weil Josef ein Nachkomme Davids war, musste er nach Bethlehem in Judäa, in die Stadt Davids, reisen. Von Nazareth in Galiläa aus machte er sich auf den Weg und nahm seine Verlobte Maria mit, die schwanger war. Als sie in Bethlehem waren, kam die Zeit der Geburt heran. Maria gebar ihr erstes Kind, einen Sohn. Sie wickelte ihn in Windeln und legte ihn in eine Futterkrippe, weil es im Zimmer keinen Platz für sie gab.

Die Hirten und die Engel

In jener Nacht hatten ein paar Hirten auf den Feldern vor dem Dorf ihr Lager aufgeschlagen, um ihre Schafe zu hüten. Plötzlich trat ein Engel des Herrn in ihre Mitte. Der Glanz des Herrn umstrahlte sie. Die Hirten erschraken heftig, aber der Engel beruhigte sie. »Habt keine Angst!«, sagte er. »Ich bringe euch eine gute Botschaft, die das ganze Volk in große Freude versetzen wird: Der Retter – ja, Christus, der Herr – ist heute für euch in Bethlehem, der Stadt Davids, geboren worden! Und daran könnt ihr ihn erkennen: Ihr werdet ein Kind finden, das in Windeln gewickelt in einer Futterkrippe liegt!«

Auf einmal war der Engel von einem großen himmlischen Heer umgeben, und sie alle priesen Gott mit den Worten: »Ehre sei Gott im höchsten Himmel und Frieden auf Erden für alle Menschen, an denen Gott Gefallen hat.«

Als die Engel in den Himmel zurückgekehrt waren, sagten die Hirten zueinander: »Kommt, gehen wir nach Bethlehem! Wir wollen diese Sache, die der Herr uns hat wissen lassen, mit eigenen Augen sehen.«

Sie liefen, so schnell sie konnten, ins Dorf und fanden Maria und Josef und das Kind, das in der Futterkrippe lag. Da erzählten die Hirten allen, was geschehen war und was der Engel ihnen über dieses Kind gesagt hatte. Alle Leute, die den Bericht der Hirten hörten, waren voller Staunen. Maria aber bewahrte alle diese Dinge in ihrem Herzen und dachte oft darüber nach. Die Hirten kehrten zu ihren Herden auf den Feldern zurück; sie priesen und lobten Gott für das, was der Engel ihnen gesagt hatte und was sie gesehen hatten. Alles war so, wie es ihnen angekündigt worden war.

Die Beschneidung und Weihe von Jesus im Tempel

Als das Kind acht Tage später beschnitten wurde, gab man ihm den Namen Jesus – so wie der Engel ihn schon genannt hatte, bevor Maria schwanger wurde.

Dann kam die Zeit des Reinigungsopfers, das im Gesetz Moses nach der Geburt eines Kindes vorgeschrieben ist. Maria und Josef gingen mit ihm nach Jerusalem, um ihn dem Herrn zu weihen. Denn im Gesetz des Herrn steht: »Alle erstgeborenen Söhne müssen dem Herrn geweiht werden.« Sie brachten das Reinigungsopfer dar, wie es das Gesetz vorschrieb: »Ein Paar Turteltauben oder zwei junge Tauben.«

In Jerusalem lebte ein Mann namens Simeon. Er war gerecht und gottesfürchtig. Simeon war vom Heiligen Geist erfüllt und wartete sehnsüchtig auf die Ankunft des Christus, der Israel Trost und Rettung bringen sollte. Der Heilige Geist hatte ihm offenbart, dass er nicht sterben würde, bevor er den vom Herrn gesandten Christus gesehen hätte. An diesem Tag führte der Heilige Geist ihn in den Tempel. Als Maria und Josef kamen, um das Kind dem Herrn zu weihen, wie es im Gesetz vorgeschrieben ist, war Simeon dort.

Er nahm das Kind auf seine Arme und lobte Gott und sagte: »Herr, nun kann ich in Frieden sterben! Wie du es mir versprochen hast, habe ich den Retter gesehen, den du allen Menschen geschenkt hast. Er ist ein Licht, das den Völkern Gott offenbaren wird, und er ist die Herrlichkeit deines Volkes Israel!«

Josef und Maria staunten, als sie hörten, was Simeon über Jesus sagte. Simeon aber segnete sie und sagte zu Maria: »Dieses Kind wird von vielen in Israel abgelehnt werden, und das wird ihren Untergang bedeuten. Für viele andere Menschen aber wird er die höchste Freude sein. Auf diese Weise wird an den Tag kommen, was viele im Innersten bewegt. Doch auch durch deine Seele wird ein Schwert dringen.«

Im Tempel befand sich auch Hanna, eine Prophetin. Sie war eine Tochter Phanuëls aus dem Stamm Asser und schon sehr alt. Hanna war Witwe. Ihr Mann war nach nur sieben Jahren Ehe gestorben. Jetzt war sie vierundachtzig Jahre alt und verließ den Tempel nie mehr, sondern diente Gott dort Tag und Nacht mit Fasten und Beten. Als Simeon mit Maria und Josef sprach, ging sie vorbei und begann, Gott zu loben. Allen, die auf die verheißene Erlösung Israels warteten, erzählte sie von Jesus.

Tag 3

Die Sterndeuter kommen zu Besuch

Jesus wurde in der Stadt Bethlehem in Judäa während der Herrschaft von König Herodes geboren. In dieser Zeit kamen einige Sterndeuter aus einem Land im Osten nach Jerusalem und fragten überall: »Wo ist der neugeborene König der Juden? Wir haben seinen Stern aufgehen sehen und sind gekommen, um ihn anzubeten.«

Ihre Frage versetzte Herodes in große Unruhe und alle Einwohner Jerusalems mit ihm. Er berief eine Versammlung der obersten Priester und Schriftgelehrten ein. »Wo soll denn der Christus nach Aussage der Propheten zur Welt kommen?«, fragte er sie.

»In Bethlehem«, sagten sie, »denn der Prophet hat geschrieben: ›O Bethlehem in Judäa, du bist alles andere als ein unbedeutendes Dorf, denn ein Herrscher wird aus dir hervorgehen, der wie ein Hirte mein Volk Israel führen wird.‹«

Daraufhin sandte Herodes eine geheime Botschaft an die Sterndeuter und bat sie zu sich. Bei dieser Zusammenkunft erfuhr er den genauen Zeitpunkt, an dem sie den Stern zum ersten Mal gesehen hatten. Er sagte zu ihnen: »Geht nach Bethlehem und sucht das Kind. Wenn ihr es gefunden habt, kommt wieder her und erzählt es mir, damit ich auch hingehen kann, um es anzubeten!«

Nach diesem Gespräch machten die Sterndeuter sich auf den Weg. Wieder erschien ihnen der Stern und führte sie nach Bethlehem. Er zog ihnen voran und blieb über dem Ort stehen, wo das Kind war. Als sie den Stern sahen, war ihre Freude groß. Sie gingen in das Haus und fanden das Kind mit seiner Mutter Maria, sanken vor ihm auf die Knie und beteten es an. Dann öffneten sie ihre Truhen mit Kostbarkeiten und beschenkten es mit Gold, Weihrauch und Myrrhe. Als es Zeit war, wieder aufzubrechen, zogen sie jedoch auf einem anderen Weg in ihre Heimat zurück, denn Gott hatte sie in einem Traum davor gewarnt, zu Herodes zurückzukehren.

Flucht nach Ägypten

Nachdem die Sterndeuter gegangen waren, erschien Josef im Traum ein Engel des Herrn. »Steh auf und flieh mit dem Kind und seiner Mutter nach Ägypten«, sagte der Engel. »Bleib dort, bis ich dir sage, dass ihr zurückkehren könnt, denn Herodes will das Kind umbringen.« Noch in derselben Nacht machte sich Josef mit dem Kind und dessen Mutter Maria auf den Weg nach Ägypten. Dort blieben sie bis zum Tod des Herodes. Auf diese Weise erfüllte sich, was der Herr durch den Propheten gesagt hatte: »Ich habe meinen Sohn aus Ägypten gerufen.«

Herodes war außer sich vor Zorn, als er erfuhr, dass die Sterndeuter ihn hintergangen hatten. Er schickte Soldaten aus, die in Bethlehem und der ganzen Umgebung alle Jungen im Alter von zwei Jahren und jünger umbringen sollten. Denn die weisen Männer hatten ihm erzählt, dass sie den Stern vor etwa zwei Jahren zum ersten Mal gesehen hatten.

Durch diese grausige Tat des Herodes erfüllte sich die Prophezeiung Jeremias: »Ein Schrei der Angst ertönt in der Stadt Rama –

das Klagen und Trauern nimmt kein Ende. Rahel weint um ihre Kinder und lässt sich nicht trösten – denn sie sind tot.«

Rückkehr nach Nazareth

Als Herodes gestorben war, erschien Josef wieder ein Engel des Herrn im Traum. Er sagte zu ihm: »Steh auf und bring das Kind und seine Mutter zurück ins Land Israel, denn die, die das Kind umbringen wollten, sind tot.« Daraufhin kehrte Josef mit Jesus und Maria nach Israel zurück. Als er aber erfuhr, dass Archelaus, der Sohn des Herodes, der neue Herrscher war, bekam er Angst. Und wieder erhielt er im Traum Gottes Anweisung: Er sollte nach Galiläa gehen. Die Familie zog in die Stadt Nazareth, um sich dort niederzulassen. Damit erfüllte sich, was die Propheten vorausgesagt hatten: »Man wird ihn den Nazarener nennen.«

Die frühen Jahre von Jesus

Als Maria und Josef alles erfüllt hatten, was nach dem Gesetz des Herrn vorgeschrieben ist, kehrten sie nach Nazareth in Galiläa zurück. Dort wuchs Jesus heran und wurde groß und kräftig. Er war mit Weisheit erfüllt, und Gottes besondere Gnade ruhte auf ihm.

Jedes Jahr zum Passahfest zogen seine Eltern nach Jerusalem hinauf. Als Jesus zwölf Jahre alt war, nahmen sie auch wieder am Fest teil. Nach den Feierlichkeiten machten sie sich auf den Heimweg nach Nazareth, doch Jesus blieb in Jerusalem zurück. Zuerst vermissten seine Eltern ihn nicht, weil sie annahmen, dass er sich bei Freunden unter den anderen Reisenden befand. Doch als er am Abend immer noch nicht erschien, begannen sie, bei ihren Verwandten und Freunden nach ihm zu fragen. Da sie ihn nirgends finden konnten, kehrten sie nach Jerusalem zurück, um dort nach ihm zu suchen. Nach drei Tagen endlich entdeckten sie ihn. Er saß im Tempel inmitten der Lehrer, hörte ihnen zu und stellte Fragen. Alle, die ihn hörten, staunten über sein Verständnis und seine klugen Antworten. Seine Eltern wussten nicht, was sie davon halten sollten. »Kind!«, sagte seine Mutter zu ihm. »Wie konntest du uns das antun? Dein Vater und ich waren in schrecklicher Sorge. Wir haben dich überall gesucht.«

»Warum habt ihr mich gesucht?«, fragte er. »Ihr hättet doch wissen müssen, dass ich im Haus meines Vaters bin.« Doch sie verstanden nicht, was er damit meinte.

Daraufhin kehrte er mit ihnen nach Nazareth zurück und war ihnen ein gehorsamer Sohn. Seine Mutter bewahrte all diese Dinge in ihrem Herzen. So wuchs Jesus heran und gewann an Weisheit. Gott liebte ihn, und alle, die ihn kannten, schätzten ihn sehr.

Der Dienst von Johannes dem Täufer

Es war im fünfzehnten Regierungsjahr des römischen Kaisers Tiberius. Pilatus war Statthalter in Judäa; Herodes Antipas herrschte über Galiläa, sein Bruder Philippus regierte in Ituräa und Trachonitis, und Lysanias war Herrscher in Abilene. Hannas und Kaiphas waren Hohe Priester. In dieser Zeit erhielt Johannes, der Sohn des Zacharias, draußen in der Wildnis eine Botschaft von Gott.

Daraufhin zog Johannes in der Gegend des Jordan von Ort zu Ort und predigte den Menschen: Sie sollten sich taufen lassen als Zeichen dafür, dass sie sich von ihren Sünden abgekehrt und

Gott zugewandt hatten, um Vergebung zu erhalten. »Kehrt um und wendet euch Gott zu, denn das Himmelreich ist nahe.«

So erfüllte sich, was im Propheten Jesaja steht: »Siehe, ich sende meinen Boten vor dir her. Er wird dir den Weg bereiten. Er ist eine Stimme, die in der Wüste ruft: ›Schafft Raum für das Kommen des Herrn! Ebnet ihm den Weg! Die Täler sollen aufgeschüttet, die Berge und Hügel eingeebnet werden! Das Krumme soll gerade und das Raue glatt werden! Dann werden alle Menschen Gottes Heil sehen.‹«

Johannes trug Kleider aus gewebtem Kamelhaar und einen Lederriemen um die Hüften; er ernährte sich von Heuschrecken und wildem Honig. Aus Jerusalem, aus allen Teilen Judäas und aus dem ganzen Jordanland strömten die Menschen hinaus in die Wüste, um ihn predigen zu hören. Und wenn sie ihre Sünden bekannt hatten, taufte er sie im Jordan.

Und so sprach Johannes zu den Menschen, die zahlreich zu ihm kamen, um sich taufen zu lassen, auch viele Pharisäer und Sadduzäer: »Ihr Schlangenbrut! Wer hat euch eingeredet, ihr könntet dem bevorstehenden Gericht Gottes entgehen? Beweist durch euren Lebenswandel, dass ihr euch wirklich von euren Sünden abgekehrt und Gott zugewandt habt. Es genügt nicht zu sagen: ›Wir sind die Nachkommen Abrahams. Uns kann nichts geschehen.‹ Das beweist gar nichts. Wenn Gott wollte, könnte er aus diesen Steinen Kinder Abrahams machen. Die Axt wird schon durch die Luft geschwungen, bereit, eure Wurzeln abzuhacken; denn jeder Baum, der keine guten Früchte bringt, wird umgehauen und ins Feuer geworfen.«

Die Menge fragte: »Und was sollen wir tun?«

Johannes erwiderte: »Wenn ihr zwei Mäntel habt, gebt einen den Armen. Wenn ihr zu essen habt, teilt es mit denen, die hungrig sind.«

Auch Steuereinnehmer kamen zu ihm, um sich taufen zu lassen. Und auch sie fragten: »Meister, was sollen wir tun?«

»Beweist, dass ihr ehrlich seid«, erwiderte er, »treibt nicht mehr Steuern ein, als die römische Regierung euch vorschreibt.«

»Und was sollen wir tun?«, fragten einige Soldaten.

Johannes antwortete: »Seid keine Räuber und Erpresser. Gebt euch mit eurem Sold zufrieden.«

Alle warteten sehr auf das Kommen des Christus und wollten unbedingt wissen, ob Johannes der Christus sei. Auf diese Frage antwortete Johannes: »Ich taufe all diejenigen mit Wasser, die ihren Sünden den Rücken kehren und sich Gott zuwenden. Doch bald kommt einer, der ist viel stärker als ich – so viel gewaltiger, dass ich nicht einmal wert bin, sein Diener zu sein. Er wird euch mit dem Heiligen Geist und mit Feuer taufen. Er wird mit seiner Schaufel die Spreu vom Weizen trennen, den Dreschplatz aufräumen und den Weizen in die Scheune bringen; die Spreu aber wird er im ewigen Feuer verbrennen.«

Und noch viele solche Warnungen sprach Johannes aus, als er dem Volk die Botschaft Gottes verkündete.

Die Taufe von Jesus

Als Johannes wieder einmal viele Menschen taufte, kam Jesus aus Galiläa an den Jordan, um sich von Johannes taufen zu lassen. Doch Johannes weigerte sich. »Eigentlich müsste ich mich von dir taufen lassen«, sagte er, »warum kommst du zu mir?«

Jesus erwiderte: »Es muss sein. Wir müssen alles so halten, wie es von Gott aus sein soll.« Da taufte ihn Johannes.

Als Jesus gerade aus dem Wasser stieg, als er betete, sah er, wie der Himmel sich öffnete und der Heilige Geist wie eine Taube auf ihn herabkam. Und aus dem Himmel sprach eine Stimme: »Du bist mein geliebter Sohn, an dir habe ich große Freude.«

Jesus war etwa dreißig Jahre alt, als er öffentlich zu wirken begann.

Tag 4

Die Versuchung von Jesus in der Wüste

Vom Heiligen Geist erfüllt, verließ Jesus den Jordan. Danach wurde Jesus vom Heiligen Geist in die Wüste geführt, weil er dort vom Teufel auf die Probe gestellt werden sollte. Nachdem er vierzig Tage und vierzig Nächte keine Nahrung zu sich genommen hatte, war er sehr hungrig. Da trat der Teufel zu ihm und sagte: »Wenn du der Sohn Gottes bist, dann verwandle diese Steine in Brot.«

Doch Jesus erwiderte: »Nein! Die Schrift sagt: ›Der Mensch braucht mehr als nur Brot zum Leben. Er lebt auch von jedem Wort, das aus dem Mund Gottes kommt.‹«

Darauf nahm ihn der Teufel mit nach Jerusalem, auf den höchsten Punkt der Tempelmauer. Dort sagte er: »Wenn du der Sohn Gottes bist, dann spring hinunter! Denn die Schrift sagt: ›Er befiehlt seinen Engeln, dich zu beschützen. Sie werden dich auf ihren Händen tragen, damit deine Füße niemals stolpern.‹«

Jesus antwortete: »Die Schrift sagt aber auch: ›Fordere den Herrn, deinen Gott, nicht heraus.‹«

Als Nächstes nahm ihn der Teufel mit auf den Gipfel eines hohen Berges und zeigte ihm alle Königreiche der Welt in einem Augenblick. »Ich will dir Macht über diese Länder und all ihre Reichtümer geben, denn ich verfüge über sie und kann sie geben, wem ich will. Das alles werde ich dir schenken, wenn du niederkniest und mich anbetest.«

»Scher dich fort von hier, Satan«, sagte Jesus zu ihm. »Denn die Schrift sagt: ›Du sollst den Herrn, deinen Gott, anbeten und nur ihm allein dienen.‹«

Als der Teufel aufgehört hatte, Jesus zu versuchen, verließ er ihn für einige Zeit, und Engel kamen und sorgten für Jesus.

Wer ist Johannes der Täufer?

Die führenden Männer des jüdischen Volkes schickten Priester und Leviten aus Jerusalem zu Johannes, um ihn zu fragen: »Wer bist du eigentlich?«

Johannes schwieg nicht, sondern bekannte klar und deutlich: »Ich bin nicht der Christus.«

»Wer bist du dann?«, fragten sie. »Bist du Elia?«

»Nein«, erwiderte er.

»Bist du der Prophet?«

»Nein.«

»Wer bist du dann? Sag es uns, damit wir die Antwort denen überbringen können, die uns geschickt haben. Was sagst du selbst, wer du bist?«

Johannes antwortete mit den Worten des Propheten Jesaja: »Ich bin eine Stimme, die in der Wüste ruft: ›Ebnet den Weg für das Kommen des Herrn!‹«

Darauf fragten ihn die Abgesandten der Pharisäer: »Wenn du weder der Christus noch Elia oder der Prophet bist, mit welchem Recht taufst du dann?«

Johannes antwortete ihnen: »Ich taufe nur mit Wasser, doch hier mitten unter euch steht einer, den ihr noch nicht kennt. Er wird aber schon bald nach mir kommen. Ich bin nicht einmal wert, sein Diener zu sein.« Diese Begebenheit ereignete sich in Betanien, einem Dorf am Ostufer des Jordan, wo Johannes taufte.

Johannes benennt Jesus als Gottes Sohn

Am nächsten Tag, als Johannes Jesus auf sich zukommen sah, sagte er: »Seht her! Da ist das Lamm Gottes, das die Sünde der Welt wegnimmt! Er ist es, von dem ich sagte: ›Bald nach mir kommt ein Mann, der größer ist als ich, denn er war da, lange bevor es mich gab.‹ Ich kannte ihn nicht. Aber um Israel die Augen für ihn zu öffnen, bin ich gekommen und habe mit Wasser getauft.« Und er fuhr fort: »Ich sah den Heiligen Geist wie eine Taube vom Himmel herabkommen und sich auf ihm niederlassen. Ich kannte ihn nicht, doch Gott, der mir den Auftrag gegeben hat, mit Wasser zu taufen, sagte zu mir: ›Der, auf den du den Heiligen Geist herabkommen und sich niederlassen siehst, ist der, den du suchst. Er ist es, der mit dem Heiligen Geist tauft.‹ Das habe ich nun gesehen und deshalb bezeuge ich, dass dieser Mann der Sohn Gottes ist.«

Die ersten Nachfolger von Jesus

Am nächsten Tag stand Johannes an der gleichen Stelle und zwei seiner Jünger waren bei ihm. Als Jesus vorüberging, blickte Johannes ihn an und rief aus: »Seht hin! Dieser ist das Lamm Gottes!«

Da wandten sich seine beiden Jünger um und folgten Jesus. Jesus schaute sich um und sah, dass sie ihm folgten. »Was wollt ihr?«, fragte er sie.

Sie antworteten: »Rabbi« (das bedeutet: Meister), »wo wohnst du?«

»Kommt mit, dann werdet ihr es sehen«, sagte er. Es war etwa vier Uhr nachmittags, als sie mit ihm dorthin gingen, und sie blieben für den Rest des Tages dort.

Andreas, der Bruder von Simon Petrus, war einer der beiden Männer, die Jesus gefolgt waren, weil sie gehört hatten, was Johannes über ihn sagte. Sofort suchte er seinen Bruder Simon auf und erzählte ihm: »Wir haben den Messias gefunden« (das bedeutet: den Christus). Dann nahm Andreas Simon mit zu Jesus.

Jesus sah ihn aufmerksam an und sagte: »Du bist Simon, der Sohn des Johannes – doch du wirst Kephas genannt werden« (das bedeutet: Petrus).

Als Jesus am nächsten Tag beschloss, nach Galiläa zu gehen, begegnete er Philippus und sagte zu ihm: »Komm mit und folge mir nach.«

Philippus stammte aus Betsaida, der Heimatstadt von Andreas und Petrus. Philippus machte sich auf die Suche nach Nathanael und erzählte ihm: »Wir haben den gefunden, von dem Mose und die Propheten geschrieben haben! Es ist Jesus, der Sohn von Josef aus Nazareth.«

»Aus Nazareth!«, rief Nathanael aus. »Kann denn aus Nazareth etwas Gutes kommen?«

Philippus antwortete: »Komm mit und überzeuge dich selbst.«

Als Jesus Nathanael auf sich zukommen sah, sagte er: »Da kommt ein aufrechter Mann – ein wahrer Sohn Israels.«

Nathanael fragte: »Woher kennst du mich?«

Jesus antwortete: »Ich sah dich unter dem Feigenbaum, noch bevor Philippus dich rief.«

Da antwortete Nathanael: »Rabbi, du bist der Sohn Gottes – du bist der König Israels!«

Jesus entgegnete: »Glaubst du das jetzt nur, weil ich dir gesagt habe, dass ich dich unter dem Feigenbaum sah? Du wirst viel Größeres sehen.« Und er fuhr fort: »Ich versichere euch: Ihr werdet sehen, dass der Himmel offen steht und die Engel Gottes über dem Menschensohn hinauf- und herabsteigen.«

Die Hochzeit in Kana

Am übernächsten Tag war die Mutter von Jesus bei einer Hochzeitsfeier in Kana, einem Dorf in Galiläa. Auch Jesus und seine Jünger waren zu der Feier eingeladen. Während des Festes ging der Wein aus, und die Mutter von Jesus machte ihn darauf aufmerksam. »Sie haben keinen Wein mehr«, sagte sie zu ihm.

»Was hat das mit mir und dir zu tun?«, fragte Jesus. »Meine Zeit ist noch nicht gekommen.«

Doch seine Mutter wies die Diener an: »Tut, was immer er euch befiehlt.«

Im Haus gab es sechs steinerne Wasserbehälter, die für die vorgeschriebenen Reinigungshandlungen der Juden verwendet wurden und jeweils rund hundert Liter fassten.

Jesus sprach zu den Dienern: »Füllt die Krüge mit Wasser.« Als sie die Krüge bis zum Rand gefüllt hatten, sagte er: »Schöpft daraus und bringt es dem Zeremonienmeister.« Sie folgten seiner Anweisung.

Der Zeremonienmeister kostete von dem Wasser, das nun Wein war. Da er nicht wusste, woher der Wein kam – denn nur die Diener, die ihn geschöpft hatten, wussten es –, ließ er den Bräutigam holen. »Eigentlich schenkt ein Gastgeber den besseren Wein zuerst aus«, sagte er. »Später, wenn alle betrunken sind und es ihnen nichts mehr ausmacht, holt er den weniger guten. Du dagegen hast den besten Wein bis jetzt zurückbehalten!«

Durch dieses Wunder in Kana in Galiläa zeigte Jesus zum ersten Mal seine Herrlichkeit. Und seine Jünger glaubten an ihn.

Nach der Hochzeit ging er nach Kapernaum, wo er einige Tage mit seiner Mutter, seinen Brüdern und seinen Jüngern verbrachte.

Jesus im Tempel

Das alljährliche Passahfest stand bevor, und Jesus ging nach Jerusalem. Im Hof des Tempels sah er Händler, die Rinder, Schafe und Tauben als Opfertiere zum Verkauf anboten; und er sah Geldwechsler hinter ihren Tischen sitzen. Da machte Jesus aus Stricken eine Peitsche und jagte sie alle aus dem Tempel. Er trieb die Schafe und Rinder hinaus, warf die Münzen der Geldwechsler auf den Boden und stieß ihre Tische um. Dann ging er zu den Taubenverkäufern und befahl ihnen: »Schafft das alles fort. Macht aus dem Haus meines Vaters keinen Marktplatz!«

Da erinnerten sich die Jünger an die Prophezeiung aus der Schrift: »Die Leidenschaft für dein Haus brennt in mir.«

»Woher nimmst du das Recht, so etwas zu tun?«, fragten die Juden. »Wenn du diese Vollmacht von Gott hast, dann beweise es uns durch ein Wunder.«

»Nun gut«, erwiderte Jesus. »Zerstört diesen Tempel, und in drei Tagen werde ich ihn wieder aufbauen.«

»Was?«, riefen sie aus. »Es hat sechsundvierzig Jahre gedauert, diesen Tempel zu bauen, und du willst ihn in drei Tagen wieder aufbauen?«

Doch Jesus hatte mit »diesem Tempel« seinen eigenen Körper gemeint. Später, als er von den Toten auferstanden war, erinnerten sich die Jünger an das, was Jesus gesagt hatte. Und sie glaubten der Schrift und den Worten von Jesus.

Frühe Reaktionen auf die Wunder von Jesus

Durch die Wunder, die er während des Passahfestes in Jerusalem tat, glaubten viele Menschen an seinen Namen. Aber Jesus vertraute sich ihnen nicht an, weil er sie kannte. Ihm brauchte über die menschliche Natur niemand etwas zu sagen, denn er wusste, wie es in den Menschen wirklich aussieht.

Tag 5

Nikodemus trifft sich mit Jesus

Unter den Pharisäern gab es einen Mann mit Namen Nikodemus. Er zählte zu den führenden Juden. Eines Nachts kam er zu Jesus. »Meister«, sagte er, »wir alle wissen, dass Gott dich gesandt hat, um uns zu lehren. Die Wunder, die du tust, beweisen, dass Gott mit dir ist.«

Jesus erwiderte: »Ich versichere dir: Wenn jemand nicht von Neuem geboren wird, kann er das Reich Gottes nicht sehen.«

»Was meinst du damit?«, rief Nikodemus aus. »Wie kann denn ein alter Mensch wieder in den Leib seiner Mutter zurückkehren und zum zweiten Mal geboren werden?«

Jesus erwiderte: »Ich sage dir: Niemand kommt in das Reich Gottes, der nicht aus Wasser und Geist geboren wird. Menschen können nur menschliches Leben hervorbringen, der Heilige Geist jedoch schenkt neues Leben von Gott her. Darum wundere dich nicht, wenn ich sage, dass ihr von Neuem geboren werden müsst. Der Wind weht, wo er will. Du hörst ihn zwar, aber du kannst nicht sagen, woher er kommt oder wohin er geht. So ist es auch mit allen Menschen, die aus dem Geist geboren sind.«

»Aber wie geschieht so etwas?«, fragte Nikodemus.

Jesus antwortete: »Du bist ein angesehener Lehrer Israels, und trotzdem weißt du das nicht? Ich versichere dir: Wir reden nur von dem, was wir wissen und gesehen haben, und erzählen es weiter.

Doch ihr wollt unseren Worten nicht glauben. Aber wenn ihr mir nicht einmal glaubt, wenn ich euch von Dingen erzähle, die hier auf Erden geschehen, wie werdet ihr mir dann glauben können, wenn ich euch sage, was im Himmel geschieht? Es ist noch nie jemand in den Himmel hinaufgestiegen, bis auf den Menschensohn, der vom Himmel herab auf die Erde gekommen ist. Und wie Mose in der Wüste die Bronzeschlange auf einem Pfahl aufgerichtet hat, so muss auch der Menschensohn an einem Pfahl aufgerichtet werden, damit jeder, der glaubt, das ewige Leben hat. Denn Gott hat die Welt so sehr geliebt, dass er seinen einzigen Sohn hingab, damit jeder, der an ihn glaubt, nicht verloren geht, sondern das ewige Leben hat. Gott sandte seinen Sohn nicht in die Welt, um sie zu verurteilen, sondern um sie durch seinen Sohn zu retten. Wer an ihn glaubt, wird nicht verurteilt. Wer aber nicht an ihn glaubt, ist schon verurteilt, weil er nicht an den Namen des einzigen Sohnes Gottes geglaubt hat. Und so vollzieht sich das Gericht: Das Licht ist vom Himmel in die Welt gekommen, aber sie liebten die Dunkelheit mehr als das Licht, weil ihre Taten böse waren. Sie hassen das Licht, weil sie im Dunkeln Böses tun. Sie bleiben dem Licht fern, weil sie Angst haben, dass ihre Taten aufgedeckt werden. Wer sich aber nach der Wahrheit ausrichtet, tritt ans Licht und jeder kann sehen, dass er in Verantwortung vor Gott handelt.«

Johannes der Täufer weist auf Jesus hin

Danach verließen Jesus und seine Jünger Jerusalem. Sie blieben aber noch eine Zeit lang in Judäa und tauften dort.

Zu dieser Zeit taufte Johannes der Täufer in Änon, in der Nähe von Salim, weil es dort reichlich Wasser gab. Und viele Leute kamen zu ihm, um sich taufen zu lassen. Das war, bevor Johannes ins Gefängnis geworfen wurde.

Eines Tages fingen die Jünger des Johannes ein Streitgespräch mit einem Juden über die Reinigungsvorschriften an. Daraufhin kamen sie zu Johannes und sagten: »Meister, der Mann, dem du auf der anderen Seite des Jordan begegnet bist und auf den du hingewiesen hast – der tauft auch Menschen. Und anstatt zu uns kommen nun alle zu ihm.«

Johannes erwiderte: »Ein Mensch kann sich nichts nehmen, wenn es ihm nicht vom Himmel her gegeben wird. Ihr wisst selbst, dass ich euch ganz offen gesagt habe: ›Ich bin nicht der Christus. Ich bin von Gott beauftragt, ihm den Weg zu bereiten – mehr nicht.‹ Wo die Braut hingeht, da ist der Bräutigam. Und der Freund des Bräutigams, der dasteht und ihm zuhört, freut sich an der Stimme des Bräutigams. Darüber freue auch ich mich – und meine Freude ist nun vollkommen. Er muss immer größer werden und ich immer geringer. Er ist von oben gekommen und ist größer als jeder andere. Ich bin von der Erde, und mein Verständnis beschränkt sich auf die irdischen Dinge. Davon kann ich sprechen. Er aber ist vom Himmel gekommen. Er sagt, was er gesehen und gehört hat, doch niemand glaubt, was er ihnen sagt! Wer ihm glaubt, bestätigt damit, dass Gott wahrhaftig ist. Denn er ist von Gott gesandt. Und er spricht Gottes Worte, denn Gott gibt ihm seinen Geist ohne jede Einschränkung. Der Vater liebt seinen Sohn und hat ihm Macht über alles gegeben. Und alle, die an den Sohn Gottes glauben, haben das ewige Leben. Doch die, die dem Sohn nicht gehorchen, werden das ewige Leben nie erfahren, sondern der Zorn Gottes liegt weiterhin auf ihnen.«

Jesus reist von Judäa durch Samaria

Selbst den Fürsten Herodes Antipas wies Johannes offen zurecht, weil er Herodias, die Frau seines Bruders, geheiratet und noch viel anderes Unrecht begangen hatte. Und die Schuld des Herodes wurde noch größer, als er Johannes ins Gefängnis werfen ließ.

Als Jesus hörte, dass Johannes verhaftet worden war, verließ er Judäa und kehrte von der Kraft des Heiligen Geistes erfüllt nach Galiläa zurück.

Jesus hörte, was den Pharisäern berichtet wurde: »Jesus macht mehr Menschen zu Jüngern und tauft mehr als Johannes.« Allerdings taufte Jesus nicht selbst, sondern seine Jünger. Da verließ er Judäa und ging wieder zurück nach Galiläa. Sein Weg führte ihn durch Samarien.

Jesus und die samaritanische Frau am Brunnen

Er kam zu der samaritanischen Stadt Sychar, in der Nähe des Feldes, das Jakob seinem Sohn Josef gegeben hatte. Dort befand sich der Jakobsbrunnen. Erschöpft von der langen Wanderung setzte Jesus sich um die Mittagszeit an den Brunnen.

Kurz darauf kam eine Samaritanerin, um Wasser zu schöpfen.

Jesus sagte zu ihr: »Bitte, gib mir zu trinken.« Er war zu diesem Zeitpunkt allein, denn seine Jünger waren ins Dorf gegangen, um etwas zu essen zu kaufen.

Die Frau war überrascht, denn sonst wollen die Juden nichts mit den Samaritanern zu tun haben. Sie erwiderte: »Du bist ein Jude und ich bin eine Samaritanerin. Warum bittest du mich, dir zu trinken zu geben?«

Jesus antwortete: »Wenn du wüsstest, welche Gabe Gott für dich bereithält und wer der ist, der zu dir sagt: ›Gib mir zu trinken‹, dann wärst du diejenige, die ihn bittet, und er würde dir lebendiges Wasser geben.«

»Aber, Herr, du hast weder ein Seil noch einen Eimer«, entgegnete sie, »und dieser Brunnen ist sehr tief. Woher willst du denn dieses lebendige Wasser nehmen? Bist du etwa größer als unser Vater Jakob, der uns diesen Brunnen hinterließ? Wie kannst du besseres Wasser versprechen, als er und seine Söhne und sein Vieh hatten?«

Jesus erwiderte: »Wenn die Menschen dieses Wasser getrunken haben, werden sie schon nach kurzer Zeit wieder durstig. Wer aber von dem Wasser trinkt, das ich ihm geben werde, der wird niemals mehr Durst haben. Das Wasser, das ich ihm gebe, wird in ihm zu einer nie versiegenden Quelle, die unaufhörlich bis ins ewige Leben fließt.«

»Bitte, Herr«, sagte die Frau, »gib mir von diesem Wasser! Dann werde ich nie wieder durstig und brauche nicht mehr herzukommen, um Wasser zu schöpfen.«

»Geh, rufe deinen Mann und komm mit ihm hierher«, sagte Jesus zu ihr.

»Ich habe keinen Mann«, entgegnete die Frau.

Jesus sagte: »Das stimmt! Du hast keinen Mann. Du hattest fünf Ehemänner, und mit dem Mann, mit dem du jetzt zusammenlebst, bist du nicht verheiratet. Das hast du richtig gesagt.«

»Herr«, sagte die Frau, »ich sehe, dass du ein Prophet bist. Sage mir doch, warum ihr Juden darauf besteht, dass Jerusalem der einzige Ort ist, um Gott anzubeten. Wir Samaritaner dagegen behaupten, dass es dieser Berg hier ist, wo unsere Vorfahren gebetet haben.«

Jesus erwiderte: »Glaube mir, es kommt die Zeit, in der es keine Rolle mehr spielt, ob ihr den Vater hier oder in Jerusalem anbetet. Ihr Samaritaner wisst wenig über den, den ihr anbetet – wir Juden dagegen kennen ihn, denn die Erlösung kommt durch die Juden. Aber die Zeit kommt, ja sie ist schon da, in der die wahren Anbeter den Vater im Geist und in der Wahrheit anbeten. Der Vater sucht Menschen, die ihn so anbeten. Denn Gott ist Geist; deshalb müssen die, die ihn anbeten wollen, ihn im Geist und in der Wahrheit anbeten.«

Die Frau sagte: »Ich weiß, dass der Messias kommen wird – der, den man den Christus nennt. Wenn er kommt, wird er uns alle diese Dinge erklären.«

Da sagte Jesus zu ihr: »Ich bin es, der mit dir spricht!«

Eine geistliche Ernte

In diesem Augenblick kehrten seine Jünger zurück. Sie waren erstaunt, ihn im Gespräch mit einer Frau zu sehen, aber keiner fragte ihn, warum er das tat oder worüber sie gesprochen hatten.

Die Frau ließ ihren Krug neben dem Brunnen stehen, lief ins Dorf zurück und erzählte allen: »Kommt mit und lernt einen Mann kennen, der mir alles ins Gesicht gesagt hat, was ich jemals getan habe! Könnte das vielleicht der Christus sein?« Da strömten die Leute aus dem Dorf herbei, um ihn zu sehen.

Inzwischen drängten die Jünger Jesus, etwas zu essen. »Nein«, sagte er, »ich lebe von einer Nahrung, von der ihr nichts wisst.«

»Wer sie ihm wohl gebracht hat?«, fragten die Jünger einander.

Da erklärte Jesus: »Meine Nahrung ist, dass ich den Willen Gottes tue, der mich gesandt hat, und sein Werk vollende. Meint ihr etwa, dass erst in vier Monaten zum Ende des Sommers die Zeit der Ernte beginnen wird? Schaut euch doch um! Überall reifen die Felder heran und sind schon jetzt bereit zur Ernte. Der Erntearbeiter erhält guten Lohn, und die Früchte, die er einsammelt, sind Menschen, die zum ewigen Leben geführt werden. Welche Freude erwartet beide zugleich: den, der pflanzt, und den, der erntet! Ihr kennt den Spruch: ›Der eine pflanzt und ein anderer erntet.‹ Das ist wahr. Ich habe euch ausgesandt zu ernten, was ihr vorher nicht selbst erarbeitet habt; andere hatten diese Arbeit schon getan, und ihr werdet nun die Ernte einbringen.«

Viele Samaritaner aus dem Dorf glaubten nun an Jesus, weil die Frau ihnen erzählt hatte: »Er hat mir alles ins Gesicht gesagt, was ich jemals getan habe!« Als sie dann mit Jesus zusammentrafen, baten sie ihn, bei ihnen zu bleiben. Deshalb blieb er noch zwei Tage und noch viel mehr Menschen hörten seine Botschaft und glaubten an ihn. Zu der Frau sagten sie: »Nun glauben wir, weil wir ihn selbst gehört haben, und nicht nur aufgrund deiner Worte. Jetzt wissen wir, dass er wirklich der Retter der Welt ist.«

Tag 6

Jesus kehrt nach Galiläa zurück

Nach diesen zwei Tagen setzte Jesus seine Reise nach Galiläa fort. Jesus hatte selbst einmal gesagt: »Ein Prophet wird überall geehrt, nur nicht in seiner eigenen Heimat.« Doch als er dort ankam, nahmen ihn die Galiläer herzlich auf. Denn sie waren beim Passahfest in Jerusalem gewesen und hatten gesehen, was er dort getan hatte.

Von da an begann Jesus zu predigen: »Jetzt ist die Zeit gekommen«, verkündete er. »Das Reich Gottes ist nahe! Kehrt euch ab von euren Sünden und glaubt an diese gute Botschaft!«

Schnell wurde er in der ganzen Gegend bekannt. Er lehrte in ihren Synagogen und wurde von allen verehrt.

Jesus heilt den Sohn eines Beamten

Seine Reise durch Galiläa führte ihn auch wieder in die Stadt Kana, wo er das Wasser in Wein verwandelt hatte. In Kapernaum lebte ein königlicher Beamter, dessen Sohn krank war. Als er hörte, dass Jesus aus Judäa gekommen war und durch Galiläa reiste, brach er nach Kana auf. Er suchte Jesus und bat ihn, mit ihm nach Kapernaum herabzukommen und seinen Sohn zu heilen, der im Sterben lag.

Jesus sagte: »Wenn ihr nicht Zeichen und Wunder seht, glaubt ihr nicht an mich.«

Doch der Beamte sagte zu ihm: »Herr, bitte komm zu mir herab nach Kapernaum, ehe mein kleiner Junge stirbt.«

Da sagte Jesus zu ihm: »Geh zurück nach Hause! Dein Sohn lebt.« Der Mann glaubte dem Wort, das Jesus zu ihm gesagt hatte, und machte sich auf den Heimweg.

Unterwegs kamen ihm einige seiner Knechte mit der Nachricht entgegen, dass sein Sohn lebte und gesund war. Er fragte sie, seit wann genau es dem Jungen wieder besser gehe, und sie erwiderten: »Gestern Mittag um ein Uhr verschwand das Fieber!« Da erkannte der Vater, dass es genau der Zeitpunkt gewesen war, an dem Jesus ihm gesagt hatte: »Dein Sohn lebt.« Und der Beamte und sein ganzes Haus glaubten an Jesus.

Das war das zweite Wunder von Jesus in Galiläa, nachdem er aus Judäa gekommen war.

Jesus wird in Nazareth abgelehnt

Als er nach Nazareth kam, wo er seine Kindheit verbracht hatte, ging er wie gewohnt am Sabbat in die Synagoge und stand auf, um aus der Schrift vorzulesen. Man reichte ihm die Schriftrolle des Propheten Jesaja, und als er sie aufrollte, fand er die Stelle, an der steht: »Der Geist des Herrn ruht auf mir, denn er hat mich gesalbt, um den Armen die gute Botschaft zu verkünden. Er hat mich gesandt, Gefangenen zu verkünden, dass sie freigelassen werden, Blinden, dass sie sehen werden, Unterdrückten, dass sie befreit werden und dass die Zeit der Gnade des Herrn gekommen ist.«

Er rollte die Schriftrolle zusammen, gab sie dem Synagogendiener zurück und setzte sich. Alle in der Synagoge sahen ihn an.

Und er sagte: »Heute ist dieses Wort vor euren Augen und Ohren Wirklichkeit geworden!«

Alle Anwesenden äußerten sich anerkennend über ihn und wunderten sich zugleich über seine Botschaft von der Gnade. »Wie kann das sein?«, fragten sie. »Ist das nicht Josefs Sohn?«

Da sagte er: »Bestimmt werdet ihr mir das Sprichwort vorhalten: ›Arzt, hilf dir selbst‹ – und damit meinen: ›Warum tust du hier in deiner Heimatstadt keine Wunder wie in Kapernaum?‹ Wahrhaftig, kein Prophet gilt etwas in seiner Heimatstadt. Zur Zeit Elias gab es in Israel bestimmt viele hilfsbedürftige Witwen, als es dreieinhalb Jahre lang nicht regnete und Hunger im Land herrschte. Dennoch wurde Elia zu keiner von ihnen geschickt, sondern nur zu einer Witwe aus Sarepta – einer Fremden im Gebiet von Sidon. Oder denkt an den Propheten Elisa, der den Syrer Naaman heilte und nicht die vielen Aussätzigen in Israel.«

Als die Leute in der Synagoge das hörten, wurden sie zornig. Sie sprangen auf und trieben ihn hinaus an einen steilen Abhang des Berges, auf dem die Stadt erbaut war. Sie wollten ihn hinunterstürzen, doch er schritt mitten durch sie hindurch und ging fort.

Jesus zieht nach Kapernaum

Doch er ging nicht nach Nazareth, sondern nach Kapernaum am See Genezareth, im Gebiet von Sebulon und Naftali. Auf diese Weise erfüllte sich die Prophezeiung Jesajas: »Im Lande Sebulon und Naftali, am See, jenseits des Jordan, in Galiläa, leben so viele Menschen, die Gott nicht kennen. Dort hat das Volk, das im Dunkel lebt, ein helles Licht gesehen. Und über den Menschen in einem vom Tode überschatteten Land ist ein strahlendes Licht aufgegangen.«

Jesus beruft vier Fischer

Eines Tages, als Jesus am Ufer des Sees Genezareth entlangging, drängten sich viele Menschen um ihn, die alle das Wort Gottes hören wollten. Er sah zwei Brüder, die ihre Netze auswarfen. Simon, der später Petrus genannt wurde, und sein Bruder Andreas waren von Beruf Fischer. Er bemerkte zwei leere Boote am Ufer. Die Fischer hatten sie liegen lassen und reinigten gerade ihre Netze. Jesus stieg in eines der Boote und bat den Besitzer des Boots, Simon, vom Ufer abzustoßen. Dann lehrte er die Menge vom Boot aus.

Als er mit seiner Predigt fertig war, sagte er zu Simon: »Nun fahr weiter hinaus und wirf dort deine Netze aus, dann wirst du viele Fische fangen.«

»Meister«, entgegnete Simon, »wir haben die ganze letzte Nacht hart gearbeitet und gar nichts gefangen. Aber wenn du es sagst, werde ich es noch einmal versuchen.«

Diesmal waren ihre Netze so voll, dass sie zu reißen begannen! Sie riefen nach ihren Gefährten in dem anderen Boot, und bald darauf waren beide Boote so voller Fische, dass sie unterzugehen drohten.

Als Simon Petrus begriff, was da geschehen war, fiel er vor Jesus auf die Knie und sagte: »Herr, kümmere dich nicht weiter um mich – ich bin ein zu großer Sünder, um bei dir zu sein.« Denn beim Anblick des überreichen Fangs hatte ihn Ehrfurcht erfasst, und den anderen ging es genauso. Auch Jakobus und Johannes, die Söhne des Zebedäus, ihre Gefährten, waren voller Staunen.

Jesus sagte zu Simon: »Hab keine Angst! Von jetzt an wirst du Menschen fischen!« Und sobald sie am Ufer angelegt hatten, ließen sie alles zurück und folgten Jesus nach.

Nicht weit davon entfernt sah Jesus die Söhne des Zebedäus, Jakobus und Johannes. Sie saßen mit ihrem Vater Zebedäus in einem Boot und flickten ihre Netze. Auch sie forderte er auf, mit ihm zu kommen. Und ohne zu zögern ließen sie ihren Vater Zebedäus bei den Tagelöhnern im Boot zurück und gingen mit ihm.

Jesus und der Besessene

Sie kamen in die Stadt Kapernaum. Am Sabbat ging Jesus in die Synagoge und lehrte dort die Menschen. Sie waren von seiner Lehre überwältigt, denn er sprach – anders als die Schriftgelehrten – mit Vollmacht.

In der Synagoge war ein Mann, der von einem bösen Geist besessen war. Er fing an zu rufen: »Was willst du von uns, Jesus von Nazareth? Bist du gekommen, um uns zu vernichten? Ich weiß, wer du bist – der Heilige Gottes, den er gesandt hat!«

»Schweig!«, herrschte Jesus ihn an. »Verlass diesen Mann.« Der böse Geist warf den Mann vor den Augen der Menge zu Boden, schüttelte den Mann hin und her, schrie auf und verließ ihn, ohne ihn weiter zu verletzen.

Staunen erfasste die Zuschauer, und sie redeten untereinander darüber. »Was ist das für eine neue Lehre, die so viel Vollmacht hat?«, fragten sie einander aufgeregt. »Sogar böse Geister gehorchen seinem Befehl!« Und die Nachricht von dem, was Jesus getan hatte, verbreitete sich rasch in ganz Galiläa.

Jesus heilt die Schwiegermutter von Petrus

Nachdem Jesus und seine Jünger die Synagoge verlassen hatten, gingen sie zum Haus von Simon und Andreas; auch Jakobus und Johannes kamen mit. Simons Schwiegermutter war krank und lag mit hohem Fieber im Bett. Sofort erzählten sie Jesus von ihr. Er trat an ihr Bett, nahm ihre Hand und half ihr, sich aufzusetzen. Da verschwand das Fieber, und sie stand auf und machte ihnen etwas zu essen.

Als die Sonne an diesem Abend unterging, brachten die Dorfbewohner ihre kranken Angehörigen zu Jesus. Welche Krankheiten sie auch hatten: Er legte jedem Einzelnen die Hände auf und heilte sie alle. Viele waren auch von Dämonen besessen; diese fuhren aus den Menschen aus und schrien dabei: »Du bist der Sohn Gottes.« Doch weil sie wussten, dass er der Christus war, verbot Jesus ihnen zu reden.

Damit erfüllte sich das Wort Gottes, das der Prophet Jesaja gesprochen hatte: »Er nahm unsere Leiden auf sich und trug unsere Krankheiten.«

Tag 7

Jesus predigt in Galiläa

Früh am nächsten Morgen ging Jesus allein an einen einsamen Ort, um zu beten. Später suchten ihn Simon und die anderen. Als sie ihn gefunden hatten, sagten sie zu ihm: »Alle fragen nach dir.« Die Menschen suchten ihn überall. Als sie ihn schließlich fanden, baten sie ihn, sie nicht zu verlassen. Doch er erwiderte: »Ich muss die Botschaft vom Reich Gottes auch an anderen Orten verkünden, denn dazu bin ich gesandt worden.«

Jesus reiste durch ganz Galiläa und sprach in den Synagogen. Überall verkündigte er die Botschaft vom Reich Gottes und heilte die Menschen von ihren Krankheiten und Gebrechen und trieb bei vielen Menschen Dämonen aus. Die Neuigkeiten über ihn verbreiteten sich weit über die Grenzen Galiläas. Bald strömten die Kranken sogar aus Syrien herbei, um sich von ihm gesund machen zu lassen. Und ganz gleich, welche Krankheit und welche Beschwerden sie quälten, ob sie von Dämonen besessen, Epileptiker oder Gelähmte waren – er heilte sie. Große Menschenmassen umlagerten ihn, wohin er auch ging – es waren Leute aus Galiläa, aus den Zehn Städten, aus Jerusalem, aus ganz Judäa, selbst aus den Gegenden östlich des Jordan.

Jesus heilt einen Aussätzigen

In einem der Dörfer begegnete Jesus einem Aussätzigen, dessen Krankheit schon weit fortgeschritten war. Als der Mann Jesus sah, warf er sich mit dem Gesicht vor ihm in den Staub und flehte ihn an, ihn zu heilen. »Herr, wenn du willst, kannst du mich gesund machen.«

Jesus hatte Mitleid mit ihm und berührte ihn. »Ich will es tun«, sagte er. »Sei gesund!« Im selben Augenblick verschwand der Aussatz und der Mann war geheilt.

Jesus wies ihn an, niemandem zu erzählen, was geschehen war. Er schickte ihn sofort weg und befahl ihm: »Geh zum Priester und lass dich von ihm untersuchen. Sprich unterwegs mit niemandem darüber. Nimm das Opfer mit, das Mose für die Heilung von Aussatz vorgeschrieben hat. Das soll für alle ein Beweis deiner Heilung sein.« Doch als der Mann wegging, fing er sofort an, überall zu erzählen, was ihm widerfahren war, sodass Jesus sich bald in keiner Stadt mehr öffentlich zeigen konnte und sich nur noch an abgeschiedenen Orten aufhielt. Aber auch dort strömten die Menschen von überall her zu ihm, um ihn predigen zu hören und von ihren Krankheiten geheilt zu werden. Jesus zog sich jedoch immer wieder zum Gebet in die Wüste zurück.

Jesus heilt einen Gelähmten

Einige Tage später kehrte Jesus nach Kapernaum zurück. Die Nachricht von seiner Ankunft verbreitete sich schnell in der ganzen Stadt. Es dauerte nicht lange, da war das Haus, in dem er wohnte, von Besuchern überfüllt, sodass kein Einziger mehr Platz hatte, nicht einmal draußen vor der Tür. Und er verkündete ihnen Gottes Wort.

Eines Tages saßen einige Pharisäer und Schriftgelehrte dabei, als Jesus lehrte. Die Männer waren aus den Dörfern von ganz Galiläa und Judäa und sogar aus Jerusalem hergekommen. Und die heilende Kraft des Herrn ging von Jesus aus. Da trugen ein paar Männer auf einer Matte einen Gelähmten herbei. Sie versuchten, durch die Menge zu Jesus vorzudringen, doch es gelang ihnen nicht. Schließlich stiegen sie auf das Dach, nahmen ein paar Ziegel weg und ließen den Kranken auf der Matte mitten unter die Zuhörer hinab, Jesus direkt vor die Füße.

Als er ihren Glauben sah, sagte Jesus zu dem Gelähmten: »Nur Mut, mein Sohn! Deine Sünden sind dir vergeben.«

Doch einige Schriftgelehrte, die dabeisaßen, dachten: »Wie kann er so etwas sagen? Das ist doch Gotteslästerung! Nur Gott allein kann Sünden vergeben!«

Jesus wusste, was sie dachten, und fragte sie: »Warum habt ihr in euren Herzen so böse Gedanken? Ist es leichter, zu dem Gelähmten zu sagen: ›Deine Sünden sind dir vergeben‹ oder: ›Steh auf, nimm deine Matte und geh‹? Ich werde euch beweisen, dass der Menschensohn auf der Erde die Vollmacht besitzt, Sünden zu vergeben.« Und er wandte sich an den Gelähmten und sagte: »Steh auf, nimm deine Matte und geh nach Hause!«

Da sprang der Mann vor den Augen aller Anwesenden auf die Füße, hob seine Matte auf und ging nach Hause und lobte Gott aus vollem Herzen.

In den Menschen, die Zeugen dieses Vorfalls geworden waren, stiegen Angst und Ehrfurcht auf. Sie rühmten Gott, dass er ihnen einen Mann mit so großer Vollmacht gesandt hatte. Ehrfürchtiges Staunen erfasste die Zuschauer. Sie priesen Gott und sagten immer wieder: »Heute haben wir wirklich Unglaubliches gesehen.«

Die Berufung eines Zöllners

Danach kehrte Jesus zurück ans Ufer des Sees und lehrte die Menschen, die sich um ihn versammelten. Als er weiterging, sah er Matthäus, den Sohn des Alphäus, am Zollhaus sitzen. »Komm, folge mir nach«, sagte Jesus zu ihm. Da stand Matthäus auf und folgte ihm nach.

Danach lud Matthäus Jesus und seine Jünger zum Essen ein. Einige andere Steuereintreiber und viele stadtbekannte Sünder waren ebenfalls eingeladen. Viele von ihnen gehörten zu der Menge, die Jesus folgte. Als nun aber einige der Schriftgelehrten, die zu den Pharisäern gehörten, sahen, dass Jesus mit diesen Leuten aß, sagten sie zu seinen Jüngern: »Wie könnt ihr nur mit diesem Abschaum essen und trinken?«

Als Jesus es hörte, antwortete er: »Die Gesunden brauchen keinen Arzt – wohl aber die Kranken.« Und er fügte hinzu: »Nun geht und denkt einmal darüber nach, was mit dem Wort in der Schrift gemeint ist: ›Ich will, dass ihr barmherzig seid; eure Opfer will ich nicht.‹ Denn ich bin für die Sünder gekommen und nicht für die, die meinen, sie seien schon gut genug.«

Das Gleichnis von den Weinschläuchen

Die Jünger von Johannes und die Pharisäer fasteten regelmäßig. Eines Tages kamen die Jünger von Johannes dem Täufer zu Jesus und fragten ihn: »Die Jünger von Johannes dem Täufer fasten und beten häufig, und die Jünger der Pharisäer genauso. Wie kommt es, dass deine Jünger nicht fasten, sondern essen und trinken?«

Jesus erwiderte: »Fasten denn die Hochzeitsgäste, während sie mit dem Bräutigam feiern? Natürlich nicht. Sie können nicht fasten, solange sie mit dem Bräutigam zusammen sind. Doch eines Tages wird er ihnen genommen werden, und dann werden sie fasten.«

Und er gab ihnen folgendes Gleichnis: »Niemand reißt ein Stück Stoff aus einem neuen Kleid, um damit ein altes zu flicken. Der Flicken läuft ein und reißt ein noch größeres Loch in den alten Stoff und der Flicken würde nicht zu dem alten passen. Und niemand füllt neuen Wein in alte Weinschläuche. Der neue Wein würde die alten Weinschläuche platzen lassen, der Wein würde verschüttet und die Schläuche wären verdorben. Neuer Wein gehört in neue Weinschläuche. Aber keiner, der alten Wein trinkt, scheint neuen Wein zu wollen, denn er sagt: ›Der alte ist besser.‹«

Jesus heilt am Sabbat

Danach ging Jesus zu einem der jüdischen Feste nach Jerusalem hinauf. Innerhalb der Stadtmauern, in der Nähe des Schaftores, befindet sich ein Teich mit fünf Säulenhallen, der auf Hebräisch Bethesda genannt wird. Scharen von kranken Menschen – Blinde, Gelähmte oder Verkrüppelte – lagen in den Hallen.

Einer der Männer, die dort lagen, war seit achtunddreißig Jahren krank. Als Jesus ihn sah und erfuhr, wie lange er schon krank war, fragte er ihn: »Willst du gesund werden?«

»Herr, ich kann nicht«, sagte der Kranke, »denn ich habe niemanden, der mich in den Teich trägt, wenn sich das Wasser bewegt. Während ich noch versuche hinzugelangen, steigt immer schon ein anderer vor mir hinein.«

Jesus sagte zu ihm: »Steh auf, nimm deine Matte und geh!« Im selben Augenblick war der Mann geheilt. Er rollte die Matte zusammen und begann umherzugehen.

Doch dies geschah an einem Sabbat, und das wollten die führenden Männer des jüdischen Volkes nicht dulden. Sie sagten zu dem Mann, der geheilt worden war: »Du darfst am Sabbat nicht arbeiten! Es ist gegen das Gesetz, diese Matte herumzutragen!« Er entgegnete: »Der Mann, der mich geheilt hat, sagte zu mir: ›Nimm deine Matte und geh!‹«

Tag 8

Jesus verteidigt seine Heilung am Sabbat

»Wer ist dieser Mann, der zu dir gesagt hat: ›Nimm deine Matte und geh‹?«, fragten sie. Der geheilte Mann wusste es aber nicht, denn Jesus war in der Menge verschwunden.

Später traf Jesus den Mann im Tempel wieder und sagte zu ihm: »Du bist jetzt gesund. Nun höre auf zu sündigen, damit dir nicht noch etwas Schlimmeres widerfährt.« Danach suchte der Mann die führenden Juden wieder auf und berichtete ihnen, dass es Jesus war, der ihn geheilt hatte. Von da an verfolgten die führenden Juden Jesus, weil er dies an einem Sabbat getan hatte.

Doch Jesus entgegnete ihnen: »Mein Vater hat bis heute nicht aufgehört zu wirken und deshalb wirke ich auch.« Danach versuchten sie erst recht, ihn zu töten, hatte er doch nicht nur den Sabbat aufgehoben, sondern auch Gott als seinen Vater bezeichnet und sich damit Gott gleichgestellt.

Daraufhin erwiderte Jesus: »Ich versichere euch: Der Sohn kann nichts aus sich heraus tun. Er tut nur, was er den Vater tun sieht. Was immer der Vater tut, das tut auch der Sohn. Denn der Vater liebt den Sohn und zeigt ihm alles, was er selbst tut; und der Sohn wird noch weit Größeres tun. Ihr werdet staunen über das, was er tun wird. Er wird von den Toten auferwecken und lebendig machen, wen er will, genau wie der Vater. Und der Vater richtet niemanden, sondern das Gericht hat er ganz in die Hände seines

Sohnes gegeben, damit alle den Sohn ebenso ehren, wie sie den Vater ehren. Doch wer den Sohn nicht ehrt, ehrt auch den Vater nicht, der ihn gesandt hat.

Ich versichere euch: Wer meine Botschaft hört und an Gott glaubt, der mich gesandt hat, der hat das ewige Leben. Er wird nicht für seine Sünden verurteilt werden, sondern ist bereits den Schritt vom Tod ins Leben gegangen.

Und ich versichere euch: Die Zeit kommt, ja sie ist bereits da, in der die Toten die Stimme des Sohnes Gottes hören werden. Und wer sie hört, wird leben. Der Vater hat Leben aus sich selbst heraus, und er hat auch seinem Sohn die Vollmacht gegeben, aus sich selbst heraus Leben zu haben. Und er verlieh ihm die Vollmacht, die ganze Menschheit zu richten, weil er der Menschensohn ist. Wundert euch nicht! Die Zeit wird kommen, in der die Toten in ihren Gräbern die Stimme des Sohnes Gottes hören und auferstehen werden. Diejenigen, die Gutes getan haben, werden zum ewigen Leben auferstehen, und diejenigen, die Schlechtes getan haben, werden zum Gericht auferstehen.

Doch ich tue nichts, ohne den Vater zu fragen, sondern richte, wie er mir rät. Und mein Urteil ist vollkommen gerecht, weil es nicht meinem, sondern dem Willen des Vaters entspricht, der mich gesandt hat; ich richte nicht aus mir selbst heraus.

Wenn ich als Zeuge für mich selbst auftreten würde, wäre mein Zeugnis nicht glaubwürdig. Doch es gibt noch einen anderen Zeugen für mich, und ich weiß, dass alles, was er über mich sagt, wahr ist. Ihr habt Boten zu Johannes dem Täufer geschickt, um ihn zu hören, und er hat die Wahrheit gesagt. Das beste Zeugnis für mich stammt jedoch nicht von einem Menschen; ich habe euch nur an das Zeugnis von Johannes erinnert, damit ihr gerettet werdet. Johannes leuchtete eine Weile als helles Licht und ihr habt euch eine Zeit lang an seinem Licht erfreut.

Doch ich habe ein größeres Zeugnis als das von Johannes: meine Taten. Sie sind mir vom Vater gegeben, damit ich sie ausführe und vollende, und sie bezeugen, dass der Vater mich gesandt hat. Aber auch der Vater selbst hat für mich Zeugnis abgelegt. Ihr habt seine Stimme nie gehört, ihr habt ihn nie von Angesicht zu Angesicht gesehen, und ihr tragt seine Botschaft nicht in euren Herzen, weil ihr mir – dem, den er gesandt hat – nicht glaubt. Ihr forscht in der Schrift, weil ihr glaubt, dass sie euch das ewige Leben geben kann. Und gerade sie verweist auf mich! Dennoch weigert ihr euch, zu mir zu kommen, damit ich euch das ewige Leben schenken kann.

Eure Zustimmung oder Ablehnung kümmert mich nicht, weil ich weiß, dass ihr Gottes Liebe nicht in euch habt. Ich bin im Namen meines Vaters gekommen, aber ihr wollt mich nicht akzeptieren, obwohl ihr andere, die nur in ihrem eigenen Namen auftreten, bereitwillig akzeptieren werdet. Kein Wunder, dass ihr nicht glauben könnt! Denn ihr seid stets bereit, euch gegenseitig zu ehren, die Ehre aber, die nur von Gott kommen kann, bedeutet euch nichts. Meint nicht, dass ich es bin, der euch beim Vater anklagen wird. Mose wird euch anklagen! Ja, Mose, auf den ihr eure Hoffnungen gesetzt habt. Wenn ihr Mose geglaubt hättet, dann hättet ihr mir geglaubt, denn er hat über mich geschrieben. Und wenn ihr schon nicht glaubt, was er aufgeschrieben hat, wie werdet ihr da glauben, was ich sage?«

Weitere Kontroversen um den Sabbat

Als Jesus an einem Sabbat durch die Kornfelder ging, rissen seine Jünger ein paar Ähren aus, zerrieben sie mit den Händen und aßen die Körner. Da sagten die Pharisäer zu Jesus: »Das dürfen sie nicht! Es ist nicht erlaubt, am Sabbat zu arbeiten und Getreide zu ernten.«

Doch Jesus entgegnete: »Habt ihr nie in der Schrift gelesen, was David tat, als er und seine Begleiter hungrig waren? Er ging in das Haus Gottes (zu der Zeit, als Abjatar Hoher Priester war), aß das besondere Brot, das nur den Priestern vorbehalten ist, und gab auch seinen Begleitern davon. Habt ihr nicht im Gesetz gelesen, dass die diensthabenden Priester am Sabbat im Tempel arbeiten dürfen, ohne dabei schuldig zu werden? Das sage ich euch: Hier ist einer, der größer ist als der Tempel!

Ihr hättet nicht Unschuldige verurteilt, wenn ihr den Sinn des Schriftwortes verstanden hättet: ›Ich will, dass ihr barmherzig seid; eure Opfer will ich nicht.‹« Und er fuhr fort: »Der Sabbat wurde zum Wohl des Menschen gemacht und nicht der Mensch für den Sabbat. Und deshalb ist der Menschensohn auch Herr über den Sabbat!«

An einem anderen Sabbat befand sich ein Mann mit einer verkrüppelten Hand in der Synagoge, während Jesus lehrte. Die Schriftgelehrten und Pharisäer passten genau auf, ob Jesus den Mann am Sabbat heilen würde, denn sie suchten nach einem Vorwand, Anklage gegen ihn zu erheben. Die Pharisäer fragten Jesus: »Ist es nach dem Gesetz erlaubt, am Sabbat Kranke zu heilen?« Sie hofften natürlich, dass er Ja sagen würde, damit sie einen Grund hatten, ihn anzuzeigen. Doch Jesus wusste sehr wohl, was sie dachten. Er sagte zu dem Mann mit der verkrüppelten Hand: »Komm her und stell dich hier in die Mitte.« Da stand der Mann auf.

Dann sagte Jesus zu ihnen: »Ich habe eine Frage an euch. Entspricht es dem Gesetz, am Sabbat Gutes zu tun, oder ist der Sabbat ein Tag, um Schaden zuzufügen? Ist er ein Tag, um Leben zu retten oder zu vernichten?« Doch sie schwiegen. Zornig und erschüttert über ihre Hartherzigkeit sah er sie an. Er antwortete: »Wenn ihr nur ein einziges Schaf hättet und es fiele am Sabbat in einen Brunnen, würdet ihr nicht alles daransetzen, es herauszuziehen? Ganz bestimmt. Wie viel mehr ist ein Mensch wert als ein Schaf! Daher ist es erlaubt, am Sabbat Gutes zu tun!«

Dann sagte er zu dem Mann: »Streck deine Hand aus.« Der Mann streckte seine Hand aus, und sie wurde wieder so gesund wie die andere Hand. Daraufhin zogen sich die Pharisäer zurück, außer sich vor Zorn, und trafen sich heimlich mit den Anhängern des Herodes, um zu planen, wie sie Jesus töten könnten.

Jesus zieht sich zurück und die Menge folgt ihm

Jesus erkannte, was sie vorhatten. Er zog sich mit seinen Jüngern an den See zurück. Eine riesige Menschenmenge aus ganz Galiläa, Judäa, Jerusalem, Idumäa, aus dem Gebiet östlich des Jordan und sogar aus den fernen Städten Tyrus und Sidon folgte ihm. Die Nachricht von seinen Wundern hatte sich überall verbreitet, und die Menschen kamen scharenweise zu ihm. Jesus beauftragte seine Jünger, ein Boot bereitzuhalten, falls die Menge der Menschen ihn zu erdrücken drohte. Weil Jesus so viele Menschen heilte, drängten sich viele Kranke um ihn und versuchten, ihn zu berühren. Und alle, die von bösen Geistern besessen waren, fielen vor ihm nieder und schrien: »Du bist der Sohn Gottes!« Aber Jesus verbot ihnen streng zu sagen, wer er war.

Damit erfüllte sich die Prophezeiung Jesajas über Jesus: »Dies ist mein Diener, den ich auserwählt habe. Ich liebe ihn und habe meine Freude an ihm. Ich werde meinen Geist auf ihn legen, und er wird den Völkern Gerechtigkeit verkünden. Er wird weder kämpfen noch schreien; er wird seine Stimme nicht in der Öffentlichkeit erheben. Er wird das geknickte Rohr nicht zerbrechen und den glimmenden Docht nicht auslöschen. Durch seine Treue wird er die vollkommene Gerechtigkeit durchsetzen. Und auf seinem Namen wird die Hoffnung der ganzen Welt ruhen.«

Jesus beruft seine zwölf Apostel

Nicht lange danach stieg Jesus auf einen Berg, um zu beten. Er betete die ganze Nacht hindurch zu Gott. Bei Tagesanbruch rief er alle seine Jünger zusammen und wählte zwölf von ihnen aus, die ihn ständig begleiten sollten, und nannte sie Apostel. Er wollte sie aussenden, damit sie predigen und mit Vollmacht Dämonen austreiben.

Und das sind die Namen der Zwölf, die er wählte: Simon (dem er den Namen Petrus gab), Jakobus und Johannes (die Söhne des Zebedäus; ihnen gab er den Beinamen »Donnersöhne«), Andreas, Philippus, Bartholomäus, Matthäus, Thomas, Jakobus (der Sohn des Alphäus), Thaddäus, Simon (der Zelot) und Judas Iskariot (der ihn später verriet).

Tag 9

Die Bergpredigt

Eines Tages, als sich immer mehr Menschen um Jesus sammelten, stieg er mit seinen Jüngern auf einen Berg und setzte sich dorthin, um sie zu unterrichten. Und das lehrte er sie:

Seligpreisungen und Ankündigung zukünftigen Leides

»Glücklich sind die, die erkennen, dass sie Gott brauchen, denn ihnen wird das Himmelreich geschenkt.

Glücklich sind die, die traurig sind, denn sie werden getröstet werden.

Glücklich sind die Freundlichen und Bescheidenen, denn ihnen wird die ganze Erde gehören.

Glücklich sind die, die nach Gerechtigkeit hungern und dürsten, denn sie werden sie im Überfluss erhalten.

Glücklich sind die Barmherzigen, denn sie werden Barmherzigkeit erfahren.

Glücklich sind die, die ein reines Herz haben, denn sie werden Gott sehen.

Glücklich sind die, die sich um Frieden bemühen, denn sie werden Kinder Gottes genannt werden.

Glücklich sind die, die verfolgt werden, weil sie in Gottes Gerechtigkeit leben, denn das Himmelreich wird ihnen gehören.

Glücklich seid ihr, die ihr jetzt hungert, denn ihr werdet satt werden.

Glücklich seid ihr, die ihr jetzt weint, denn die Zeit wird kommen, in der ihr vor Freude lachen werdet.

Glücklich seid ihr, die ihr gehasst und ausgeschlossen und verflucht werdet, wenn ihr verspottet und verfolgt werdet und wenn Lügen über euch verbreitet werden, weil ihr zum Menschensohn gehört.

Wenn das geschieht, dann freut euch, springt vor Freude! Denn im Himmel erwartet euch eine große Belohnung. Und denkt daran, dass die Propheten früher von euren Vorfahren genauso behandelt wurden.

Euch wird es schlimm ergehen, die ihr reich seid, denn ihr habt euren Trost jetzt schon erhalten.

Euch wird es schlimm ergehen, die ihr jetzt satt seid, denn ein nagender Hunger steht euch bevor.

Euch wird es schlimm ergehen, die ihr unbekümmert lacht, denn euer Lachen wird sich in Traurigkeit und Weinen verwandeln.

Euch wird es schlimm ergehen, die ihr von der Menge gerühmt werdet, denn ihre Vorfahren haben auch den falschen Propheten zugejubelt.«

Salz und Licht

»Ihr seid das Salz der Erde. Doch wozu ist Salz noch gut, wenn es seinen Geschmack verloren hat? Kann man es etwa wieder brauchbar machen? Es wird weggeworfen und zertreten, wie etwas, das nichts wert ist.

Ihr seid das Licht der Welt – wie eine Stadt auf einem Berg, die in der Nacht hell erstrahlt, damit alle es sehen können. Niemand versteckt ein Licht unter einem umgestülpten Gefäß. Er stellt es vielmehr auf einen Lampenständer und lässt es für alle leuchten. Genauso lasst eure guten Taten leuchten vor den Menschen, damit alle sie sehen können und euren Vater im Himmel dafür rühmen.

Versteht nicht falsch, warum ich gekommen bin. Ich bin nicht gekommen, um das Gesetz oder die Schriften der Propheten abzuschaffen. Im Gegenteil, ich bin gekommen, um sie zu erfüllen. Ich versichere euch: Solange der Himmel und die Erde bestehen, wird selbst die kleinste Einzelheit von Gottes Gesetz gültig bleiben, so lange, bis ihr Zweck erfüllt ist. Wenn ihr also das kleinste Gebot brecht und andere dazu ermuntert, dasselbe zu tun, werdet ihr auch die Geringsten im Himmelreich sein. Dagegen wird jeder, der die Gesetze Gottes befolgt und sie anderen erklärt, im Himmelreich groß sein. Aber ich warne euch – nur wenn eure Gerechtigkeit die der Schriftgelehrten und Pharisäer weit übertrifft, dürft ihr ins Himmelreich hinein.«

Eine neue Art zu denken

»Man hat euch gelehrt, dass unseren Vorfahren geboten wurde: ›Du sollst nicht töten. Wer einen Mord begeht, wird verurteilt.‹ Ich aber sage: Schon der, der nur zornig auf jemanden ist, wird verurteilt! Wer zu seinem Freund sagt: ›Du Dummkopf!‹, den erwartet das Gericht. Und wer jemanden verflucht, dem droht das Feuer der Hölle. Wenn ihr also vor dem Altar im Tempel steht, um zu opfern, und es fällt euch mit einem Mal ein, dass jemand etwas gegen euch hat, dann lasst euer Opfer vor dem Altar liegen, geht zu dem Betreffenden und versöhnt euch mit ihm. Erst dann kommt zurück und bringt Gott euer Opfer dar. Einigt euch rasch mit eurem Gegner, bevor es zu spät ist und ihr vor Gericht gestellt, einem Gerichtsdiener übergeben und ins Gefängnis geworfen werdet. Ich versichere euch: Ihr kommt erst wieder frei, wenn ihr eure Schuld bis auf den letzten Cent bezahlt habt.

Man hat euch gelehrt, dass geboten wurde: ›Du sollst nicht die Ehe brechen.‹ Ich aber sage: Wer eine Frau auch nur mit einem Blick voller Begierde ansieht, hat im Herzen schon mit ihr die Ehe gebrochen. Wenn dich also dein Auge – auch wenn es dein gutes Auge ist – zur Begierde verführt, reiß es heraus und wirf es weg! Besser, du verlierst einen Körperteil, als dass dein ganzer Körper in die Hölle geworfen wird. Und wenn dich deine Hand – auch wenn es deine kräftigere Hand ist – zum Bösen verführt, hack sie ab und wirf sie weg! Besser, du verlierst einen Körperteil, als dass dein ganzer Körper in die Hölle geworfen wird.

Es wurde auch geboten: ›Ein Mann darf sich von seiner Frau scheiden lassen, wenn er ihr einen Scheidungsbrief ausstellt.‹ Ich aber sage: Wenn ein Mann sich von seiner Frau scheiden lässt – es sei denn, sie war untreu –, macht er sie zur Ehebrecherin. Und wer eine geschiedene Frau heiratet, begeht ebenfalls Ehebruch.

Man hat euch außerdem gelehrt, dass unseren Vorfahren geboten wurde: ›Du sollst einen Schwur nicht brechen; du sollst die Versprechen, die du vor dem Herrn abgelegt hast, halten.‹ Ich aber sage: Schwört überhaupt nicht! Wenn ihr sagt: ›Beim Himmel!‹, dann ist das ein heiliger Schwur, denn der Himmel ist Gottes Thron. Und wenn ihr sagt: ›Bei der Erde!‹, dann ist auch das ein heiliger Schwur, denn die Erde ist seine Fußbank. Und schwört auch nicht: ›Bei Jerusalem!‹, denn Jerusalem ist die Stadt des großen Königs. Schwört nicht einmal: ›Bei meinem Kopf!‹, denn ihr könnt kein einziges Haar auf eurem Kopf weiß oder schwarz machen. Sagt einfach ›Ja‹ oder ›Nein‹. Jedes Wort darüber hinaus ist vom Bösen.

Man hat euch gelehrt, dass geboten wurde: ›Wer jemand am Auge verletzt, soll selbst am Auge verletzt werden. Und wer anderen einen Zahn ausschlägt, soll selbst einen Zahn dafür einbüßen.‹ Ich aber sage: Wehrt euch nicht, wenn euch jemand Böses tut! Wer euch auf die rechte Wange schlägt, dem haltet auch die andere hin. Wenn ihr vor Gericht erscheinen müsst und euer Hemd wird euch abgenommen, gebt euren Mantel noch dazu. Wenn jemand von euch verlangt, eine Meile weit mit ihm zu gehen, dann geht zwei Meilen mit ihm. Gebt denen, die euch bitten, und kehrt denen nicht den Rücken, die etwas von euch borgen wollen.

Man hat euch gelehrt, dass geboten wurde: ›Liebe deinen Nächsten‹ und hasse deinen Feind. Ich aber sage: Liebt eure Feinde! Betet für die, die euch verfolgen! So handelt ihr wie wahre Kinder eures Vaters im Himmel. Denn er lässt die Sonne für Böse und Gute aufgehen und sendet Regen für die Gerechten wie für die Ungerechten. Wenn ihr nur die liebt, die euch auch lieben, was ist daran Besonderes? Das tun sogar die bestechlichen Steuereintreiber. Wenn ihr nur zu euren Freunden freundlich seid, wodurch unterscheidet ihr euch dann von den anderen Menschen? Das tun sogar die, die Gott nicht kennen. Oder wenn ihr nur denen Geld leiht, die es euch zurückzahlen können, was ist daran außergewöhnlich? Selbst Sünder leihen ihresgleichen Geld in der Hoffnung, die volle Summe zurückzuerhalten. Liebt eure Feinde! Erweist ihnen Gutes! Leiht ihnen Geld! Und macht euch keine Sorgen, weil sie es euch vielleicht nicht wiedergeben werden. Dann wird euer Lohn im Himmel groß sein und ihr handelt wirklich wie Kinder des Allerhöchsten, denn er erweist auch den Undankbaren und den Bösen Gutes.

Ihr sollt aber vollkommen sein, so wie euer Vater im Himmel vollkommen ist. Ihr sollt gütig sein, wie euer Vater gütig ist.

Nehmt euch in Acht! Wenn ihr Gutes tut, dann tut es nicht öffentlich, nur damit ihr bewundert werdet. In diesem Fall dürft ihr nicht erwarten, von eurem Vater im Himmel belohnt zu werden. Wenn du einem Bedürftigen etwas gibst, posaune es nicht heraus, wie es die Heuchler tun, die in den Synagogen und auf den Straßen mit ihren Wohltaten angeben, nur um die Aufmerksamkeit auf sich zu ziehen! Ich versichere euch: Das ist der einzige Lohn, den sie jemals dafür erhalten werden. Wenn du jemandem etwas gibst, dann sag deiner linken Hand nicht, was deine rechte tut. Gib in aller Stille, und dein Vater, der alle Geheimnisse kennt, wird dich dafür belohnen.«

Vom Beten

»Wenn ihr betet, seid nicht wie die Heuchler, die mit Vorliebe in aller Öffentlichkeit an den Straßenecken und in den Synagogen beten, wo jeder sie sehen kann. Ich versichere euch: Das ist der einzige Lohn, den sie jemals erhalten werden. Wenn du betest, geh an einen Ort, wo du allein bist, schließ die Tür hinter dir und bete in der Stille zu deinem Vater. Dann wird dich dein Vater, der alle Geheimnisse kennt, belohnen. Plappert nicht vor euch hin, wenn ihr betet, wie es die Menschen tun, die Gott nicht kennen. Sie glauben, dass ihre Gebete erhört werden, wenn sie die Worte nur oft genug wiederholen. Seid nicht wie sie, denn euer Vater weiß genau, was ihr braucht, noch bevor ihr ihn darum bittet!

So sollt ihr beten: ›Unser Vater im Himmel, dein Name werde geehrt. Dein Reich komme bald. Dein Wille erfülle sich hier auf der Erde genauso wie im Himmel. Schenk uns heute unser tägliches Brot und vergib uns unsere Schuld, wie auch wir denen vergeben haben, die an uns schuldig geworden sind. Lass nicht zu, dass wir der Versuchung nachgeben, sondern erlöse uns von dem Bösen.‹

Wenn ihr denen vergebt, die euch Böses angetan haben, wird euer himmlischer Vater euch auch vergeben. Wenn ihr euch aber weigert, anderen zu vergeben, wird euer Vater euch auch nicht vergeben.

Wenn ihr fastet, so tut es nicht öffentlich wie die Heuchler, die blass und nachlässig gekleidet herumgehen, damit die Leute sie für ihr Fasten bewundern. Ich versichere euch: Das ist der einzige Lohn, den sie jemals dafür erhalten werden. Wenn du fastest, dann kämme deine Haare und wasche dir das Gesicht. Dann wird niemand auf den Gedanken kommen, dass du fastest, außer deinem Vater, der weiß, was du in aller Stille tust. Und dein Vater, der alle Geheimnisse kennt, wird dich dafür belohnen.«

Tag 10

Der Schatz im Himmel

»Sammelt keine Reichtümer hier auf der Erde an, wo Motten oder Rost sie zerfressen oder Diebe einbrechen und sie stehlen können. Sammelt eure Reichtümer im Himmel, wo sie weder von Motten noch von Rost zerfressen werden und vor Dieben sicher sind. Denn wo dein Reichtum ist, da ist auch dein Herz.

Dein Auge ist das Fenster deines Körpers. Ein klares Auge lässt das Licht bis in deine Seele dringen. Ein schlechtes Auge dagegen sperrt das Licht aus und stürzt dich in Dunkelheit. Wenn schon das, was du für Licht hältst, in dir Dunkelheit ist, wie dunkel wird dann erst die Dunkelheit sein!

Niemand kann zwei Herren dienen. Immer wird er den einen hassen und den anderen lieben oder dem einen treu ergeben sein und den anderen verabscheuen. Ihr könnt nicht gleichzeitig Gott und dem Geld dienen.«

Gott versorgt

»Darum sage ich euch: Sorgt euch nicht um euer tägliches Leben – darum, ob ihr genug zu essen, zu trinken und anzuziehen habt. Besteht das Leben nicht aus mehr als nur aus Essen und Kleidung? Schaut die Vögel an. Sie müssen weder säen noch ernten noch Vorräte ansammeln, denn euer himmlischer Vater sorgt für sie. Und ihr seid ihm doch viel wichtiger als sie. Können all eure Sorgen euer Leben auch nur um einen einzigen Augenblick verlängern? Nein. Und warum sorgt ihr euch um eure Kleider? Schaut die Lilien an und wie sie wachsen. Sie arbeiten nicht und nähen sich keine Kleider. Trotzdem war selbst König Salomo in seiner ganzen Pracht nicht so herrlich gekleidet wie sie. Wenn sich Gott so wunderbar um die Blumen kümmert, die heute aufblühen und schon morgen wieder verwelkt sind, wie viel mehr kümmert er sich dann um euch? Euer Glaube ist so klein! Hört auf, euch Sorgen zu machen um euer Essen und Trinken oder um eure Kleidung. Warum wollt ihr leben wie die Menschen, die Gott nicht kennen und diese Dinge so wichtig nehmen? Euer himmlischer Vater kennt eure Bedürfnisse. Macht das Reich Gottes zu eurem wichtigsten Anliegen, lebt in Gottes Gerechtigkeit, und er wird euch all das geben, was ihr braucht. Deshalb sorgt euch nicht um morgen, denn jeder Tag bringt seine eigenen Belastungen. Die Sorgen von heute sind für heute genug.«

Demut und Weisheit

»Hört auf, andere zu verurteilen, und ihr werdet auch nicht verurteilt werden. Hört auf, andere zu tadeln, oder es wird euch ebenso ergehen. Vergebt, und euch wird auch vergeben werden. Gebt, und ihr werdet bekommen. Was ihr verschenkt, wird anständig, ja großzügig bemessen, mit beträchtlicher Zugabe zu euch zurückfließen. Nach dem Maß, mit dem ihr gebt, werdet ihr zurückbekommen. Denn wie ihr über andere urteilt, wird man über euch urteilen. Nach dem Maß, nach dem ihr anderen gebt, wird man auch euch geben.

Warum regst du dich über einen Splitter im Auge deines Nächsten auf, wenn du selbst einen Balken im Auge hast? Mit welchem Recht sagst du: ›Mein Freund, komm, ich helfe dir, den Splitter aus deinem Auge zu ziehen‹, wenn du doch nicht über den Balken in deinem eigenen Auge hinaussehen kannst? Du Heuchler! Zieh erst den Balken aus deinem eigenen Auge; dann siehst du vielleicht genug, um dich mit dem Splitter im Auge deines Freundes zu befassen. Gebt das, was heilig ist, nicht Menschen, denen nichts heilig ist. Werft keine Perlen vor die Säue! Sie zertrampeln die Perlen, drehen sich um und stürzen sich auf euch.

Bittet, und ihr werdet erhalten. Sucht, und ihr werdet finden. Klopft an, und die Tür wird euch geöffnet werden. Denn wer bittet, wird erhalten. Wer sucht, wird finden. Und die Tür wird jedem geöffnet, der anklopft. Ihr Eltern – wenn euch eure Kinder um ein Stück Brot bitten, gebt ihr ihnen dann stattdessen einen Stein? Oder wenn sie euch um einen Fisch bitten, gebt ihr ihnen eine Schlange? Natürlich nicht! Wenn ihr, die ihr Sünder seid, wisst, wie man seinen Kindern Gutes tut, wie viel mehr wird euer Vater im Himmel denen, die ihn darum bitten, Gutes tun.«

Der schmale Weg

»Geht so mit anderen um, wie die anderen mit euch umgehen sollen. In diesem Satz sind das Gesetz und die Propheten zusammengefasst.

Ihr könnt das Reich Gottes nur durch das enge Tor betreten. Die Straße zur Hölle ist breit und ihre Tür steht für die vielen weit offen, die sich für den bequemen Weg entscheiden. Das Tor zum Leben dagegen ist eng und der Weg dorthin ist schmal, deshalb finden ihn nur wenige.

Nehmt euch vor falschen Propheten in Acht. Sie kommen daher wie harmlose Schafe, aber in Wirklichkeit sind sie gefährliche Wölfe, die euch in Stücke reißen wollen. Ihr erkennt sie an ihrem Verhalten, so wie ihr einen Baum an seinen Früchten erkennt. An Dornbüschen wachsen keine Trauben und an Disteln keine Feigen. Ein gesunder Baum trägt gute Früchte, ein kranker Baum dagegen schlechte. Man erkennt einen Baum an seiner Frucht. Feigen wachsen nicht an Dornensträuchern und Weintrauben nicht an Brombeerbüschen. Ein guter Baum kann keine schlechten Früchte tragen und ein schlechter Baum keine guten. Deshalb wird jeder Baum, der keine guten Früchte bringt, umgehauen und ins Feuer geworfen. Ein guter Mensch bringt aus einem guten Herzen gute Taten hervor, und ein böser Mensch bringt aus einem bösen Herzen böse Taten hervor. Was immer in deinem Herzen ist, das bestimmt auch dein Reden. Ihr seht, man erkennt sie an ihren Früchten.«

Ein festes Fundament

»Warum nennt ihr mich also ›Herr‹, wenn ihr nicht tut, was ich sage? Auch wenn Menschen ›Herr‹ zu mir sagen, heißt das noch lange nicht, dass sie ins Himmelreich kommen. Entscheidend ist, ob sie meinem Vater im Himmel gehorchen. Am Tag des Gerichts werden viele zu mir kommen und sagen: ›Herr, Herr, wir haben in deinem Namen prophezeit und in deinem Namen Dämonen ausgetrieben und viele Wunder vollbracht.‹ Doch ich werde ihnen antworten: ›Ich habe euch nie gekannt. Fort mit euch. Ihr lebt nicht nach Gottes Gebot.‹

Ich sage euch, wie es ist, wenn jemand zu mir kommt, auf meine Worte hört und danach handelt. Das ist wie bei einem Mann, der ein Haus auf massiven Fels baut. Auch wenn der Regen in Sturzbächen vom Himmel rauscht, das Wasser über die Ufer tritt und die Stürme an diesem Haus rütteln, wird es nicht einstürzen, weil es auf Fels gebaut ist. Doch wer auf mich hört und nicht danach handelt, ist ein Dummkopf; er ist wie ein Mann, der ein Haus auf Sand baut. Wenn der Regen und das Hochwasser kommen und die Stürme an diesem Haus rütteln, wird es mit Getöse einstürzen.«

Als Jesus seine Rede beendet hatte, waren die Menschen überwältigt von seiner Lehre, denn er sprach mit Vollmacht – anders als die Schriftgelehrten. Viele Menschen folgten Jesus, als er den Berg hinuntergestiegen war.

Der Diener des Hauptmanns wird geheilt

Nachdem Jesus das alles gesagt hatte, ging er wieder nach Kapernaum. Dort lebte ein römischer Hauptmann, der einen Diener hatte, den er sehr schätzte. Nun war dieser Diener schwer erkrankt und lag im Sterben. Als der Hauptmann von Jesus hörte, schickte er einige angesehene Männer aus dem jüdischen Volk zu ihm und bat ihn, zu kommen und seinen Sklaven zu heilen. Diese baten Jesus inständig, mitzukommen und dem Hauptmann zu helfen. »Wenn jemand deine Hilfe verdient, dann er«, sagten sie, »denn er liebt die Juden und hat uns sogar die Synagoge gebaut.«

Da ging Jesus mit ihnen. Doch kurz bevor sie das Haus erreichten, schickte der Hauptmann ihm ein paar Freunde entgegen und ließ ihm ausrichten: »Herr, mach dir nicht die Mühe, in mein Haus zu kommen, denn eine solche Ehre verdiene ich nicht. Ich bin nicht einmal würdig genug, selbst zu dir zu kommen. Sprich einfach ein Wort, und mein Diener wird gesund werden. Ich weiß das, weil ich dem Befehl von Vorgesetzten unterstehe und auch selbst Soldaten befehlige. Ich brauche nur zu einem von ihnen zu sagen:

›Geh‹, dann geht er, oder: ›Komm‹, dann kommt er. Und wenn ich zu meinem Diener sage: ›Tu dies‹, dann tut er es.«

Als Jesus das hörte, war er tief beeindruckt. Er wandte sich an die Menge und sagte: »Ich versichere euch: Einen solchen Glauben habe ich bisher in ganz Israel noch nicht erlebt! Und ich sage euch: Viele Menschen werden aus der ganzen Welt herbeiströmen und mit Abraham, Isaak und Jakob im Himmelreich zu Tisch sitzen. Viele Israeliten dagegen – für die das Reich Gottes eigentlich bestimmt war – werden in die tiefste Dunkelheit hinausgestoßen, wo sie weinen und mit den Zähnen knirschen werden.« Dann sagte Jesus zu dem römischen Offizier: »Geh wieder nach Hause. Was du geglaubt hast, ist eingetroffen.«

Und als die Freunde des Hauptmanns in sein Haus zurückkehrten, fanden sie den Diener gesund.

Der Sohn der Witwe wird wieder lebendig

Bald darauf zog Jesus mit seinen Jüngern weiter zur Stadt Nain. Eine große Menschenmenge folgte ihnen. Als er sich der Stadt näherte, kam ihm ein Trauerzug entgegen. Der Tote war der einzige Sohn einer Witwe gewesen, und viele trauerten mit ihr. Als der Herr sie sah, empfand er großes Mitleid mit ihr. »Weine nicht!«, sagte er. Und er ging hinüber zur Bahre und berührte sie. Die Träger blieben stehen. »Ich sage dir«, sprach Jesus, »steh auf!«

Da setzte sich der Verstorbene auf und fing an zu sprechen! So gab Jesus ihn seiner Mutter zurück. Angst und Ehrfurcht erfassten die ganze Menge. Sie lobten Gott und sagten: »Ein mächtiger Prophet ist zu uns gekommen. Heute hat Gott sein Volk besucht.« Berichte über diese Tat verbreiteten sich in ganz Judäa und bis über die Grenzen des Landes hinaus.

Tag 11

Johannes der Täufer stellt Fragen

Johannes der Täufer erfuhr von seinen Jüngern alles, was Jesus tat. Er rief zwei seiner Jünger zu sich und schickte sie zum Herrn, um ihn zu fragen: »Bist du wirklich der, der kommen soll, oder sollen wir auf einen anderen warten?« Die beiden Jünger von Johannes fanden Jesus und sagten zu ihm: »Johannes der Täufer schickt uns, um zu fragen: ›Bist du wirklich der, der kommen soll, oder sollen wir auf einen anderen warten?‹«

Während sie bei ihm waren, heilte er viele Menschen von ihren Krankheiten, trieb böse Geister aus und gab Blinden ihr Augenlicht zurück. Er gab den Jüngern des Johannes zur Antwort: »Kehrt zu Johannes zurück und berichtet ihm, was ihr gesehen und gehört habt: Blinde sehen, Gelähmte gehen, Aussätzige werden geheilt, Taube hören, Tote werden auferweckt und den Armen wird die gute Botschaft verkündet. Und sagt ihm auch: ›Glücklich sind die, die keinen Anstoß an mir nehmen.‹«

Als sie gegangen waren, wandte Jesus sich an die Menge und sagte über Johannes: »Wer ist dieser Mann in der Wüste, den ihr unbedingt sehen wolltet? Kam er euch schwach vor wie ein Schilfrohr, das im Windhauch hin- und herschwankt? Oder habt ihr einen Mann erwartet, der in kostbare Gewänder gehüllt ist? Nein, Leute mit kostbaren Kleidern und verschwenderischer Lebensart wohnen in Palästen, nicht in der Wüste. Oder habt ihr in ihm einen Propheten vermutet? Ja, das ist er, und er ist sogar noch mehr als das. Johannes ist der Mann, von dem die Schrift sagt: ›Ich sende meinen Boten vor dir her, er wird deine Ankunft vorbereiten.‹ Ich sage euch: Von allen Menschen, die jemals gelebt haben, ist keiner größer als Johannes. Und doch ist noch der Geringste im Reich Gottes größer als er! Und alle, die ihn gehört haben – selbst die Steuereinnehmer –, gaben Gott recht, als sie sich von Johannes taufen ließen. Die Pharisäer und die Schriftgelehrten dagegen lehnten den Plan, den Gott für sie hatte, ab, denn sie ließen sich nicht von Johannes taufen.

Seit Johannes der Täufer predigt und tauft, ist das Himmelreich mit Macht näher gerückt, und es gibt genügend Menschen, die versuchen, gewaltsam hineinzudrängen. Denn alle Propheten und das Gesetz haben diese Zeit angekündigt, bis Johannes kam. Und wenn ihr bereit seid, meinen Worten zu glauben: Er ist Elia, von dem die Propheten sagten, dass er kommen würde. Wer bereit ist zu hören, soll zuhören und begreifen!

Wie soll ich die Menschen von heute am besten beschreiben? Sie sind wie Kinder, die auf der Straße spielen. Sie beklagen sich bei ihren Freunden: ›Wir haben lustige Lieder gespielt, und ihr wart nicht fröhlich. Dann haben wir Klagelieder gespielt, aber ihr wart nicht traurig.‹ Johannes der Täufer trank keinen Wein und fastete oft, und nun sagt ihr von ihm, er sei von einem Dämon besessen. Der Menschensohn trinkt und feiert, und von ihm sagt ihr: ›Er ist ein Schlemmer und Säufer, und die schlimmsten Leute sind seine Freunde!‹ Doch die Weisheit erweist sich als richtig, und zwar durch das, was sie bewirkt.«

Wehklage über Städte, die sich nicht bekehren wollen

Danach begann Jesus die Städte anzuklagen, in denen er die meisten seiner Wunder vollbracht hatte. Ihre Einwohner waren dennoch nicht zu Gott umgekehrt. »Welche Schrecken erwarten euch, Chorazin und Betsaida! Denn wenn ich die Wunder, die ich bei euch getan habe, in den gottlosen Städten Tyrus und Sidon getan hätte, hätten ihre Einwohner schon längst ihre Schuld bekannt und sich zum Zeichen ihrer Reue in Säcke gehüllt und Asche auf ihre Häupter gestreut. Ich versichere euch: Am Tag des Gerichts werden Tyrus und Sidon besser dastehen als ihr! Und ihr Bewohner von Kapernaum, ob ihr wohl einst in den Himmel gehoben werdet? Ganz sicher nicht. Ihr werdet vielmehr hinunter ins Reich der Toten geworfen. Denn wenn ich die Wunder, die ich bei euch getan habe, in Sodom getan hätte, würde die Stadt heute noch stehen. Seid versichert: Sodom wird am Tag des Gerichts besser dastehen als ihr!«

Danach sprach Jesus das folgende Gebet: »O Vater, Herr des Himmels und der Erde, ich danke dir, dass du die Wahrheit vor denen verbirgst, die sich selbst für so klug und weise halten. Ich danke dir, dass du sie stattdessen denen enthüllst, die ein kindliches Gemüt haben. Ja, Vater, so wolltest du es! Mein Vater hat mir Vollmacht über alles gegeben. Niemand außer dem Vater kennt den Sohn wirklich, und niemand kennt den Vater außer dem Sohn und jenen, denen der Sohn den Vater offenbaren will.«

Dann sagte Jesus: »Kommt alle her zu mir, die ihr müde seid und schwere Lasten tragt, ich will euch Ruhe schenken. Nehmt mein Joch auf euch. Ich will euch lehren, denn ich bin demütig und freundlich, und eure Seele wird bei mir zur Ruhe kommen. Denn mein Joch passt euch genau, und die Last, die ich euch auflege, ist leicht.«

Die Fußsalbung

Einer der Pharisäer lud Jesus zum Essen in sein Haus ein. Jesus nahm die Einladung an und setzte sich zu Tisch. In dem Ort gab es eine Frau, die ihr Leben – wie man wusste – nicht nach Gottes Willen führte. Als sie erfuhr, dass er da war, brachte sie ein Gefäß mit kostbarem Salböl. Sie kniete vor Jesus nieder und weinte. Ihre Tränen fielen auf seine Füße, und sie trocknete sie mit ihren Haaren. Dann küsste sie ihm wieder und wieder die Füße und salbte sie mit dem Öl.

Als der Gastgeber sah, was da vorging und wer die Frau war, sagte er sich: »Das beweist, dass Jesus kein Prophet ist. Wäre er wirklich von Gott gesandt, dann wüsste er, was für eine Frau ihn da berührt. Eine Sünderin!«

Jesus wusste, was er dachte, und sagte zu dem Pharisäer: »Simon, ich habe dir etwas zu sagen.«

Simon nickte: »Ja, Meister, sprich nur.«

Darauf erzählte Jesus: »Ein Mann lieh zwei Leuten Geld – dem einen fünfhundert Denare und dem anderen fünfzig. Als keiner der beiden ihm das Geld zurückzahlen konnte, erließ er ihnen ihre Schulden. Wer von den beiden liebte ihn danach wohl mehr?«

Simon antwortete: »Ich nehme an, derjenige, dem er die größere Schuld erließ.«

Jesus sagte ihm: »Das stimmt.« Dann wandte er sich der Frau zu und sagte zu Simon: »Schau dir die Frau an, die da kniet. Als ich dein Haus betrat, hast du mir kein Wasser angeboten, um mir den Staub von den Füßen zu waschen; sie hat meine Füße mit ihren Tränen gewaschen und mit ihrem Haar getrocknet. Du hast mir keinen Begrüßungskuss gegeben; sie hat mir unaufhörlich die Füße geküsst, seit ich hereingekommen bin. Du hast es versäumt, mir Gastfreundschaft zu erweisen und mir den Kopf mit Olivenöl zu salben; sie hat meine Füße mit kostbarem Salböl gesalbt. Ich sage dir, ihre Sünden – und es sind viele – sind ihr vergeben; also hat sie mir viel Liebe erwiesen. Ein Mensch jedoch, dem nur wenig vergeben wurde, zeigt nur wenig Liebe.« Dann sagte Jesus zu der Frau: »Deine Sünden sind dir vergeben.«

Die anderen Männer am Tisch sagten zueinander: »Für wen hält sich dieser Mann, dass er Sünden vergibt?«

Und Jesus sagte zu der Frau: »Dein Glaube hat dich gerettet; geh in Frieden.«

Nicht lange danach zog Jesus durch die nahe gelegenen Orte und Dörfer, um die Botschaft vom Reich Gottes zu verkünden. Er nahm seine zwölf Jünger mit und einige Frauen, die er geheilt und von bösen Geistern befreit hatte. Dazu gehörten Maria von Magdala, aus der er sieben Dämonen ausgetrieben hatte, Johanna, die Frau von Chuza, dem Verwalter von Herodes, Susanna und viele andere, die Jesus und seine Jünger durch das, was sie hatten, unterstützten.

Die geistliche Familie von Jesus

Während Jesus noch zu den Leuten redete, kamen seine Mutter und seine Brüder zu ihm und wollten ihn sprechen, doch sie konnten wegen der vielen Menschen nicht zu ihm durchdringen. Jemand sagte zu Jesus: »Deine Mutter und deine Brüder stehen draußen, sie möchten dich sprechen.«

Da erwiderte Jesus: »Wer ist meine Mutter? Wer sind meine Brüder?« Dann sah er die an, die rings um ihn herum saßen. Und er zeigte auf seine Jünger und sagte: »Diese Leute sind meine Mutter und meine Brüder. Alle, die die Botschaft Gottes hören und sich nach ihr richten, sind meine Mutter und meine Brüder.«

Tag 12

Das Gleichnis von den vier Äckern

Später am gleichen Tag verließ Jesus das Haus und ging hinunter an den See, wo sich bald eine riesige Menschenmenge um ihn sammelte. Da stieg er in ein Boot, setzte sich und sprach zu den Menschen aus vielen Städten, die ihm vom Ufer aus zuhörten.

Er erzählte ihnen viele Gleichnisse, so wie dieses: »Ein Bauer ging aufs Feld, um zu säen. Als er die Saat auf seinem Feld ausstreute, fielen einige Samenkörner auf einen Weg, wo sie zertreten wurden, und die Vögel kamen und pickten sie auf. Andere Körner fielen auf eine dünne Erdschicht mit felsigem Untergrund. Die Saat ging schnell auf, aber schon bald vertrockneten die Pflänzchen unter der heißen Sonne, weil Feuchtigkeit fehlte und weil die Wurzeln in der dünnen Erdschicht keine Nahrung fanden. Andere fielen unter die Dornen, die rasch in die Höhe schossen und die zarten Halme erstickten, sodass sie keine Ähren trugen. Wieder andere fielen auf fruchtbaren Boden und brachten eine Getreideernte mit dem dreißig-, sechzig-, ja hundertfachen Ertrag ein.« Nach diesen Worten rief er: »Wer hören will, der soll zuhören und begreifen!«

Als Jesus später mit den zwölf Jüngern und den anderen, die sich um ihn versammelt hatten, allein war, fragten sie ihn: »Warum erzählst du immer Gleichnisse, wenn du zu den Leuten sprichst?«

Da erklärte er ihnen: »Euch war erlaubt, die Geheimnisse vom Himmelreich zu verstehen, aber andere können das nicht. Allen anderen aber werden sie in Gleichnissen verborgen erzählt. Wer sich meinen Lehren öffnet, wird noch mehr begreifen, und er wird eine Fülle von Wissen haben. Aber wer nicht zuhört, dem wird sogar das genommen, was er hat. Ich erzähle diese Gleichnisse, weil die Menschen zwar sehen, was ich tue, es aber dennoch nicht richtig begreifen. Sie hören, was ich sage, aber sie verstehen es nicht richtig. Damit erfüllt sich die Prophezeiung Jesajas: ›Du wirst meine Worte hören, sie aber nicht verstehen; du wirst sehen, was ich tue, aber du wirst nicht begreifen, was es bedeutet. Denn die Herzen dieser Menschen sind verhärtet, ihre Ohren können nicht hören und sie haben ihre Augen geschlossen. Ihre Augen sehen nicht, ihre Ohren hören nicht und ihr Herz versteht nicht, und sie kehren nicht zu mir um, damit ich sie heil mache.‹

Aber wie gut, dass eure Augen sehen und eure Ohren hören! Ich versichere euch: Viele Propheten und gottesfürchtige Menschen haben sich danach gesehnt, das zu sehen und zu hören, was ihr gesehen und gehört habt, aber sie konnten es nicht. Aber wenn auch ihr dieses Gleichnis nicht versteht, wie wollt ihr dann die anderen Gleichnisse verstehen, die ich noch erzählen werde?

Doch ich will euch das Gleichnis vom Bauern, der seine Saat ausstreute, erklären: Der Bauer, von dem ich sprach, ist derjenige, der anderen Menschen Gottes Botschaft bringt. Die Saat, die auf den harten Weg fiel, steht für die Menschen, die die Botschaft vom Reich Gottes hören, sie aber nicht verstehen. Dann kommt der Teufel und reißt ihnen die Saat aus dem Herzen und verhindert, dass sie glauben und gerettet werden. Die dünne Erdschicht mit dem felsigen Untergrund ist ein Beispiel für die Menschen, die die Botschaft hören und mit Freude aufnehmen. Aber wie bei jungen Pflanzen in einem solchen Boden reichen ihre Wurzeln nicht sehr tief; wenn sie wegen ihres Glaubens auf Schwierigkeiten stoßen oder verfolgt werden, geben sie wieder auf. Der mit Dornen bewachsene Boden verweist auf die Menschen, die die gute Botschaft hören und annehmen, doch sie wird von Alltagssorgen, den Verlockungen des Reichtums und dem Verlangen nach schönen Dingen übertönt, sodass keine Frucht daraus entstehen kann, und die Ernte bleibt aus. Der gute Boden dagegen steht für verlässliche, aufrichtige Menschen, die Gottes Botschaft hören und annehmen, an ihr festhalten und durch ihre Beständigkeit viel Frucht hervorbringen – dreißig-, sechzig-, ja hundertmal so viel, wie gesät wurde.«

Dann fragte Jesus sie: »Würde etwa jemand eine Lampe anzünden und sie dann unter ein Gefäß oder ein Bett stellen, um das Licht zu verbergen? Natürlich nicht! Eine Lampe wird auf einen Ständer gestellt, wo jeder, der hereinkommt, sie sehen kann. Alles, was jetzt noch verborgen ist, wird ans Licht kommen, und was jetzt noch geheim ist, wird aufgedeckt werden. Wer hören will, soll zuhören und begreifen! Und hört genau hin! Der Maßstab, mit dem ihr andere beurteilt, wird an euch angelegt werden – und es wird euch noch mehr gegeben werden. Dem, der für meine Lehre offen ist, wird immer tiefere Erkenntnis geschenkt werden. Dem aber, der nicht zuhören will, wird selbst das genommen werden, was er hat.«

Die Gleichnisse vom Unkraut, vom Senfkorn und vom Sauerteig

Jesus fuhr fort: »Ich erzähle euch noch ein Gleichnis für das Reich Gottes: Ein Bauer streute Saatgut auf einem Feld aus. Ob er nun schlief oder aufstand – die Tage vergingen, die Saat keimte und wuchs ohne das Zutun des Bauern heran, denn die Erde bringt das Getreide ganz von selbst hervor. Zuerst sprießt ein Halm, dann bilden sich die Ähren und zum Schluss reift das Korn heran. Und sobald das Korn reif ist, kommt der Bauer und erntet es mit der Sichel.«

Jesus erzählte noch ein anderes Gleichnis: »Das Himmelreich ist vergleichbar mit einem Bauern, der gutes Saatgut auf sein Feld säte. Doch in der Nacht, als alles schlief, kam sein Feind und säte Unkraut zwischen den Weizen und ging wieder weg. Als das Korn zu wachsen begann und Ähren ausbildete, kam auch das Unkraut zum Vorschein. Da kamen die Arbeiter des Bauern und sagten: ›Herr, das Feld, auf dem du gutes Saatgut gesät hast, ist voller Unkraut!‹

›Das hat mein Feind getan!‹, rief der Bauer aus.

›Sollen wir das Unkraut ausreißen?‹, fragten die Arbeiter.

Er antwortete: ›Nein, wenn ihr das tut, schadet ihr dem Weizen. Lasst beides bis zur Zeit der Ernte wachsen. Dann will ich den Erntehelfern sagen, dass sie das Unkraut heraussammeln und verbrennen sollen. Den Weizen aber sollen sie in die Scheune bringen.‹«

Jesus fragte: »Wie kann ich das Reich Gottes noch beschreiben? Womit könnte ich es vergleichen? Es ist wie ein winziges Senfkorn, das auf ein Feld gesät wird. Obwohl das Senfkorn zu den kleinsten Samenkörnern gehört, wächst es doch zu einer der größten Pflanzen heran, so groß wie ein Baum, mit langen Zweigen, in denen die Vögel Zuflucht finden.«

Auch das folgende Gleichnis erzählte Jesus: »Das Himmelreich ist wie Sauerteig, den eine Frau zum Brotbacken gebrauchte. Obwohl sie eine große Menge Mehl nahm, durchdrang der Sauerteig doch den ganzen Teig.«

Jesus benutzte stets Gleichnisse und Bilder, wenn er zu den Menschen sprach, er sprach nie zu ihnen, ohne solche Vergleiche zu verwenden. So erfüllte sich die Prophezeiung: »Ich werde zu euch in Gleichnissen sprechen. Ich werde die Geheimnisse erklären, die seit der Erschaffung der Welt verborgen waren.«

Wenn er aber später mit seinen Jüngern allein war, erklärte er ihnen ihre Bedeutung.

Danach ging Jesus ins Haus und ließ die Menschenmenge draußen stehen. Seine Jünger baten ihn: »Erkläre uns das Gleichnis vom Unkraut auf dem Feld.«

Jesus sagte: »Der Bauer, der den guten Samen aussät, ist der Menschensohn. Das Feld ist die Welt, und der gute Same steht für die Kinder des Himmelreiches. Das Unkraut sind die Menschen, die zum Satan gehören. Der Feind, der das Unkraut zwischen den Weizen ausgesät hat, ist der Teufel. Die Ernte ist das Ende der Welt, und die Erntehelfer sind die Engel. Genauso, wie das Unkraut aussortiert und verbrannt wird, so wird es auch am Ende der Welt sein. Der Menschensohn wird seine Engel schicken, und sie werden aus seinem Reich alles entfernen, was zur Sünde verleitet, und alle Menschen, die Böses tun. Und sie werden sie in den Ofen werfen und verbrennen. Dort werden sie schreien und mit den Zähnen knirschen. Dann werden alle, die zu Gott gehören, im Reich ihres Vaters leuchten wie die Sonne. Wer bereit ist zu hören, soll zuhören und verstehen!«

Die Gleichnisse vom Schatz, von der Perle und vom Fischernetz

»Das Himmelreich ist wie ein Schatz, den ein Mann in einem Feld verborgen fand. In seiner Aufregung versteckte er ihn wieder und verkaufte alles, was er besaß, um genug Geld zu beschaffen, damit er das Feld kaufen konnte – und mit ihm den Schatz zu erwerben!

Das Himmelreich ist auch vergleichbar mit einem Perlenhändler, der nach kostbaren Perlen Ausschau hielt. Als er eine Perle von großem Wert entdeckte, verkaufte er alles, was er besaß, und kaufte die Perle!

Das Himmelreich kann man auch vergleichen mit einem Fischernetz, das ins Wasser geworfen wird und in dem viele verschiedene Fische gefangen werden. Wenn das Netz voll ist, wird es ans Land gezogen, und die Fischer sammeln die guten Fische heraus und legen sie in Kisten, und die schlechten werfen sie weg. Genauso wird es auch am Ende der Welt sein. Die Engel werden kommen und die gottlosen Menschen von den Gläubigen trennen. Die Gottlosen werden ins Feuer geworfen. Dort werden sie weinen und mit den Zähnen knirschen. Versteht ihr das alles?«

Sie antworteten: »Ja.«

Dann fügte er noch hinzu: »Jeder Schriftgelehrte, der ein Jünger im Himmelreich geworden ist, ist wie ein Hausherr, der aus seinem reichen Vorrat Neues ebenso hervorholt wie Altes.«

Nachdem Jesus diese Gleichnisse erzählt hatte, verließ er diese Gegend.

Tag 13

Die Sturmstillung

Als Jesus sah, dass die Menschenmenge immer größer wurde, wies er seine Jünger an, ans andere Ufer des Sees hinüberzufahren. Sie stiegen also in ein Boot und stießen vom Ufer ab. Doch bald darauf erhob sich ein heftiger Sturm, und hohe Wellen schlugen ins Boot, bis es fast ganz voll Wasser gelaufen war. Währenddessen schlief Jesus hinten im Boot mit dem Kopf auf einem Kissen. Schließlich weckten ihn die Jünger. »Herr, rette uns!«, riefen sie aufgeregt. »Lehrer, macht es dir denn gar nichts aus, dass wir umkommen?«

Jesus erwachte, bedrohte den Wind und befahl dem Wasser: »Schweig! Sei still!« Sogleich legte sich der Wind, und es herrschte tiefe Stille. Und er fragte die Jünger: »Warum seid ihr so ängstlich? Habt ihr immer noch keinen Glauben?« Voll Furcht und Staunen sagten sie zueinander: »Wer ist dieser Mann, dass ihm sogar Wind und Wellen gehorchen?«

Austreibung von Dämonen

So kamen sie ins Gebiet der Gerasener auf der anderen Seite vom See Genezareth. Als Jesus aus dem Boot stieg, lief ihm ein Mann entgegen, der von Dämonen besessen war. Nackt und ohne Obdach fristete er sein Dasein schon seit langer Zeit in den Grabhöhlen und war selbst mit einer Kette von niemandem mehr zu halten. Jedes Mal, wenn man ihn in Fesseln legte – was oft geschah –, streifte er die Ketten von den Handgelenken und zerriss die Fußfesseln. Niemand war stark genug, ihn zu bändigen. Tag und Nacht war er in den Grabhöhlen und wanderte durch die umliegenden Hügel, schrie und schlug sich selbst mit Steinen.

Der Mann entdeckte Jesus schon von Weitem. Er lief auf ihn zu, warf sich vor ihm nieder, stieß einen schrecklichen Schrei aus und rief: »Was willst du von mir, Jesus, Sohn des höchsten Gottes? Ich beschwöre dich bei Gott: Quäle mich nicht!« Denn Jesus hatte schon dem Geist befohlen: »Verlass diesen Mann, du böser Geist!«

Dann fragte Jesus: »Wie heißt du?«

Der Geist erwiderte: »Legion, denn in diesem Mann sind viele von uns.« Wieder und wieder flehte er ihn an, sie nicht aus dieser Gegend fortzuschicken.

In der Nähe weidete gerade eine große Schweineherde an einem Abhang. »Lass uns in diese Schweine fahren«, flehten die Geister. Jesus erlaubte es ihnen. Da fuhren die bösen Geister aus dem Mann in die Schweine, und die ganze Herde von zweitausend Tieren stürzte sich den steilen Abhang hinunter in den See und ertrank.

Die Hirten aber flohen in die Stadt und erzählten allen, was mit den Besessenen geschehen war. Da kam die ganze Stadt zu Jesus hinaus. Schon bald hatte sich eine große Menge um Jesus versammelt. Der Mann, der von Dämonen besessen gewesen war, saß ordentlich gekleidet und völlig bei Verstand friedlich zu Füßen von Jesus. Als das die Leute sahen, bekamen sie Angst. Diejenigen, die miterlebt hatten, was mit dem Besessenen und den Schweinen geschehen war, erzählten es den anderen. Da drängten sie Jesus, zu gehen und sie in Ruhe zu lassen, so groß war ihre Angst.

Als Jesus wieder ins Boot stieg, bat ihn der Mann, der von Dämonen besessen gewesen war, mit ihm gehen zu dürfen. Doch Jesus sagte zu ihm: »Nein. Geh nach Hause zu deiner Familie und erzähle ihnen, was der Herr für dich getan hat und wie gnädig er gewesen ist.« Da wanderte der Mann durch das Gebiet der Zehn Städte und erzählte allen Menschen von dem, was Jesus für ihn getan hatte; und alle staunten über das, was er ihnen berichtete.

Heilung der Kranken, Blinden und Besessenen

Als Jesus auf die andere Seite des Sees zurückkehrte, hatten die Menschen schon auf Jesus gewartet und empfingen ihn begeistert am Ufer. Ein Mann namens Jaïrus, einer der Vorsteher der örtlichen Synagoge, kam zu Jesus, warf sich ihm zu Füßen und bat ihn, mit in sein Haus zu kommen. Sein einziges Kind, ein zwölfjähriges Mädchen, lag im Sterben. »Bitte, komm und lege ihr deine Hände auf; mach sie gesund, damit sie am Leben bleibt.« Jesus machte sich mit ihm auf den Weg, umringt von einer großen Menschenmenge.

In der Menge war auch eine Frau, die seit zwölf Jahren an Blutungen litt. Sie hatte in dieser Zeit bei vielen Ärzten Schlimmes durchgemacht. Ihr ganzes Vermögen hatte sie eingebüßt, um sie zu bezahlen, ohne dass es ihr besser ging. Es war sogar schlimmer geworden. Diese Frau hatte von Jesus gehört. Sie kämpfte sich durch die Menge in seine Nähe und berührte den Saum seines Gewandes. Denn sie sagte sich: »Wenn ich nur seine Kleider berühre, werde ich gesund.« Und im selben Augenblick hörte die Blutung auf, und sie spürte, dass sie geheilt war!

Jesus merkte sofort, dass eine heilende Kraft von ihm ausgegangen war. Er wandte sich um und fragte: »Wer hat meine Kleider berührt?«

Seine Jünger sagten zu ihm: »Die Menschen umdrängen dich von allen Seiten, wie kannst du da fragen: ›Wer hat mich berührt‹?«

Doch Jesus sagte: »Nein, jemand hat mich absichtlich berührt. Ich habe gespürt, dass eine heilende Kraft von mir ausging.«

Aber er schaute weiter umher, um festzustellen, wer es gewesen war. Zitternd vor Angst trat die Frau auf ihn zu, denn sie wusste, was mit ihr geschehen war. Sie warf sich ihm zu Füßen und sagte ihm, was sie getan hatte. Und er sagte zu ihr: »Tochter, dein Glaube hat dich gesund gemacht. Geh in Frieden. Du bist geheilt.«

Während Jesus noch mit ihr sprach, trafen Boten vom Haus des Jaïrus ein mit der Nachricht: »Deine Tochter ist tot. Du brauchst den Lehrer nicht mehr zu bemühen.« Doch Jesus ging über ihre Worte hinweg und sagte zu Jaïrus: »Hab keine Angst. Glaube nur und sie wird gerettet werden.« Er wies die Menge an zurückzubleiben und nahm nur Petrus, Jakobus und Johannes, den Bruder des Jakobus, den Vater und die Mutter des Mädchens mit.

Als sie zum Haus des Synagogenvorstehers kamen, sah Jesus die aufgeregte Menge und die vielen weinenden und klagenden Menschen und hörte Trauermusik.

Er ging hinein und sagte zu ihnen: »Warum sind alle so aufgeregt und weinen? Hört auf zu weinen! Das Kind ist nicht tot; es schläft nur.« Doch die Menge lachte ihn aus, denn alle wussten, dass sie gestorben war, aber er schickte sie alle hinaus.

Zusammen mit dem Vater und der Mutter des Mädchens und seinen drei Jüngern ging er in das Zimmer, in dem das Kind lag. Er nahm seine Hand und sagte zu ihm: »Mädchen, ich befehle dir, steh auf!« Im gleichen Augenblick kehrte das Leben in sie zurück, und sie stand auf! Und alle waren sehr darüber erstaunt. Jesus befahl ihnen, niemandem zu erzählen, was geschehen war, und sagte, sie sollten ihr etwas zu essen geben.

Die Nachricht von diesem Wunder verbreitete sich wie ein Lauffeuer in der ganzen Gegend.

Nachdem Jesus das Haus des Mädchens verlassen hatte, liefen ihm zwei Blinde nach und riefen: »Sohn Davids, hab Erbarmen mit uns!«

Sie folgten ihm bis in das Haus, wo er wohnte, und Jesus fragte sie: »Glaubt ihr, dass ich euch das Augenlicht wiedergeben kann?«

Sie antworteten: »Ja, Herr.«

Da berührte er ihre Augen und sagte: »Weil ihr glaubt, wird es geschehen.« Und auf einmal konnten sie sehen! Jesus ermahnte sie eindringlich: »Erzählt niemandem davon.« Doch stattdessen erzählten sie in der ganzen Gegend von seinen wunderbaren Taten.

Als sie fort waren, brachten einige Leute einen Mann zu ihm, der nicht sprechen konnte, weil er von einem bösen Geist besessen war. Jesus trieb den Dämon aus, und sofort konnte der Mann wieder sprechen. Die Menschen waren voller Bewunderung für Jesus. »So etwas ist in Israel noch niemals geschehen!«, riefen sie.

Die Pharisäer aber meinten: »Er kann nur deshalb Dämonen austreiben, weil er seine Macht vom Obersten der Dämonen bekommen hat.«

Letzter Besuch in seiner Heimatstadt

Jesus verließ diesen Teil des Landes und kehrte mit seinen Jüngern in seine Heimatstadt Nazareth zurück. Am folgenden Sabbat begann er in der Synagoge zu lehren. Viele der Zuhörer waren sehr erstaunt. Sie fragten: »Wo hat er nur diese Weisheit her und die Macht, solche Wunder zu tun? Er ist doch nur ein Zimmermann, der Sohn Marias und der Bruder von Jakobus, Josef, Judas und Simon. Auch seine Schwestern leben hier unter uns.« Und sie ärgerten sich über ihn.

Da sagte Jesus zu ihnen: »Ein Prophet wird überall verehrt, nur nicht in seiner eigenen Heimatstadt, von seinen Verwandten und von seiner eigenen Familie.« Weil sie nicht an ihn glaubten, konnte er keine Wunder bei ihnen tun und er legte nur einigen Kranken die Hände auf und heilte sie. Und er wunderte sich über ihren Unglauben.

Tag 14

Arbeiter für die Ernte

Jesus zog durch die Städte und Dörfer der Umgebung. Er lehrte in den Synagogen und verkündete die Botschaft vom Reich Gottes. Und überall, wo er hinkam, heilte er Menschen von ihren Krankheiten und Leiden. Als er die vielen Menschen sah, hatte er tiefes Mitleid mit ihnen, denn sie hatten große Sorgen und wussten nicht, wen sie um Hilfe bitten konnten. Sie waren wie Schafe ohne Hirten. Deshalb sagte er zu seinen Jüngern: »Die Ernte ist groß, aber es sind nicht genügend Arbeiter da. Betet zum Herrn der Ernte und bittet ihn, mehr Arbeiter zu schicken, um die Ernte einzubringen.«

Jesus rief seine zwölf Jünger zu sich, sandte sie jeweils zu zweit aus mit dem Auftrag, allen Menschen vom Kommen des Reiches Gottes zu erzählen, und gab ihnen die Vollmacht, böse Geister auszutreiben und alle Arten von Krankheiten und Leiden zu heilen.

Dies sind die Namen der zwölf Apostel: der erste war Simon (der auch Petrus genannt wurde), dann kamen Andreas (der Bruder von Petrus), Jakobus (der Sohn des Zebedäus), Johannes (der Bruder von Jakobus), Philippus, Bartholomäus, Thomas, Matthäus (der Steuereintreiber), Jakobus (der Sohn des Alphäus), Thaddäus, Simon (der Zelot) und Judas Iskariot (der ihn später verriet).

Jesus sandte die zwölf Jünger aus und gab ihnen folgenden Auftrag: »Geht nicht zu den Menschen, die Gott nicht kennen, oder zu den Samaritanern. Geht nur zu den Menschen aus dem

Volk Israel – sie sind Gottes verlorene Schafe. Geht und verkündet ihnen, dass das Himmelreich unmittelbar bevorsteht. Macht die Kranken gesund, erweckt die Toten zum Leben, heilt die Aussätzigen und treibt böse Geister aus. Teilt eure Gaben genauso großzügig aus, wie ihr sie geschenkt bekommen habt! Tragt kein Geld bei euch. Und nehmt für unterwegs nichts mit außer einem Wanderstab, kein Gepäck, keine Verpflegung und kein Geld. Sandalen, aber kein zweites Hemd. Zögert nicht, Gastfreundschaft anzunehmen, denn wer arbeitet, verdient auch, dass man ihm zu essen gibt. Wenn ihr in eine Stadt oder in ein Dorf kommt, sucht nach einem würdigen Mann und bleibt bei ihm, bis ihr wieder weiterzieht. Wenn ihr in ein Haus eingeladen werdet, dann segnet dieses Haus. Wenn sich das Haus als würdig erweist, dann ruht euer Segen weiterhin darauf; andernfalls kehrt der Segen wieder zu euch zurück. Wenn ihr in einem Dorf nicht willkommen seid und man euch nicht zuhören will, dann geht fort und schüttelt den Staub von euren Füßen als Zeichen, dass ihr diesen Ort dem Gericht überlasst. Ich versichere euch: Die gottlosen Städte Sodom und Gomorra werden am Tag des Gerichts besser dastehen als ein solcher Ort.

Seht, ich sende euch aus wie Schafe unter die Wölfe. Seid vorsichtig wie die Schlangen und sanft wie die Tauben. Aber hütet euch vor den Menschen! Denn ihr werdet vor die Richter gezerrt und in den Synagogen geschlagen werden. Um meinetwillen müsst ihr Statthaltern und Königen Rede und Antwort stehen. Das wird euch Gelegenheit geben, ihnen von mir zu erzählen und so vor der Welt als Zeugen für mich aufzutreten. Wenn ihr verhaftet werdet, macht euch keine Sorgen, was ihr zu eurer Verteidigung sagen sollt, denn Gott wird euch zur rechten Zeit die rechten Worte in den Mund legen. Nicht ihr seid es, die dann reden – nein, der Geist eures Vaters wird durch euch reden.

Der Bruder wird seinen Bruder verraten, Väter werden ihre Kinder verraten, und Kinder werden sich gegen ihre Eltern auflehnen und sie dem Tod ausliefern. Ja, alle werden euch hassen, weil ihr euch zu mir bekennt. Aber wer bis zum Ende durchhält, wird gerettet werden. Wenn ihr in einer Stadt verfolgt werdet, dann flieht in die nächste. Ich versichere euch: Der Menschensohn wird wiederkommen, noch bevor ihr in allen Städten Israels gewesen seid. Ein Schüler steht nicht über seinem Lehrer. Ein Diener steht nicht über seinem Herrn. Der Schüler teilt das Schicksal seines Lehrers und der Diener das seines Herrn. Und wenn schon der Hausherr als Herr der Dämonen bezeichnet wird, wie viel mehr wird das denen geschehen, die zu seinem Haushalt gehören!

Doch fürchtet euch nicht vor denen, die euch bedrohen. Denn die Zeit kommt, in der die Wahrheit ans Licht kommt und alle Geheimnisse bekannt werden. Wenn der Tag anbricht, dann schreit hinaus, was ich euch heute in der Dunkelheit sage. Ruft von allen Dächern, was ich euch in die Ohren flüstere, damit jeder es hören kann! Habt keine Angst vor denen, die euch umbringen wollen. Sie können nur euren Körper töten; eure Seele ist für sie unerreichbar. Fürchtet allein Gott, der Leib und Seele in der Hölle vernichten kann. Nicht einmal ein Spatz, der doch kaum etwas wert ist, kann tot zu Boden fallen, ohne dass euer Vater es weiß. Selbst die Haare auf eurem Kopf sind alle gezählt. Deshalb habt keine Angst; ihr seid Gott kostbarer als ein ganzer Schwarm Spatzen.

Wer sich hier auf der Erde öffentlich zu mir bekennt, den werde ich auch vor meinem Vater im Himmel bekennen. Aber wer mich hier auf der Erde verleugnet, den werde ich auch vor meinem Vater im Himmel verleugnen. Glaubt nicht, dass ich gekommen bin, um der Welt Frieden zu bringen! Nein, sondern das Schwert. Ich bin gekommen, um den Sohn gegen seinen Vater aufzubringen, die Tochter gegen ihre Mutter und die Schwiegertochter gegen ihre Schwiegermutter. Eure erbittertsten Feinde werdet ihr in der eigenen Familie finden.

Wer Vater oder Mutter mehr liebt als mich, ist es nicht wert, zu mir zu gehören; und wer seinen Sohn oder seine Tochter mehr liebt als mich, der ist es nicht wert, zu mir zu gehören. Wer sich weigert, sein Kreuz auf sich zu nehmen und mir nachzufolgen, ist es nicht wert, zu mir zu gehören. Wer an seinem Leben hängt, wird es verlieren; aber wer es für mich aufgibt, wird es finden.

Wer euch in sein Haus aufnimmt, der nimmt mich auf, und wer mich aufnimmt, nimmt den Vater auf, der mich gesandt hat. Wer einen Propheten aufnimmt als einen, der für Gott spricht, wird den gleichen Lohn erhalten wie der Prophet. Und wer gute und gottesfürchtige Menschen aufnimmt, weil sie an Gott glauben, wird den gleichen Lohn erhalten wie sie. Und wer dem geringsten meiner Nachfolger auch nur ein Glas kaltes Wasser reicht, darf sicher sein, dafür belohnt zu werden.«

Dann zogen die Jünger los und forderten die Menschen auf, sich von ihren Sünden abzukehren. Sie trieben viele Dämonen aus und salbten viele Kranke mit Öl und heilten sie.

Der Tod Johannes des Täufers

Als Herodes Antipas von den Wundern hörte, die Jesus vollbrachte, weil die Leute überall von ihm sprachen, war er beunruhigt und verunsichert zugleich, denn manche Leute meinten: »Er muss Johannes der Täufer sein, der wieder lebendig geworden ist. Deshalb kann er solche Wunder tun.« Andere hielten Jesus für den Propheten Elia. Wieder andere glaubten, er wäre ein Prophet wie die anderen großen Propheten der Vergangenheit.

Als Herodes von Jesus hörte, sagte er: »Johannes, der Mann, den ich enthaupten ließ, ist von den Toten auferstanden.« Und er wollte ihn gern kennenlernen.

Denn Herodes hatte Soldaten ausgesandt und Johannes verhaften und einsperren lassen, um Herodias einen Gefallen zu tun. Sie war die Frau seines Bruders Philippus gewesen, aber Herodes hatte sie geheiratet. Johannes hatte Herodes immer wieder gemahnt: »Du hattest nicht das Recht, die Frau deines Bruders zu heiraten.« Herodias hasste Johannes und hätte ihn am liebsten umgebracht, doch ohne die Zustimmung des Herodes war sie machtlos. Herodes dagegen achtete Johannes, den er als guten und heiligen Mann kannte, und er sorgte für seinen Schutz. Auch wenn ihn dessen Worte jedes Mal beunruhigten, hörte er ihm trotzdem gern zu. Herodes hätte Johannes gern endgültig aus dem Weg geschafft, aber er hatte Angst vor einem Aufstand, weil die Bevölkerung Johannes für einen Propheten hielt.

Endlich bot sich für Herodias eine günstige Gelegenheit. Herodes gab an seinem Geburtstag ein großes Fest für seine Beamten, Offiziere und die führenden Bürger Galiläas. Doch auf einer Geburtstagsfeier für Herodes tanzte die Tochter von Herodias vor den Gästen, und sie gefiel Herodes sehr. »Bitte mich um was immer du willst«, sagte der König zu dem Mädchen, »ich werde es dir schenken.« Und er schwor: »Ich gebe dir alles, was du willst, und wenn es die Hälfte meines Königreiches wäre!«

Sie ging hinaus und fragte ihre Mutter: »Was soll ich mir wünschen?«

Ihre Mutter sagte: »Bitte um den Kopf von Johannes dem Täufer!«

Das Mädchen lief zum König zurück und sagte zu ihm: »Ich will den Kopf von Johannes dem Täufer, jetzt gleich, serviert auf einer Schale!« Da wurde der König sehr traurig, aber er wollte vor seinen Gästen seinen Schwur nicht brechen. Also schickte er einen Henker ins Gefängnis, der Johannes den Kopf abschlagen und ihm bringen sollte. Der Soldat enthauptete Johannes im Gefängnis, brachte seinen Kopf auf einer Schale herein und überreichte ihn dem Mädchen, und sie gab ihn ihrer Mutter. Als die Jünger des Johannes hörten, was geschehen war, kamen sie, holten seinen Leichnam und legten ihn in ein Grab. Dann erzählten sie Jesus, was geschehen war.

Ein Versuch, Ruhe zu finden

Die Apostel kehrten zu Jesus zurück und berichteten, was sie getan und gelehrt hatten. Darauf sagte Jesus: »Kommt, wir ziehen uns an einen einsamen Ort zurück, wo ihr euch ausruhen könnt.« Denn ständig waren so viele Menschen um sie, dass Jesus und seine Apostel nicht einmal Zeit fanden zu essen.

So fuhren sie mit dem Boot an einen ruhigeren Ort auf die andere Seite des galiläischen Meeres, das auch als See von Tiberias bekannt ist, in die Nähe der Stadt Betsaida. Aber die Leute bemerkten ihre Abfahrt. Da liefen sie aus den umliegenden Städten am Ufer entlang voraus und waren bereits da, als sie anlegten, weil sie seine Wunder sahen, mit denen er die Kranken heilte.

Als Jesus aus dem Boot stieg, erwartete ihn eine riesige Menschenmenge. Er hatte Mitleid mit ihnen, denn sie waren wie Schafe ohne Hirten. Deshalb nahm er sich Zeit, sie vieles zu lehren. Jesus stieg in die Berge hinauf und lagerte dort mit seinen Jüngern. Da wandte er sich ihnen zu, erzählte ihnen vom Reich Gottes und heilte die Kranken unter ihnen.

Tag 15

Mehr als fünftausend Menschen werden satt

Es war kurz vor dem jährlichen Passahfest, das die Juden feiern. Als Jesus seinen Blick hob, sah er eine große Menschenmenge auf der Suche nach ihm die Berge heraufkommen. Er wandte sich an Philippus und fragte: »Philippus, wo können wir so viel Brot kaufen, dass all diese Menschen zu essen bekommen?« Er stellte Philippus jedoch nur auf die Probe, denn er wusste schon, was er tun würde.

Philippus antwortete: »Es würde ein kleines Vermögen kosten, sie mit Nahrung zu versorgen!«

Ein anderer Jünger, Andreas, der Bruder von Simon Petrus, meldete sich zu Wort: »Hier ist ein kleiner Junge mit fünf Gerstenbroten und zwei Fischen. Doch was nützt uns das bei so vielen Menschen?«

Am Abend kamen die Jünger zu ihm und sagten: »Es ist einsam hier und schon spät. Schick die Leute weg, dann können sie in die Dörfer gehen, um sich etwas zu essen zu kaufen.« Doch Jesus antwortete: »Das ist nicht nötig – gebt ihr ihnen zu essen.«

Sie erwiderten: »Wie denn? Es würde ein kleines Vermögen kosten, für so viele Menschen Essen zu kaufen!«

Er fragte: »Wie viele Brote habt ihr? Geht und stellt es fest.« Sie kamen zurück und berichteten: »Wir haben fünf Brote und zwei Fische. Oder erwartest du von uns, dass wir gehen und für diese vielen Menschen Essen kaufen?«

»Bringt sie her!«, befahl er.

Da forderte Jesus die Menge auf, sich in Gruppen ins grüne Gras zu setzen. Sie setzten sich zu je fünfzig oder hundert zusammen.

Jesus nahm die fünf Brote und die beiden Fische, blickte zum Himmel auf, dankte Gott und erbat Gottes Segen für das Essen. Dann brach er die Brote in Stücke und reichte sie den Jüngern, damit sie alles an die Leute austeilten. Ebenso machte er es mit den Fischen. Und alle aßen, bis sie satt waren.

»Sammelt die Reste wieder ein«, wies Jesus seine Jünger an, »damit nichts umkommt.« Am Anfang waren es nur fünf Gerstenbrote gewesen, doch nach dem Essen wurden zwölf Körbe mit den Resten gefüllt, die übrig geblieben waren! Etwa fünftausend Menschen hatten zu essen bekommen, Frauen und Kinder nicht mitgerechnet!

Als die Leute dieses Wunder sahen, riefen sie aus: »Dieser ist wirklich der Prophet, den wir erwartet haben. Er ist es, der in die Welt kommen soll.«

Jesus merkte, dass sie im Begriff waren, ihn mit Gewalt aufzuhalten und zum König zu machen. Gleich danach befahl Jesus seinen Jüngern, wieder ins Boot zu steigen und über den See nach Betsaida zu fahren, während er inzwischen die Menschen nach Hause entließ. Dann ging er allein auf einen Berg, um zu beten.

Jesus läuft auf dem Wasser

Am Abend gingen seine Jünger zum Ufer hinunter, um dort auf ihn zu warten. Doch als es dunkel wurde und Jesus noch immer nicht kam, stiegen sie ins Boot, um über den See nach Kapernaum zu fahren. Da überraschte sie auf dem See ein Sturm, der das Wasser aufpeitschte.

In der Nacht befanden sich die Jünger in ihrem Boot mitten auf dem See, und Jesus war allein an Land. Er sah, dass sie mühsam gegen den Wind und die Wellen ankämpften. Gegen drei Uhr morgens – sie waren etwa fünf Kilometer weit gekommen – kam Jesus über das Wasser zu ihnen. Er wollte an ihnen vorübergehen.

Doch als sie ihn auf dem Wasser gehen sahen, schrien sie vor Entsetzen, denn sie hielten ihn für ein Gespenst. Sie waren zu Tode erschrocken, als sie ihn sahen.

Doch Jesus sprach sie sofort an. »Erschreckt nicht«, sagte er. »Ich bin es. Habt keine Angst.«

Da rief Petrus ihm zu: »Herr, wenn du es wirklich bist, befiehl mir, auf dem Wasser zu dir zu kommen.«

»Dann komm«, sagte Jesus.

Und Petrus stieg aus dem Boot und ging über das Wasser, Jesus entgegen. Als er sich aber umsah und die hohen Wellen erblickte, bekam er Angst und begann zu versinken. »Herr, rette mich!«, schrie er.

Sofort streckte Jesus ihm die Hand hin und hielt ihn fest. »Du hast nicht viel Glauben«, sagte Jesus. »Warum hast du gezweifelt?«

Als sie schließlich zurück ins Boot stiegen, legte sich der Wind. Sie staunten über das, was vor ihren Augen geschah. Sie hatten immer noch nicht begriffen, was das Wunder der Brotvermehrung bedeutete, denn ihre Herzen waren verhärtet, und sie glaubten nicht. Da beteten ihn die Jünger an. »Du bist wirklich der Sohn Gottes!«, riefen sie.

Auf der anderen Seite des Sees gingen sie in Genezareth an Land. Als die Menschen dieser Gegend Jesus erkannten, verbreitete sich dies sofort in der ganzen Umgebung. Schon bald brachten die Leute alle ihre Kranken zu ihm, damit er sie heilte. Die Kranken baten ihn, auch nur den Saum seiner Kleidung berühren zu dürfen. Und alle, die ihn berührten, wurden gesund. Überall, wo er hinkam – in Dörfern, Städten und draußen auf den Gehöften –, brachten sie die Kranken auf die Marktplätze und baten ihn, sie nur den Saum seines Gewandes berühren zu lassen. Und alle, die ihn berührten, wurden geheilt.

Das Brot des Lebens

Am nächsten Tag versammelten sich die Menschen wieder auf der anderen Seite des Sees und warteten auf Jesus. Sie wussten, dass er mit seinen Jüngern zusammen herübergekommen war, die Jünger dann jedoch allein im Boot fortgefahren waren und ihn zurückgelassen hatten. Mehrere Boote aus Tiberias legten in der Nähe der Stelle an, wo sie nach einem Dankgebet des Herrn das Brot gegessen hatten. Als die Menge sah, dass weder Jesus noch die Jünger da waren, stiegen sie in die Boote und fuhren nach Kapernaum hinüber, um ihn zu suchen. Als sie dort ankamen und ihn fanden, fragten sie: »Rabbi, wie bist du hierhergekommen?«

Jesus erwiderte: »Ich sage euch: Ihr wollt bei mir sein, weil ich euch satt gemacht habe, und nicht, weil ihr das Wunder gesehen habt. Ihr solltet euch um vergängliche Dinge wie Nahrung nicht solche Sorgen machen. Sucht stattdessen, was euch in das ewige Leben führt, das der Menschensohn euch schenken kann. Denn dazu hat Gott, der Vater, ihn gesandt.«

Sie erwiderten: »Was sollen wir denn nach dem Willen Gottes tun?«

Jesus erklärte: »Dies ist der Wille Gottes, dass ihr an den glaubt, den er gesandt hat.«

Sie entgegneten: »Wenn du willst, dass wir an dich glauben, dann zeige uns ein Wunder. Was wirst du für uns tun? Immerhin haben unsere Vorfahren auf ihrer Wüstenwanderung Manna gegessen! In der Schrift heißt es: ›Mose gab ihnen Brot vom Himmel zu essen.‹«

Jesus sagte: »Ich versichere euch: Nicht Mose hat euch das Brot vom Himmel gegeben, sondern mein Vater gibt euch das wahre Brot vom Himmel. Das Brot, das Gott gibt, ist der, der vom Himmel herabkommt und der Welt das Leben gibt.«

»Herr«, sagten sie, »gib uns dieses Brot an jedem Tag unseres Lebens.«

Jesus erwiderte: »Ich bin das Brot des Lebens. Wer zu mir kommt, wird nie wieder hungern. Wer an mich glaubt, wird nie wieder Durst haben. Doch ihr habt nicht an mich geglaubt, obwohl ihr mich gesehen habt. Alle aber, die der Vater mir gegeben hat, werden zu mir kommen, und ich werde sie nicht zurückweisen oder hinausstoßen. Denn ich bin vom Himmel herabgekommen, um den Willen Gottes zu tun, der mich gesandt hat, und nicht, um zu tun, was ich selbst will. Und es ist der Wille Gottes, dass ich von allen, die er mir gegeben hat, auch nicht einen verliere, sondern sie am letzten Tag zum ewigen Leben auferwecke. Denn mein Vater will, dass alle, die seinen Sohn sehen und an ihn glauben, das ewige Leben haben – und dass ich sie am letzten Tag auferwecke.«

Da fingen die Leute an aufzubegehren, weil er gesagt hatte: »Ich bin das Brot, das vom Himmel herabgekommen ist.« Sie sagten: »Das ist doch Jesus, der Sohn Josefs. Wir kennen seinen Vater und seine Mutter. Wie kann er jetzt sagen: ›Ich bin vom Himmel herabgekommen‹?«

Aber Jesus erwiderte: »Empört euch nicht über das, was ich gesagt habe. Niemand kann zu mir kommen, wenn der Vater, der mich gesandt hat, ihn nicht zu mir zieht; und am letzten Tag werde ich ihn von den Toten auferwecken. In den Propheten steht geschrieben: ›Sie werden alle von Gott unterwiesen sein.‹ Wer aber den Vater hört und von ihm lernt, der kommt zu mir. Nicht, dass irgendjemand den Vater je gesehen hat. Nur der eine, der von Gott kommt, hat den Vater gesehen.

Ich versichere euch: Wer an mich glaubt, hat schon das ewige Leben. Ja, ich bin das Brot des Lebens! Eure Vorfahren aßen Manna in der Wüste, doch sie sind alle gestorben. Dieses aber ist das Brot, das vom Himmel herabkommt. Wer davon isst, wird nicht sterben. Ich bin das lebendige Brot, das vom Himmel herabgekommen ist. Wer dieses Brot isst, wird ewig leben; dieses Brot ist mein Fleisch, ich gebe es, damit die Welt leben kann.«

Da fingen die Leute an zu streiten. »Wie kann dieser Mann uns sein Fleisch zu essen geben?«, fragten sie.

Deshalb sagte Jesus noch einmal: »Ich sage euch: Wenn ihr das Fleisch des Menschensohnes nicht esst und sein Blut nicht trinkt, könnt ihr das ewige Leben nicht in euch haben. Wer aber mein Fleisch isst und mein Blut trinkt, hat das ewige Leben, und ich werde ihn am letzten Tag auferwecken. Denn mein Fleisch ist die wahre Nahrung und mein Blut der wahre Trank. Wer mein Fleisch isst und mein Blut trinkt, bleibt in mir und ich in ihm. Ich lebe durch die Macht des lebendigen Vaters, der mich gesandt hat, und ebenso werden alle, die an mir teilhaben, durch mich leben. Dies ist das Brot, das vom Himmel herabkommt. Wer dieses Brot isst, wird ewig leben und nicht sterben wie eure Vorfahren, die das Manna aßen.«

Dies alles sagte er, als er in der Synagoge von Kapernaum lehrte.

Tag 16

Manche folgen Jesus nicht mehr

Daraufhin sagten selbst einige seiner Jünger: »Das ist ungeheuerlich. Wie kann man das glauben?«

Jesus wusste, dass seine Jünger sich über seine Worte aufregten; deshalb sagte er zu ihnen: »Nehmt ihr daran Anstoß? Was werdet ihr dann erst denken, wenn ihr den Menschensohn wieder in den Himmel zurückkehren seht? Es ist der Geist, der lebendig macht. Das Fleisch hat keine Macht. Die Worte aber, die ich euch gesagt habe, sind Geist und Leben. Doch einige von euch glauben mir nicht.« Denn Jesus wusste von Anfang an, wer die waren, die nicht glaubten, und er wusste auch, wer ihn verraten würde. Er fuhr fort: »Deshalb habe ich gesagt: Niemand kann zu mir kommen, wenn der Vater ihn nicht zu mir zieht.«

Von da an wandten sich viele seiner Jünger von ihm ab und folgten ihm nicht mehr nach. Da fragte Jesus die Zwölf: »Werdet ihr auch weggehen?«

Simon Petrus antwortete: »Herr, zu wem sollten wir gehen? Nur du hast Worte, die ewiges Leben schenken. Wir glauben und haben erkannt, dass du der Heilige Gottes bist.«

Da sagte Jesus zu ihnen: »Habe ich nicht euch, die Zwölf, auserwählt? Aber einer von euch ist ein Teufel.« Er sprach von Judas, dem Sohn des Simon Iskariot, einem der Zwölf, der ihn später verriet.

Jesu Brüder glauben nicht an ihn

Jesus blieb noch eine Weile in Galiläa und zog von Dorf zu Dorf. Er mied Judäa, denn dort schmiedeten die führenden Männer des jüdischen Volkes Mordpläne gegen ihn. Doch die Zeit des Laubhüttenfestes rückte näher, und seine Brüder drängten ihn, zum Fest nach Judäa mitzugehen. »Geh doch nach Judäa, damit deine Jünger deine Wunder sehen können, die du tust!«, spotteten sie. »Wenn du dich so versteckst, wirst du nie bekannt werden! Falls du wirklich so wunderbare Dinge tun kannst, dann beweise es vor aller Welt!« Denn selbst seine Brüder glaubten nicht an ihn.

Jesus erwiderte: »Für mich ist der richtige Zeitpunkt noch nicht da; aber ihr könnt jederzeit gehen. Euch kann die Welt nicht hassen. Mich dagegen hasst sie, weil ich sage, dass ihre Taten böse sind. Geht ihr nur hinauf zum Fest. Ich bin noch nicht so weit, zu diesem Fest zu gehen, weil meine Zeit noch nicht gekommen ist.« Und Jesus blieb in Galiläa.

Jesus bricht religiöse Traditionen

Eines Tages kamen einige Pharisäer und Schriftgelehrte aus Jerusalem zu Jesus. Sie sahen, dass einige seiner Jünger den jüdischen Brauch, sich vor dem Essen die Hände zu waschen, nicht befolgten. Die Juden, besonders die Pharisäer, essen nicht, bevor sie sich nicht Wasser über die Hände gegossen haben, wie ihre überlieferten Satzungen es vorschreiben. Auch essen sie nichts von dem, was sie auf dem Markt gekauft haben, bevor sie nicht ihre Hände in Wasser getaucht haben. Das ist nur eine von zahlreichen Satzungen, an denen sie festhalten – wie zum Beispiel an dem Brauch, Becher, Krüge und Kupferkessel auszuspülen. Deshalb fragten nun die

Pharisäer und Schriftgelehrten Jesus: »Warum befolgen deine Jünger unsere überlieferten Vorschriften nicht? Denn sie essen mit ungewaschenen Händen.«

Jesus erwiderte: »Ihr Heuchler! Jesaja hat euch gemeint, als er sagte: ›Diese Menschen ehren mich mit ihren Worten, aber nicht mit ihrem Herzen. Ihre Anbetung ist nutzlos, denn sie ersetzen die Gebote Gottes durch ihre eigenen Lehren.‹ Ihr missachtet die Gebote Gottes und setzt an ihre Stelle eure eigenen Vorschriften.«

Und er fuhr fort: »Geschickt setzt ihr Gottes Gebote außer Kraft, um an euren eigenen Vorschriften festzuhalten. Mose gab euch das Gebot von Gott: ›Ehre deinen Vater und deine Mutter‹, und: ›Wer Vater oder Mutter verflucht, soll mit dem Tod bestraft werden.‹ Ihr dagegen behauptet, es sei durchaus richtig, wenn jemand zu seinen Eltern sagt: ›Es tut mir leid, ich kann euch nicht helfen. Ich habe gelobt, Gott alles zu geben, was ich euch hätte geben können.‹ Ihr lasst zu, dass er seine eigenen Eltern, die Not leiden, vernachlässigt. Auf diese Weise brecht ihr das Gebot Gottes, um eure eigenen Vorschriften zu halten. Und das ist nur ein Beispiel von vielen.«

Danach rief Jesus die Menschen zu sich und sagte: »Hört gut zu, was ich euch jetzt sage, und versucht, es zu verstehen. Ihr werdet nicht durch das unrein, was ihr esst; ihr werdet unrein durch das, was ihr sagt und tut.«

Da kamen die Jünger zu ihm und fragten ihn: »Weißt du, dass du mit deinen Worten die Pharisäer gegen dich aufgebracht hast?«

Jesus antwortete: »Jede Pflanze, die nicht von meinem Vater im Himmel gepflanzt worden ist, wird ausgerissen. Beachtet sie deshalb gar nicht. Sie sind nur blinde Blindenführer, und wenn ein Blinder einen anderen führt, werden beide in den Graben fallen.«

Als Jesus sich von der Menge zurückzog und in ein Haus ging, fragten ihn seine Jünger: »Erkläre uns doch, was du damit meinst, dass man nicht durch das unrein wird, was man isst.«

»Versteht ihr es denn auch nicht?«, fragte er. »Begreift ihr nicht, dass nichts, was der Mensch isst, ihn verunreinigen kann? Die Nahrung kommt nicht mit seinem Herzen in Berührung, sondern geht nur durch den Magen und wird dann wieder ausgeschieden.« Damit erklärte Jesus alle Speisen für erlaubt. Und er fuhr fort: »Böse Worte aber kommen aus einem bösen Herzen und machen den Menschen, aus dessen Mund sie kommen, unrein. Denn von innen, aus dem Herzen eines Menschen, kommen böse Gedanken wie Unzucht, Diebstahl, Mord, Ehebruch, Habgier, Bosheit, Hinterlist, Vergnügungssucht, Neid, Verleumdung, Stolz und Unvernunft. Alle diese üblen Dinge kommen von innen heraus; sie sind es, die den Menschen unrein machen.«

Jesus und eine heidnische Frau

Danach verließ Jesus Galiläa und ging nach Norden in das Gebiet von Tyrus. Er versuchte zu verbergen, dass er sich dort aufhielt, aber es gelang ihm nicht. Die Nachricht von seiner Ankunft verbreitete sich schnell.

Eine kanaanäische Frau, die dort lebte, eine Griechin, die aus Syrophönizien stammte, kam zu ihm und bat ihn inständig: »Hab Mitleid mit mir, o Herr, Sohn Davids! Meine Tochter hat einen bösen Geist in sich, der ihr schlimme Qualen bereitet.«

Jesus antwortete ihr nicht – er sagte kein Wort. Doch seine Jünger drängten ihn, ihre Bitte zu erfüllen. »Sie belästigt uns sonst weiter mit ihrer Bettelei«, sagten sie.

Da sagte er zu der Frau: »Ich bin gesandt worden, um dem Volk Israel zu helfen – Gottes verlorenen Schafen – und nicht denen, die keine Juden sind.«

Sie lief jedoch hinter ihm her, warf sich vor ihm nieder und bat ihn wieder, ihr Kind von dem Dämon zu befreien: »Herr, hilf mir doch!«

»Es ist nicht recht, den Kindern das Essen wegzunehmen und es stattdessen den Hunden vorzuwerfen«, sagte er.

»Du hast recht, Herr«, antwortete sie, »aber selbst Hunde dürfen die Krümel fressen, die vom Tisch ihres Herrn fallen.«

»Damit hast du recht!«, sagte er. »Nun geh nach Hause. Der böse Geist ist aus deiner Tochter ausgefahren.« Und im gleichen Augenblick war ihre Tochter gesund. Und als die Frau nach Hause kam, lag ihre kleine Tochter ruhig im Bett, und der Dämon war fort.

Heilungen in den Zehn Städten

Jesus verließ Tyrus und ging nach Sidon; dann kehrte er zurück an den See von Galiläa und in das Gebiet der Zehn Städte.

Er stieg auf einen Berg und setzte sich. Ein Mann, der taub war und kaum sprechen konnte, wurde zu ihm gebracht. Die Leute baten Jesus, dem Mann die Hände aufzulegen und ihn zu heilen. Jesus führte ihn an einen ruhigen Ort, fort von der Menge. Er legte seine Finger in die Ohren des Mannes. Dann benetzte er die Fingerspitzen mit seinem Speichel und berührte damit die Zunge des Mannes. Schließlich blickte er zum Himmel auf, seufzte und befahl: »Öffne dich!« Und im selben Augenblick konnte der Mann hören und normal sprechen. Jesus ermahnte die Menge, niemandem davon zu erzählen. Doch je mehr er es ihnen verbot, desto rascher verbreiteten sie die Nachricht, weil sie vor Staunen völlig außer sich waren.

Wieder und wieder sagten sie: »Es ist alles wunderbar, was er tut. Er heilt sogar die Tauben und Stummen.«

Eine große Menschenmenge kam zu ihm und brachte ihm Gelähmte, Blinde, Krüppel, Stumme und viele Menschen mit anderen Gebrechen. Sie legten sie vor ihn hin, und er heilte sie alle. Die Menschen kamen nicht aus dem Staunen heraus. Stumme konnten wieder sprechen, Krüppel wurden wieder gesund, Gelähmte konnten wieder gehen und Blinde wieder sehen! Und alle lobten den Gott Israels.

Mehr als viertausend Menschen werden satt

In diesen Tagen hatte sich erneut eine große Menschenmenge versammelt. Da die Menschen nichts zu essen hatten, rief Jesus seine Jünger zu sich und sagte zu ihnen: »Die Menschen tun mir leid. Sie waren drei Tage hier bei mir, und nun haben sie nichts mehr zu essen. Wenn ich sie ohne Essen heimschicke, könnten sie unterwegs zusammenbrechen, denn einige von ihnen sind von weit her gekommen.«

»Wie sollen wir denn hier in dieser einsamen Gegend genug zu essen für sie finden?«, fragten seine Jünger.

Jesus fragte: »Wie viele Brote habt ihr dabei?«

Sie antworteten: »Sieben, und ein paar kleine Fische.«

Da forderte Jesus die Menschen auf, sich auf die Erde zu setzen. Dann nahm er die sieben Brote, dankte Gott dafür, brach sie in Stücke und gab sie seinen Jüngern, damit sie das Brot an die Menge austeilten. Sie hatten auch noch einige kleine Fische, und Jesus segnete sie und ließ sie durch seine Jünger verteilen. Alle aßen, bis sie satt waren, und als die Reste eingesammelt wurden, füllten sie sieben große Körbe voll. An diesem Tage wurden viertausend Menschen satt, Frauen und Kinder nicht mitgerechnet.

Tag 17

Forderungen von Wundern

Danach entließ Jesus die Leute wieder nach Hause. Er selbst stieg in ein Boot und fuhr hinüber in die Gegend von Magadan ins Gebiet von Dalmanuta.

Eines Tages suchten die Pharisäer und Sadduzäer Jesus auf, um ihn herauszufordern. Dazu baten sie ihn um ein Zeichen vom Himmel. Als Jesus das hörte, seufzte er und sagte: »Abendrot verheißt gutes Wetter für den nächsten Tag, Morgenrot bedeutet für den ganzen Tag schlechtes Wetter. Das Wetter könnt ihr anhand der Zeichen am Himmel gut deuten, aber die ganz offensichtlichen Zeichen der Zeit begreift ihr nicht! Nur böse, treulose Menschen verlangen nach einem Wunder. Doch das einzige Zeichen, das ich ihnen geben werde, ist das Zeichen des Propheten Jona.«

Und er stieg wieder ins Boot, verließ sie und fuhr über den See zum anderen Ufer. Die Jünger hatten vergessen, etwas zu essen mitzunehmen. So hatten sie bei sich auf dem Boot nur ein einziges Brot. Während sie über den See fuhren, warnte Jesus sie: »Nehmt euch in Acht vor dem Sauerteig der Pharisäer und der Sadduzäer und dem Sauerteig des Herodes.« Da machten sie sich gemeinsam Gedanken darüber, dass sie kein Brot mitgenommen hatten.

Als Jesus das merkte, sagte er zu ihnen: »Warum macht ihr euch Gedanken darüber, dass ihr kein Brot habt? Euer Glaube ist so klein! Werdet ihr denn nie lernen oder begreifen? Sind eure Herzen zu verhärtet, um das zu verstehen? ›Ihr habt doch Augen – könnt ihr nicht sehen? Ihr habt doch Ohren – könnt ihr nicht hören?‹ Erinnert ihr euch denn nicht? Was ist mit den fünftausend Männern, die ich mit fünf Broten satt gemacht habe? Wie viele Körbe voller Reste habt ihr anschließend gesammelt?«

»Zwölf«, sagten sie.

»Und als ich den Hunger der viertausend Menschen mit sieben Broten gestillt habe, wie viele Körbe mit Resten habt ihr da eingesammelt?«

Sie antworteten: »Sieben.«

Da fragte er sie: »Begreift ihr denn immer noch nicht? Wie könnt ihr nur auf den Gedanken kommen, dass ich vom Essen gesprochen habe? Ich sage es noch einmal: ›Nehmt euch in Acht vor dem Sauerteig der Pharisäer und der Sadduzäer.‹« Da begriffen sie endlich, dass er nicht von Sauerteig oder Brot gesprochen, sondern die falschen Lehren der Pharisäer und Sadduzäer gemeint hatte.

In Betsaida brachten einige Leute einen Blinden zu Jesus und baten ihn, den Mann zu berühren und zu heilen. Jesus nahm den Blinden an der Hand und führte ihn aus dem Dorf hinaus. Dann spuckte er dem Mann auf die Augen, legte ihm die Hände auf und fragte: »Siehst du etwas?«

Der Mann sah sich um. »Ja«, sagte er. »Ich sehe Menschen, aber nicht sehr deutlich. Sie sehen aus wie umhergehende Bäume.«

Da legte Jesus seine Hände wieder auf die Augen des Mannes. Und als sich der Mann erneut umschaute, war er völlig geheilt und konnte alles deutlich erkennen. Jesus schickte ihn nach Hause und sagte: »Geh auf dem Weg nach Hause nicht durch das Dorf.«

Petrus' großes Bekenntnis

Jesus und seine Jünger verließen Galiläa und zogen hinauf in die Dörfer um Cäsarea Philippi. Unterwegs fragte er seine Jünger: »Für wen halten die Leute den Menschensohn?«

»Nun«, erwiderten sie, »manche sagen, er ist Johannes der Täufer, andere sagen, Elia, und wieder andere halten ihn für Jeremia oder einen der anderen Propheten, der von den Toten auferstanden ist.«

Daraufhin fragte er sie: »Und was meint ihr, wer ich bin?«

Simon Petrus antwortete: »Du bist der Christus, der Sohn des lebendigen Gottes.«

Da erwiderte Jesus: »Glücklich bist du, Simon, Sohn des Johannes. Denn das hat dir mein Vater im Himmel offenbart. Von einem Menschen konntest du das nicht haben. Von nun an sollst du Petrus heißen. Auf diesen Felsen will ich meine Gemeinde bauen, und alle Mächte der Hölle können ihr nichts anhaben. Ich werde dir die Schlüssel zum Himmelreich geben. Was du auf der Erde bindest, wird auch im Himmel gebunden sein, und was du auf der Erde öffnest, wird auch im Himmel offen sein.« Danach wies er sie streng an, niemandem zu sagen, dass er der Christus sei.

Jesus sagt seinen Tod und seine Auferstehung voraus

Von da an sprach Jesus ganz offen mit seinen Jüngern darüber, dass er nach Jerusalem gehen müsse und was ihn dort erwarten werde. Er werde durch die Hand der Ältesten, der obersten Priester und Schriftgelehrten vieles erleiden müssen. Er werde getötet werden und am dritten Tage von den Toten auferstehen. Als er jedoch so offen mit seinen Jüngern darüber sprach, nahm Petrus ihn beiseite und bedrängte ihn: »Das darf nicht sein, Herr«, sagte er. »Das darf auf keinen Fall geschehen!«

Jesus drehte sich zu Petrus um und sagte: »Geh weg von mir, Satan! Du willst mich in die Falle locken. Du siehst die Dinge nur mit den Augen der Menschen und nicht, wie Gott sie sieht.«

Nimm dein Kreuz auf dich

Dann rief er seine Jünger und die Menge zu sich. »Wenn jemand mir nachfolgen will«, sagte er, »muss er sich selbst verleugnen, sein Kreuz auf sich nehmen und mir nachfolgen. Denn wer versucht, sein Leben zu bewahren, wird es verlieren. Wer aber sein Leben um meinetwillen und um der guten Botschaft willen verliert, wird es retten. Was nützt es einem Menschen, wenn er die ganze Welt gewinnt, dabei aber seine Seele verliert? Gibt es etwas Wertvolleres als die Seele? Wenn sich ein Mensch in dieser treulosen und sündigen Zeit für mich oder meine Botschaft schämt, für den wird sich auch der Menschensohn schämen, wenn er mit den heiligen Engeln in der Herrlichkeit seines Vaters kommt.«

Und er fuhr fort: »Ich versichere euch: Einige von euch, die jetzt hier stehen, werden nicht sterben, bevor sie den Menschensohn in seinem Reich kommen sehen.«

Die Verklärung von Jesus

Sechs Tage später nahm Jesus Petrus und die beiden Brüder Jakobus und Johannes mit auf einen hohen Berg, um zu beten.

Während er betete, veränderte sich vor ihren Augen das Aussehen von Jesus. Sein Gesicht leuchtete wie die Sonne und seine Kleidung wurde strahlend weiß, weißer, als es auf Erden möglich war. Dann erschienen zwei Männer, Mose und Elia, und begannen mit Jesus zu sprechen. Auch sie waren von herrlichem Glanz umgeben. Sie sprachen darüber, wie er bald in Jerusalem sterben würde, um damit seinen Auftrag zu erfüllen.

Petrus und die anderen Jünger waren sehr müde gewesen und eingeschlafen. Nun wachten sie auf und sahen den strahlenden Anblick von Jesus und den beiden Männern, die neben ihm standen. Als Mose und Elia sie verlassen wollten, rief Petrus: »Rabbi, wie wundervoll ist es hier! Wenn du willst, baue ich drei Hütten, eine für dich, eine für Mose und eine für Elia.« Aber er wusste nicht, was er redete, denn er und die beiden anderen Jünger fürchteten sich sehr.

Doch noch während er das sagte, glitt eine helle Wolke über sie, aus der eine Stimme zu ihnen sprach: »Dies ist mein geliebter Sohn, an dem ich meine Freude habe. Hört auf ihn.« Die Jünger erschraken zu Tode und fielen mit dem Gesicht voran auf die Erde.

Da kam Jesus zu ihnen und berührte sie. »Steht auf«, sagte er, »ihr braucht keine Angst zu haben.« Und als sie aufblickten, sahen sie niemanden mehr außer Jesus.

Als sie den Berg wieder hinunterstiegen, befahl Jesus ihnen: »Erzählt niemandem, was ihr gesehen habt, bis der Menschensohn von den Toten auferstanden ist.« Lange Zeit erzählten sie niemandem, was sie gesehen hatten. Sie behielten es für sich, sprachen aber untereinander noch oft darüber, was er wohl mit der Auferstehung von den Toten gemeint hatte.

Schließlich fragten sie Jesus: »Warum behaupten die Schriftgelehrten, dass zuerst Elia wiederkommen muss?«

Jesus erwiderte: »Elia kommt tatsächlich zuerst, um alles vorzubereiten. Aber ich sage euch, er ist bereits gekommen. Doch niemand hat ihn erkannt, und er wurde schwer misshandelt. Und bald wird auch der Menschensohn durch ihre Hand leiden.« Da wurde den Jüngern klar, dass er von Johannes dem Täufer gesprochen hatte.

Heilung eines besessenen Jungen

Am Fuße des Berges fanden sie eine große Menge vor, die sich um die übrigen Jünger versammelt hatte, während einige Schriftgelehrte ein Streitgespräch mit ihnen führten. Die Menschen waren in großer Aufregung, als Jesus auf sie zukam. Dann liefen sie ihm entgegen, um ihn zu begrüßen. »Worüber streitet ihr euch?«, fragte er.

Ein Mann trat zu Jesus und kniete vor ihm nieder. Er sagte: »Herr, sieh meinen Sohn an, mein einziges Kind, hab Mitleid mit meinem Sohn. Er hat schwere Anfälle und leidet fürchterlich. Er kann nicht sprechen, weil er von einem bösen Geist besessen ist, der ihn nicht reden lässt. Immer wenn dieser böse Geist ihn packt, schreit er, stürzt zu Boden, windet sich und hat Schaum vor dem Mund, er knirscht mit den Zähnen und wird ganz starr. Immer wieder fällt er ins Feuer oder ins Wasser. Ständig schlägt und verletzt er ihn und lässt ihm keine Ruhe. Ich habe deine Jünger gebeten, den Dämon auszutreiben, aber sie konnten es nicht.«

»Ihr uneinsichtigen, ungläubigen Menschen«, sagte Jesus, »wie lange muss ich denn noch bei euch sein und euch ertragen? Bringt ihn her.«

Sie brachten ihm das Kind. Als der böse Geist Jesus sah, schüttelte er den Jungen in heftigen Krämpfen. Er fiel zu Boden und krümmte und wälzte sich mit Schaum vor dem Mund. »Wie lange geht das schon so?«, fragte Jesus den Vater des Jungen.

Er antwortete: »Seit er ganz klein ist. Der böse Geist wirft ihn oft ins Feuer oder ins Wasser, um ihn umzubringen. Hab Erbarmen mit uns und hilf uns! Tu etwas, wenn du kannst!«

»Was soll das heißen: ›wenn ich kann‹?«, fragte Jesus. »Alles ist möglich für den, der glaubt.«

Der Vater rief: »Ich glaube! Aber hilf mir, dass ich nicht zweifle!«

Als Jesus sah, dass die Menge der Zuschauer ständig größer wurde, bedrohte er den bösen Geist: »Du tauber und stummer Geist, ich befehle dir, fahre aus diesem Kind aus und kehre nie wieder zurück!« Da schrie der Geist auf, packte den Jungen noch einmal, warf ihn hin und her und verließ ihn. Der Junge lag reglos da, sodass die Menge dachte, er sei tot. Doch Jesus nahm die Hand des Jungen und half ihm aufzustehen, und er stand auf. Im selben Augenblick war der Junge wieder gesund. Dann schickte er ihn zu seinem Vater zurück. Die Leute wurden von Angst und Ehrfurcht ergriffen, als sie dieses sichtbare Wirken der Macht Gottes sahen.

Als Jesus später mit seinen Jüngern allein im Haus war, fragten sie ihn: »Warum konnten wir diesen bösen Geist nicht austreiben?«

»Weil euer Glaube so gering ist«, sagte Jesus. »Ich versichere euch: Wenn euer Glaube auch nur so groß wäre wie ein Senfkorn, könntet ihr zu diesem Berg sagen: ›Rücke dich von hier nach da‹, und er würde sich bewegen. Nichts wäre euch unmöglich. Diese Art kann nur durch Gebet ausgetrieben werden.«

Tag 18

Vorhersage seines Todes

Sie verließen diese Gegend und zogen durch Galiläa. Jesus wollte nicht, dass die Leute davon erfuhren, um mehr Zeit mit seinen Jüngern verbringen und sie unterweisen zu können. Er sagte zu ihnen: »Der Menschensohn wird in die Hände der Menschen gegeben und verraten werden. Man wird ihn töten, doch drei Tage später wird er von den Toten auferweckt werden.« Als die Jünger das hörten, wurden sie sehr traurig. Doch sie begriffen nicht, was er damit meinte. Die Bedeutung seiner Worte blieb ihnen verborgen, sodass sie sie nicht verstehen konnten, und sie wagten nicht, ihn danach zu fragen.

Wer zahlt Tempelsteuer?

Als sie nach Kapernaum kamen, traten die Einnehmer der Tempelsteuer auf Petrus zu und fragten ihn: »Zahlt euer Meister keine Tempelsteuer?«

»Doch«, antwortete Petrus.

Dann ging er nach Hause, um es Jesus zu erzählen. Aber noch bevor er ansetzen konnte zu sprechen, fragte Jesus ihn: »Was meinst du, Petrus? Von wem fordern die irdischen Könige Steuern und Abgaben? Von ihren eigenen Kindern oder von den anderen Leuten?«

Petrus erwiderte: »Von den anderen.«

Darauf sagte Jesus: »Dann sind also die Kinder frei! Wir wollen sie jedoch nicht vor den Kopf stoßen. Geh hinunter zum See und wirf eine Angelschnur aus. Dem ersten Fisch, den du fängst, öffne das Maul. Du wirst darin eine Münze finden. Nimm diese Münze und bezahle damit für uns beide die Steuer.«

Wer ist der Größte?

In Kapernaum angekommen, gingen Jesus und seine Jünger in das Haus, in dem sie wohnen wollten. Jesus fragte sie: »Worüber habt ihr unterwegs gesprochen?« Sie schwiegen, denn sie hatten darüber geredet, wer von ihnen wohl der Größte sei. Jesus wusste, was sie dachten. Da setzte er sich hin, rief die zwölf Jünger zu sich und sagte zu ihnen: »Wenn jemand der Erste sein will, muss er den letzten Platz einnehmen und allen dienen.«

Dann stellte er ein kleines Kind in ihre Mitte, nahm es in die Arme und sagte zu ihnen: »Ich versichere euch: Wenn ihr nicht umkehrt und werdet wie die Kinder, werdet ihr nie ins Himmelreich kommen. Deshalb: Wer so gering wird wie dieses Kind, der ist der Größte im Himmelreich.«

Dann sagte er: »Wer solch ein kleines Kind um meinetwillen aufnimmt, nimmt mich auf, und wer mich aufnimmt, nimmt meinen Vater auf, der mich gesandt hat. Wer der Geringste unter euch ist, der ist der Größte.«

Johannes sagte zu Jesus: »Lehrer, wir haben einen Mann gesehen, der in deinem Namen Dämonen austrieb. Wir haben versucht, ihn davon abzubringen, weil er nicht zu uns gehört.«

»Hindert ihn nicht!«, sagte Jesus. »Wer in meinem Namen Wunder tut, wird nicht bald darauf schlecht von mir reden. Wer nicht gegen uns ist, ist für uns. Wenn jemand euch auch nur einen Becher Wasser gibt, weil ihr zu Christus gehört, wird er belohnt werden.

Doch wer schuld daran ist, dass diese Kleinen, die an mich glauben, diesen Glauben verlieren, der wäre besser daran, mit einem Mühlstein um den Hals ins Meer geworfen zu werden. Schreckliches erwartet die, die andere zur Sünde verführen. Die Versuchung, Böses zu tun, wird es immer geben, doch dem, der andere in diese Versuchung bringt, wird es schlimm ergehen. Wenn deine Hand dich zum Bösen verführt, dann hack sie ab. Es ist besser, mit nur einer Hand in den Himmel einzugehen, als mit zwei Händen ins ewige Feuer der Hölle zu kommen. Wenn dein Fuß dich zum Bösen verführt, dann hack ihn ab. Es ist besser, mit nur einem Fuß in den Himmel einzugehen, als mit zwei Füßen in die Hölle geworfen zu werden. Und wenn dein Auge dich zum Bösen verführt, reiß es aus. Es ist besser, halb blind in das Reich Gottes einzugehen, als zwei Augen zu haben und in die Hölle geworfen zu werden, ›wo der Wurm nicht stirbt und das Feuer nicht erlischt‹. Denn jeder wird mit Feuer gesalzen werden. Salz ist gut, um zu würzen. Aber wenn es seinen Geschmack verliert, wie soll man es wieder salzig machen? Ihr müsst die Eigenschaft des Salzes in euch tragen und in Frieden miteinander leben.

Hütet euch davor, auf ein einziges dieser Kinder herabzusehen. Denn ich sage euch, dass ihre Engel im Himmel meinem himmlischen Vater stets besonders nahe sind.«

Heilung zerbrochener Beziehungen

»Wenn dir ein Bruder unrecht getan hat, geh zu ihm und weise ihn auf seinen Fehler hin. Wenn er auf dich hört und seine Schuld zugibt, hast du ihn zurückgewonnen. Wenn es dir nicht gelingt, nimm einen oder zwei andere und geht noch einmal gemeinsam zu ihm, sodass alles, was du sagst, von zwei oder drei Zeugen bestätigt werden kann. Wenn er auch dann nicht zuhören will, trage den Fall deiner Gemeinde vor. Wenn die Gemeinde dir Recht gibt, aber der andere auch dieses Urteil nicht anerkennt, dann behandelt ihn wie einen, der Gott nicht kennt, oder wie einen bestechlichen Steuereinnehmer. Ich sage euch: Was ihr auf der Erde verbietet, ist auch im Himmel verboten, und was ihr auf der Erde erlaubt, ist auch im Himmel erlaubt. Und ich sage euch auch: Wenn zwei von euch hier auf der Erde darin eins werden, eine Bitte an Gott zu richten, dann wird mein Vater im Himmel diese Bitte erfüllen. Denn wo zwei oder drei zusammenkommen, die zu mir gehören, bin ich mitten unter ihnen.«

Vergebung ohne Grenzen

Dann kam Petrus zu ihm und fragte: »Herr, wie oft soll ich jemandem vergeben, der mir unrecht tut? Sieben Mal?«

»Nein!«, antwortete Jesus, »siebzigmal sieben Mal! Deshalb kann man das Himmelreich mit einem König vergleichen, der beschlossen hatte, mit seinen Bediensteten, die von ihm Geld geliehen hatten, abzurechnen. Unter ihnen war auch einer, der ihm sehr viel Geld schuldete. Da er nicht bezahlen konnte, befahl der König das Folgende: Er, seine Frau, seine Kinder und alles, was er besaß, sollten verkauft werden, um damit seine Schuld zu begleichen.

Doch der Mann fiel vor ihm nieder und bat ihn: ›Herr, hab doch Geduld mit mir, ich werde auch alles bezahlen.‹ Da hatte der König Mitleid mit ihm, ließ ihn frei und erließ ihm seine Schulden.

Doch sobald der Mann frei war, ging er zu einem anderen Diener, der ihm eine kleine Summe schuldete, packte ihn am Kragen und verlangte, dass er auf der Stelle alles bezahlen sollte.

Der Diener fiel vor ihm nieder und bat ihn um einen kurzen Aufschub: ›Hab doch Geduld mit mir, ich werde auch alles bezahlen.‹ Doch der Mann war nicht bereit zu warten. Er ließ ihn verhaften und einsperren, so lange, bis dieser seine ganze Schuld bezahlt hätte. Als die anderen Diener das sahen, waren sie empört. Sie gingen zum König und erzählten ihm, was vorgefallen war. Da ließ der König den Mann rufen, dem er zuvor seine Schulden erlassen hatte, und sagte zu ihm: ›Du herzloser Diener! Ich habe dir deine großen Schulden erlassen, weil du mich darum gebeten hast. Müsstest du da nicht auch mit diesem Diener Mitleid haben, so wie ich Mitleid mit dir hatte?‹ Der König war so zornig, dass er den Mann ins Gefängnis werfen ließ, bis er seine Schulden bis auf den letzten Cent bezahlt hatte. Genauso wird mein Vater im Himmel mit euch verfahren, wenn ihr euch weigert, euren Brüdern und Schwestern zu vergeben.«

Reise durch Samaria

Als die Zeit seiner Rückkehr in den Himmel näher kam, machte Jesus sich auf den Weg nach Jerusalem. Er schickte Boten voraus in ein Dorf in Samarien, um seine Ankunft vorzubereiten. Doch sie wurden abgewiesen. Weil Jesus auf dem Weg nach Jerusalem war, wollten sie ihn nicht aufnehmen. Als Jakobus und Johannes das hörten, sagten sie zu Jesus: »Herr, sollen wir Feuer vom Himmel regnen lassen und sie verbrennen?«

Doch Jesus drehte sich um und wies sie zurecht. Dann zogen sie weiter in ein anderes Dorf.

Was es kostet, Jesus nachzufolgen

Unterwegs sagte einer der Schriftgelehrten zu Jesus: »Meister, ich will dir nachfolgen, wohin du auch gehst!«

Doch Jesus entgegnete ihm: »Füchse haben ihren Bau, und Vögel haben ihre Nester, aber der Menschensohn hat keinen Ort, wo er sich hinlegen kann.«

Zu einem anderen sagte er: »Komm, folge mir nach.«

Dieser jedoch antwortete: »Herr, lass mich zuerst noch nach Hause gehen und meinen Vater begraben.«

Jesus erwiderte: »Lass die Menschen, die nicht nach Gott fragen, für ihre Toten sorgen. Deine Aufgabe ist es hinzugehen und das Kommen des Reiches Gottes zu verkündigen.«

Ein anderer sagte: »Ja, Herr, ich will mit dir gehen, aber lass mich zuerst noch von meiner Familie Abschied nehmen.«

Doch Jesus sagte: »Wer eine Hand an den Pflug legt und dann zurückschaut, ist nicht geeignet für das Reich Gottes.«

Tag 19

Jesus kommt beim Fest an und lehrt

Doch nachdem seine Brüder zum Fest aufgebrochen waren, folgte ihnen Jesus, allerdings heimlich und ohne öffentliches Aufsehen zu erregen. Die führenden Männer des jüdischen Volkes ließen ihn suchen und fragten überall nach ihm. Die Menschen sprachen untereinander heimlich über ihn. Ein paar sagten: »Er ist ein guter Mensch«, andere meinten: »Er ist nichts als ein Betrüger, der die Leute verführt.« Aber keiner hatte den Mut, in aller Öffentlichkeit für ihn einzutreten, weil sie den Konflikt mit den führenden Juden scheuten.

Als das Fest zur Hälfte vorüber war, ging Jesus zum Tempel hinauf und begann zu lehren. Die Juden waren zutiefst erstaunt, als sie ihn hörten. »Woher weiß er das alles, ohne dass er die Schrift studiert hat?«, fragten sie.

Da sagte Jesus zu ihnen: »Ich lehre nicht meine eigenen Gedanken, sondern die Gedanken Gottes, der mich gesandt hat. Wer den Willen Gottes tun will, wird erkennen, ob meine Lehre von Gott kommt oder ob ich aus mir selbst heraus rede. Wer nur seine eigenen Anschauungen vertritt, sucht Anerkennung für sich selbst. Wer aber den ehren will, der ihn gesandt hat, der ist glaubwürdig und ohne falsche Absichten. Keiner von euch gehorcht dem Gesetz, das Mose euch gab, ja ihr versucht sogar, mich zu töten! Mit welchem Recht?«

Die Menge erwiderte: »Du bist ja von einem Dämon besessen! Wer will dich töten?«

Jesus erwiderte: »Eine einzige Tat habe ich am Sabbat getan, an der ihr Anstoß nehmt. Aber auch ihr arbeitet am Sabbat, wenn ihr einen Menschen an diesem Tag beschneidet, weil Mose euch das Gesetz der Beschneidung gab. Dabei ist der Brauch der Beschneidung älter als das mosaische Gesetz; er geht auf die Stammväter zurück. Denn wenn der vorgeschriebene Zeitpunkt für die Beschneidung eurer Söhne auf einen Sabbat fällt, dann vollzieht ihr die Beschneidung, um das mosaische Gesetz nicht zu brechen. Warum also empört ihr euch und verurteilt mich? Weil ich einen Menschen am Sabbat geheilt habe? Denkt darüber nach und richtet nicht nach dem äußeren Schein, sondern richtet gerecht!«

Einige Leute aus Jerusalem sagten zueinander: »Ist das nicht der Mann, den sie umbringen wollen? Da lehrt er hier in aller Öffentlichkeit, und sie schweigen dazu. Haben sie etwa erkannt, dass er wirklich der Christus ist? Aber wie könnte das sein? Wir wissen doch, woher dieser Mann stammt. Wenn der Christus kommt, wird er einfach da sein, ohne dass jemand weiß, woher er kommt.«

Während Jesus im Tempel lehrte, rief er: »Ja, ihr denkt, ihr kennt mich und wisst, woher ich komme. Doch ich komme nicht in meinem eigenen Auftrag, sondern im Namen dessen, der mich gesandt hat. Doch den kennt ihr nicht. Ich aber kenne ihn, denn ich komme von ihm, und er hat mich gesandt.«

Da wollten sie ihn verhaften lassen, aber niemand legte Hand an ihn, denn seine Zeit war noch nicht gekommen. Viele von den Menschen im Tempel glaubten an ihn. »Denn«, so sagten sie, »würde man von Christus mehr Wunder erwarten, als dieser Mann sie getan hat?«

Als die Pharisäer diese und ähnliche Äußerungen der Leute hörten, schickten sie und die obersten Priester Männer der Tempelwache aus, um Jesus verhaften zu lassen.

Doch Jesus sagte zu ihnen: »Ich werde nur noch kurze Zeit hier sein. Dann werde ich zu dem zurückkehren, der mich gesandt hat. Ihr werdet nach mir suchen, doch ihr werdet mich nicht finden. Und ihr werdet nicht dorthin kommen können, wo ich dann bin.«

Diese Aussage irritierte die Juden. »Wo will er hingehen, sodass wir ihn nicht finden können?«, fragten sie. »Will er etwa das Land verlassen und zu den Juden in anderen Ländern gehen, ja vielleicht sogar zu den Heiden? Was meint er mit den Worten: ›Ihr werdet nach mir suchen, doch ihr werdet mich nicht finden‹, oder: ›Ihr werdet nicht dorthin kommen können, wo ich dann bin‹?«

Ströme lebendigen Wassers

Am letzten Tag, dem Höhepunkt des Festes, stellte Jesus sich hin und rief der Menge zu: »Wenn jemand Durst hat, soll er zu mir kommen und trinken! Wer an mich glaubt, aus dessen Innerem werden Ströme lebendigen Wassers fließen, wie es in der Schrift heißt.« Mit dem »lebendigen Wasser« meinte er den Geist, der jedem zuteilwerden sollte, der an ihn glaubte. Aber der Geist war noch nicht gekommen, weil Jesus noch nicht verherrlicht worden war.

Als die Menge das hörte, meinten einige: »Bestimmt ist dieser Mann der Prophet.« Andere sagten: »Er ist der Christus.« Wieder andere wandten dagegen ein: »Das kann nicht sein! Oder kommt der Christus etwa aus Galiläa? In der Schrift steht, dass der Messias aus dem königlichen Geschlecht Davids geboren wird, und zwar in Bethlehem, dem Dorf, in dem David geboren wurde.« So war die Menge unterschiedlicher Meinung über ihn. Und einige wollten ihn verhaften lassen, aber niemand legte Hand an ihn.

Die Männer der Tempelwache, die ausgeschickt worden waren, um ihn zu verhaften, kehrten unverrichteter Dinge zu den obersten Priestern und Pharisäern zurück. »Warum habt ihr ihn nicht hergebracht?«, wollten diese wissen.

»Noch nie haben wir einen Menschen so sprechen hören!«, antworteten die Männer.

»Habt ihr euch etwa auch von ihm in die Irre führen lassen?«, spotteten die Pharisäer. »Glaubt auch nur ein Einziger der oberen Priester oder Pharisäer an ihn? Aber nur dieses Volk, diese Menschen, die das Gesetz nicht kennen, diese Menschen, die verflucht sind!«

Da sagte Nikodemus, der selbst Pharisäer war und Jesus einmal aufgesucht hatte: »Entspricht es etwa unserem Gesetz, einen Mann zu verurteilen, ehe man ihn angehört und erkannt hat, ob er schuldig ist?«

Sie erwiderten: »Stammst du etwa auch aus Galiläa? Forsche doch in der Schrift nach, dann wirst du es selbst sehen: Aus Galiläa kommt kein Prophet!«

Da trennten sie sich und jeder ging nach Hause. Jesus ging zum Ölberg zurück.

Die Ehebrecherin

Doch schon früh am Morgen war er wieder im Tempel. Bald hatte sich eine Menschenmenge um ihn versammelt, und er setzte sich und unterwies sie.

Während er sprach, brachten die Gesetzeslehrer und Pharisäer eine Frau herein, die sie beim Ehebruch ertappt hatten. Sie stellten sie in die Mitte. »Meister«, sagten sie zu Jesus, »diese Frau ist auf frischer Tat beim Ehebruch ertappt worden. Nach dem Gesetz Moses muss sie gesteinigt werden. Was sagst du dazu?« Damit wollten sie ihn zu einer Aussage verleiten, die sie gegen ihn verwenden konnten.

Doch Jesus bückte sich und schrieb mit dem Finger in den Staub. Aber sie ließen nicht locker und verlangten eine Antwort. Schließlich richtete er sich auf und sagte: »Wer von euch ohne Sünde ist, der soll den ersten Stein auf sie werfen!« Damit bückte er sich wieder und schrieb weiter in den Staub. Als die Ankläger das hörten, machten sie sich einer nach dem anderen davon, die Ältesten zuerst. Schließlich war Jesus allein mit der Frau, die noch immer an der gleichen Stelle in der Mitte stand. Da richtete Jesus sich wieder auf und sagte zu ihr: »Wo sind sie? Hat dich keiner von ihnen verurteilt?«

»Niemand, Herr«, antwortete sie.

»Dann verurteile ich dich auch nicht«, erklärte Jesus. »Geh und sündige nicht mehr.«

Das Licht der Welt

Jesus sagte zu den Leuten: »Ich bin das Licht der Welt. Wer mir nachfolgt, braucht nicht im Dunkeln umherzuirren, denn er wird das Licht haben, das zum Leben führt.«

Die Pharisäer erwiderten: »Du bist dein eigener Zeuge. Deine Worte sind nicht glaubwürdig!«

Jesus antwortete: »Was ich über mich gesagt habe, ist wahr, auch wenn ich damit für mich selbst spreche. Denn ich weiß, wo ich herkomme und wo ich hingehe, während ihr das nicht von mir wisst. Ihr verurteilt mich nach menschlichen Maßstäben, ich dagegen verurteile niemanden. Wenn ich euch aber verurteilen würde, wäre mein Urteil wahr, denn ich handle nicht allein – der Vater, der mich gesandt hat, ist mit mir. Euer eigenes Gesetz sagt: Wenn zwei Personen etwas übereinstimmend bezeugen, gilt ihre Aussage als Tatsache. Ich bin der eine Zeuge, und mein Vater, der mich gesandt hat, ist der andere.«

»Wo ist denn dein Vater?«, fragten sie.

Jesus antwortete: »Da ihr nicht wisst, wer ich bin, wisst ihr auch nicht, wer mein Vater ist. Würdet ihr mich kennen, dann würdet ihr auch meinen Vater kennen.« Dies sagte er, als er in dem Bereich des Tempels lehrte, der als Schatzkammer bezeichnet wird. Aber er wurde nicht verhaftet, weil seine Zeit noch nicht gekommen war.

Jesus sagte noch einmal: »Ich werde fortgehen. Ihr werdet mich suchen und in eurer Sünde sterben. Ihr könnt nicht dorthin kommen, wo ich hingehe.«

Da fragten sich die Juden: »Will er etwa Selbstmord begehen? Was meint er mit den Worten: ›Ihr könnt nicht dorthin kommen, wo ich hingehe‹?«

Er antwortete ihnen: »Ihr seid von unten; ich bin von oben. Ihr seid von dieser Welt; ich bin nicht von dieser Welt. Deshalb habe ich gesagt, dass ihr in eurer Sünde sterben werdet: Weil ihr nicht an mich als den glaubt, der ich bin, werdet ihr in eurer Sünde sterben.«

»Wer bist du denn?«, fragten sie.

Jesus erwiderte: »Ich bin der, als der ich mich immer bezeichnet habe. Ich hätte noch vieles über euch zu sagen und vieles zu verurteilen. Aber ich sage der Welt nur das, was ich von dem gehört habe, der mich gesandt hat, und er sagt die Wahrheit.«

Doch sie begriffen noch immer nicht, dass er mit ihnen über seinen Vater sprach. Also sagte Jesus: »Wenn ihr den Menschensohn am Kreuz erhöht habt, werdet ihr erkennen, dass ich es bin und dass ich nichts von mir selbst aus tue, sondern das sage, was der Vater mich gelehrt hat. Der, der mich gesandt hat, ist mit mir – er hat mich nicht verlassen. Denn ich tue immer, was ihm gefällt.«

Als er das alles gesagt hatte, glaubten viele an ihn.

Tag 20

Die Wahrheit macht frei

Jesus sagte zu den Menschen, die nun an ihn glaubten: »Wenn ihr euch nach meinen Worten richtet, seid ihr wirklich meine Jünger. Ihr werdet die Wahrheit erkennen, und die Wahrheit wird euch frei machen.«

»Aber wir sind doch Nachkommen Abrahams«, sagten sie. »Wir sind nie Sklaven von irgendjemand gewesen. Warum redest du dann von ›frei machen‹? Was meinst du damit?«

Jesus erwiderte: »Ich versichere euch: Jeder, der sündigt, ist ein Sklave der Sünde. Ein Sklave ist kein Familienmitglied; ein Sohn dagegen gehört für immer zur Familie. Nur dann, wenn der Sohn euch frei macht, seid ihr wirklich frei. Ich weiß, dass ihr Nachkommen Abrahams seid. Und trotzdem wollt ihr mich töten, weil meine Botschaft in euren Herzen keinen Platz hat. Ich erzähle euch von dem, was ich bei meinem Vater gesehen habe. So folgt auch ihr dem Rat eures Vaters und tut, was ihr gehört habt.«

»Unser Vater ist Abraham«, erklärten sie.

»Nein«, erwiderte Jesus, »denn wenn ihr Kinder Abrahams wärt, würdet ihr nach seinem Vorbild handeln. Ich habe euch die Wahrheit gesagt, die ich von Gott gehört habe, aber ihr versucht, mich zu töten. So etwas hätte Abraham nie getan. Nein, wenn ihr so handelt, gehorcht ihr eurem wirklichen Vater.«

Sie entgegneten: »Wir jedenfalls sind nicht unehelich geboren! Unser einziger Vater ist Gott.«

Jesus sagte zu ihnen: »Wenn Gott euer Vater wäre, würdet ihr mich lieben, weil ich von Gott zu euch gekommen bin. Ich bin nicht hier, weil ich es selbst so wollte, sondern er hat mich gesandt. Warum versteht ihr nicht, was ich sage? Weil ihr gar nicht fähig seid, mein Wort zu hören. Ihr habt den Teufel zum Vater: Ihr tut mit Vorliebe die bösen Dinge, die er tut. Er war von Anbeginn an ein Mörder und hat die Wahrheit immer gehasst. In ihm ist keine Wahrheit. Wenn er lügt, entspricht das seinem Wesen, denn er ist ein Lügner und der Vater der Lüge. Wenn ich euch also die Wahrheit sage, ist es nur natürlich, dass ihr mir nicht glaubt! Wer von euch kann mir zu Recht eine Sünde vorwerfen? Und wenn ich euch aber die Wahrheit sage, warum glaubt ihr mir dann nicht? Wer Gott zum Vater hat, der hört Gottes Worte. Dass ihr nicht darauf hört, zeigt, dass ihr nicht Gottes Kinder seid.«

Die Leute entgegneten: »Du samaritanischer Teufel! Haben wir nicht immer gesagt, dass du von einem Dämon besessen bist?«

»Nein«, sagte Jesus, »ich habe keinen Dämon in mir. Ich gebe meinem Vater die Ehre – ihr aber beleidigt mich. Ich will mir nicht selbst die Ehre geben, mein Vater will das tun. Er wird der Richter sein. Ich versichere euch: Wenn jemand meinem Wort gehorcht, wird er niemals sterben!«

Die Leute sagten: »Jetzt wissen wir, dass du von einem Dämon besessen bist. Sogar Abraham und die Propheten sind gestorben, und da behauptest du, wer deinem Wort gehorcht, werde niemals sterben! Bist du vielleicht größer als unser Vater Abraham, der doch gestorben ist? Bist du etwa größer als die Propheten, die gestorben sind? Für wen hältst du dich?«

Jesus antwortete: »Wenn ich mich nur selbst rühme, ist das ohne Bedeutung. Doch es ist mein Vater, der mich ehrt. Ihr behauptet: ›Er ist unser Gott‹, aber ihr kennt ihn ja nicht einmal. Ich dagegen kenne ihn. Wenn ich etwas anderes behaupten würde, dann wäre ich ein ebensolcher Lügner wie ihr! Aber es ist wahr – ich kenne ihn und gehorche ihm. Euer Vater Abraham freute sich auf mein Kommen. Er sah es voraus und war froh.«

Die Leute erwiderten: »Du bist nicht einmal fünfzig Jahre alt. Wie kannst du behaupten, du hättest Abraham gesehen?«

Jesus antwortete: »Ich versichere euch: Ich war schon da, bevor Abraham auch nur geboren wurde!«

Da hoben sie Steine auf, um ihn zu töten. Aber Jesus floh vor ihnen und verließ den Tempel.

Jesus sendet zweiundsiebzig Jünger aus

Daraufhin wählte der Herr zweiundsiebzig andere Jünger aus und schickte sie zu zweit voraus in alle Städte und Dörfer, die er aufsuchen wollte. Er gab ihnen folgende Anweisungen: »Die Ernte ist groß, doch die Zahl der Arbeiter ist klein. Betet zum Herrn, der für die Ernte zuständig ist, und bittet ihn, mehr Arbeiter auf seine Felder zu schicken. Nun geht und denkt daran, dass ich euch wie Lämmer unter die Wölfe schicke. Nehmt kein Geld mit, kein Gepäck, keine Sandalen. Und haltet euch unterwegs nicht auf, um jemanden zu grüßen. Wann immer ihr ein Haus betretet, segnet es. Wenn seine Bewohner des Segens würdig sind, wird er bei ihnen bleiben; wenn sie es nicht sind, wird der Segen zu euch zurückkehren. Wenn ihr in eine Stadt kommt, zieht nicht von Haus zu Haus. Bleibt an einem Ort und esst und trinkt, was man euch anbietet. Zögert nicht, Gastfreundschaft anzunehmen, denn wer arbeitet, hat auch Lohn verdient. Wenn eine Stadt euch willkommen heißt, dann esst, was euch vorgesetzt wird, heilt die

Kranken und sagt dabei: ›Das Reich Gottes ist nahe bei euch.‹ Doch wenn eine Stadt euch nicht willkommen heißen will, dann geht hinaus auf die Straße und sagt: ›Wir schütteln als Zeichen eures Verderbens den Staub eurer Stadt von unseren Füßen. Vergesst nicht, dass das Reich Gottes nahe ist!‹ Ich sage euch, selbst der Stadt Sodom wird es am Tag des Gerichts noch besser ergehen als einer solchen Stadt.

Welche Schrecken erwarten euch, Chorazin und Betsaida! Denn wenn die Wunder, die ich bei euch getan habe, in Tyrus und Sidon geschehen wären, hätten ihre Einwohner schon längst ihre Schuld bekannt und sich zum Zeichen ihrer Reue in Säcke gehüllt und Asche auf ihre Häupter gestreut. Ja, Tyrus und Sidon werden am Tag des Gerichts immer noch besser dastehen als ihr. Und ihr Bewohner von Kapernaum, ob ihr wohl an diesem Tag in den Himmel gehoben werdet? Ganz sicher nicht. Ihr werdet vielmehr hinunter ins Reich der Toten geworfen.« Dann sagte er zu den Jüngern: »Wer eure Botschaft annimmt, nimmt auch mich an. Wer euch jedoch ablehnt, lehnt auch mich ab. Und wer mich ablehnt, lehnt Gott ab, der mich gesandt hat.«

Als die zweiundsiebzig Jünger zurückkehrten, berichteten sie ihm voller Freude: »Herr, sogar die Dämonen gehorchen uns, wenn wir sie in deinem Namen austreiben!«

»Ja«, erklärte er ihnen, »ich sah den Satan wie einen Blitz vom Himmel fallen! Ich habe euch Vollmacht über den Feind gegeben; ihr könnt unter Schlangen und Skorpionen umhergehen und sie zertreten. Nichts und niemand wird euch etwas anhaben können. Aber freut euch nicht darüber, dass böse Geister euch gehorchen, sondern freut euch, dass eure Namen im Himmel aufgeschrieben sind.«

Dann wurde Jesus von der Freude des Heiligen Geistes erfüllt und sagte: »Vater, Herr des Himmels und der Erde, ich danke dir, dass du die Wahrheit vor denen verbirgst, die sich selbst für so klug und weise halten. Ich danke dir, dass du sie stattdessen denen enthüllst, die ein kindliches Gemüt haben. Ja, Vater, so wolltest du es. Mein Vater hat mir Vollmacht über alles gegeben. Niemand außer dem Vater kennt den Sohn wirklich, und niemand kennt den Vater außer dem Sohn und jenen, denen der Sohn den Vater offenbaren will.«

Als sie allein waren, wandte er sich an die Jünger und sagte: »Glücklich zu schätzen sind die, deren Augen sehen, was ihr seht. Ich sage euch: Propheten und Könige haben sich danach gesehnt, zu sehen und zu hören, was ihr gesehen und gehört habt, aber sie konnten es nicht.«

Der gute Samariter

Ein Mann, der sich im Gesetz Moses besonders gut auskannte, stand eines Tages auf, um Jesus mit folgender Frage auf die Probe zu stellen: »Meister, was muss ich tun, um das ewige Leben zu bekommen?«

Jesus erwiderte: »Was steht darüber im Gesetz Moses? Was liest du dort?«

Der Mann antwortete: »›Du sollst den Herrn, deinen Gott, von ganzem Herzen, von ganzer Seele, mit deiner ganzen Kraft und all deinen Gedanken lieben.‹ Und: ›Liebe deinen Nächsten wie dich selbst.‹«

»Richtig!«, bestätigte Jesus. »Tu das, und du wirst leben!«

Der Mann wollte sich rechtfertigen; deshalb fragte er Jesus: »Und wer ist mein Nächster?«

Jesus antwortete: »Ein Mann befand sich auf der Straße von Jerusalem nach Jericho, als er von Räubern überfallen wurde. Sie raubten ihm seine Kleider und sein Geld, verprügelten ihn und ließen ihn halb tot am Straßenrand liegen. Zufällig kam ein jüdischer Priester vorbei. Doch als er den Mann dort liegen sah, wechselte er auf die andere Straßenseite und ging vorüber. Dann kam ein Tempeldiener und sah ihn ebenfalls dort liegen; doch auch er ging auf der anderen Straßenseite vorüber. Schließlich näherte sich ein Samaritaner. Als er den Mann sah, empfand er tiefes Mitleid mit ihm. Er kniete sich neben ihn, behandelte seine Wunden mit Öl und Wein und verband sie. Dann hob er den Mann auf seinen eigenen Esel und brachte ihn zu einem Gasthaus, wo er ihn versorgte. Am nächsten Tag gab er dem Wirt zwei Denare und bat ihn, gut für den Mann zu sorgen. ›Sollte das Geld nicht ausreichen‹, sagte er, ›dann werde ich dir den Rest bezahlen, wenn ich das nächste Mal herkomme.‹ Wer von den dreien war nun deiner Meinung nach der Nächste für den Mann, der von Räubern überfallen wurde?«, fragte Jesus.

Der Mann erwiderte: »Der, der Mitleid hatte und ihm half.«

Jesus antwortete: »Ja. Nun geh und mach es genauso.«

Jesus besucht Maria und Marta

Auf ihrem Weg nach Jerusalem kamen Jesus und die Jünger auch in ein Dorf, in dem eine Frau mit Namen Marta sie in ihr Haus einlud. Ihre Schwester Maria saß Jesus zu Füßen und hörte ihm aufmerksam zu. Marta dagegen mühte sich mit der Bewirtung der Gäste. Sie kam zu Jesus und sagte: »Herr, ist es nicht ungerecht, dass meine Schwester hier sitzt, während ich die ganze Arbeit tue? Sag ihr, sie soll kommen und mir helfen.«

Doch der Herr sagte zu ihr: »Meine liebe Marta, du sorgst dich um so viele Kleinigkeiten! Im Grunde ist doch nur eines wirklich wichtig. Maria hat erkannt, was das ist – und ich werde es ihr nicht nehmen.«

Tag 21

Wie man betet

Einmal hatte Jesus Halt gemacht, um zu beten. Als er aufgehört hatte zu beten, kam einer seiner Jünger zu ihm und bat: »Herr, lehre uns beten, so wie Johannes es seine Jünger gelehrt hat.«

Jesus antwortete: »Wenn ihr betet, dann sprecht: ›Vater, dein Name werde geehrt. Dein Reich komme bald. Gib uns jeden Tag die Nahrung, die wir brauchen. Und vergib uns unsere Schuld – so wie auch wir denen vergeben, die an uns schuldig geworden sind. Und lass nicht zu, dass wir der Versuchung nachgeben.‹«

Er sagte ihnen noch mehr über das Beten und erzählte ihnen folgendes Beispiel: »Angenommen, ihr geht um Mitternacht zum Haus eines Freundes, um ihn um drei Brote zu bitten. Ihr erklärt ihm: ›Ein Freund von mir ist unerwartet zu Besuch gekommen, und ich habe nichts zu essen im Haus.‹ Doch er ruft euch aus dem Schlafzimmer zu: ›Lass mich in Ruhe. Die Tür ist schon für die Nacht verriegelt, und wir liegen alle im Bett. Um diese Zeit kann ich dir nicht mehr helfen.‹ Ich sage euch eins: Wenn er euch auch nicht aus Freundschaft helfen will, wird er doch am Ende aufstehen und euch geben, was ihr braucht, um seinem guten Ruf nicht zu schaden – wenn ihr nur beharrlich genug klopft.

Deshalb sage ich euch: Bittet, und ihr werdet erhalten. Sucht, und ihr werdet finden. Klopft an, und die Tür wird euch geöffnet werden. Denn wer bittet, wird erhalten. Wer sucht, wird finden.

Und die Tür wird jedem geöffnet, der anklopft. Gibt es einen Vater, der seinem Kind eine Schlange hinhält, wenn es um einen Fisch bittet? Oder wenn es um ein Ei bittet, reicht er ihm dann einen Skorpion? Natürlich nicht! Wenn aber selbst ihr sündigen Menschen wisst, wie ihr euren Kindern Gutes tun könnt, wie viel eher wird euer Vater im Himmel denen, die ihn bitten, den Heiligen Geist schenken.«

Vorwurf der Gotteslästerung

Als Jesus in das Haus zurückkehrte, in dem er wohnte, kamen wieder so viele Menschen zu ihm, dass er und seine Jünger nicht einmal Zeit fanden zu essen. Als seine Familie davon hörte, wollten sie ihn zu sich nach Hause holen. »Er hat den Verstand verloren«, meinten sie.

Ein Besessener, der blind und stumm war, wurde zu Jesus gebracht. Jesus heilte ihn, sodass er wieder sehen und sprechen konnte. Die Menschen waren sehr verwundert. »Könnte es sein, dass dieser Jesus der Sohn Davids ist?«, fragten sie sich.

Doch die Schriftgelehrten, die aus Jerusalem gekommen waren, erklärten: »Er ist vom Satan, dem Obersten der Dämonen, besessen. Daher hat er die Macht, Dämonen auszutreiben.« Andere wollten Jesus auf die Probe stellen, indem sie ein Zeichen vom Himmel verlangten, um zu sehen, ob er wirklich von Gott kam.

Doch Jesus kannte ihre Gedanken und antwortete: »Ein Königreich, das gegen sich selbst kämpft, ist dem Untergang geweiht. Eine Stadt oder eine Hausgemeinschaft, in der man sich streitet, ist verloren. Wenn der Satan den Satan austreiben würde, würde er gegen sich selbst kämpfen. Sein Reich könnte nicht bestehen. Wenn ich meine Macht vom Herrscher über alle Dämonen habe, was ist dann mit euren eigenen Leuten? Sie treiben doch auch böse Geister aus. Sie werden euch nach euren eigenen Worten richten. Wenn ich aber die Dämonen mit dem Geist Gottes austreibe, dann ist das Reich Gottes zu euch gekommen. Niemand kann in das Haus eines starken Mannes eindringen und ihn ausrauben, ohne ihn zuvor zu fesseln. Und der Stärkere nimmt ihm seine Waffen, auf die er vertraute. Erst dann kann man sein Haus ausplündern! Wer mich nicht unterstützt, ist gegen mich, und wer nicht Seite an Seite mit mir arbeitet, arbeitet im Grunde gegen mich. Jede Sünde oder Gotteslästerung kann vergeben werden – bis auf die Lästerung gegen den Heiligen Geist. Dafür gibt es keine Vergebung. Wer gegen den Menschensohn lästert, dem kann vergeben werden. Wer aber gegen den Heiligen Geist lästert, dem wird niemals vergeben werden – nicht in dieser Welt und auch nicht in der zukünftigen.« Das sagte er zu ihnen, weil sie behaupteten, er habe einen bösen Geist.

»Einen Baum erkennt man an seinen Früchten. Ist ein Baum gut, so wird er auch gute Früchte tragen. Ist ein Baum schlecht, so wird er schlechte Früchte tragen. Ihr Schlangenbrut! Wie können böse und hinterhältige Menschen wie ihr reden, was gut und richtig ist? Denn immer bestimmt ja euer Herz, was ihr sagt. Ein guter Mensch spricht gute Worte aus einem guten Herzen, und ein böser Mensch spricht böse Worte aus einem bösen Herzen. Ich sage euch: Am Tag des Gerichts müsst ihr euch für jedes böse Wort, das ihr sagt, verantworten. Was ihr heute sagt, entscheidet über euer Schicksal; entweder werdet ihr gerettet oder gerichtet.«

Das Zeichen von Jona

Eines Tages kamen einige Schriftgelehrte und Pharisäer zu Jesus und sagten: »Meister, bitte zeige uns ein Wunder, als Beweis dafür, dass du von Gott kommst.«

Doch Jesus erwiderte: »Nur schlechte, treulose Menschen würden ein Wunder verlangen. Das einzige Zeichen, das ich ihnen geben will, ist das, was mit dem Propheten Jona geschah. So wie Jona drei Tage und drei Nächte im Bauch des großen Fisches verbracht hat, so wird der Menschensohn drei Tage und drei Nächte im Herzen der Erde sein. Die Einwohner Ninives werden sich am Tag des Gerichts gegen euch erheben und euch verurteilen, denn sie haben Reue gezeigt, nachdem sie Jonas Predigt gehört hatten. Und nun ist einer bei euch, der weit größer ist als Jona – aber ihr weigert euch zu bereuen. Auch die Königin von Saba wird sich am Tag des Gerichts gegen euch erheben und euch verurteilen, denn sie kam aus einem fremden Land, um die Weisheiten König Salomos zu hören. Und nun ist einer bei euch, der weit größer ist als Salomo – und ihr wollt ihm nicht zuhören.

Wenn ein böser Geist einen Menschen verlässt, geht er in die Wüste und sucht Ruhe, aber er findet keine. Da sagt er sich: ›Ich will lieber wieder in den Menschen fahren, aus dem ich gekommen bin.‹ Und er kehrt zurück und findet sein früheres Heim leer, gefegt und sauber vor. Danach findet der Dämon noch sieben weitere Dämonen, die noch schlimmer sind als er selbst, und sie alle ergreifen Besitz von dem Menschen und nisten sich in ihm ein. Dann ergeht es diesem Menschen noch schlimmer als zuvor. Genauso wird es euch ergehen.

Niemand zündet eine Lampe an und versteckt sie dann in einem verborgenen Winkel oder stellt sie unter ein umgestülptes Gefäß. Sie wird vielmehr auf einen Ständer gestellt, damit sie allen

Licht gibt, die das Zimmer betreten. Dein Auge ist das Fenster deines Körpers. Ein klares Auge lässt das Licht bis in deine Seele dringen, doch ein schlechtes Auge sperrt das Licht aus und stürzt dich in Dunkelheit. Achte darauf, dass das Licht, das du hast, nicht Dunkelheit ist. Wenn du vom Licht erfüllt bist und keine Bereiche mehr dunkel in dir sind, dann wird dein ganzes Leben leuchten, als würde ein strahlendes Licht auf dich scheinen.«

Während er noch sprach, rief eine Frau in der Menge: »Glücklich ist deine Mutter, die dich zur Welt brachte und an ihren Brüsten nährte!« Er aber erwiderte: »Ja, aber glücklich sind alle, die das Wort Gottes hören und danach leben.«

Weheruf über die Pharisäer

Während Jesus noch sprach, lud einer der Pharisäer ihn zu sich zum Essen ein. Er ging mit ihm und ließ sich zum Essen nieder. Sein Gastgeber wunderte sich, dass er die übliche Waschung vor der Mahlzeit ausgelassen hatte.

Daraufhin sagte Jesus zu ihm: »Ihr Pharisäer achtet peinlich genau darauf, Becher und Teller äußerlich zu säubern, doch innerlich seid ihr alles andere als rein, sondern voller Habgier und Bosheit! Wie dumm von euch! Hat Gott nicht das Äußere und das Innere geschaffen? Deshalb gebt den Bedürftigen, was ihr in eurer Habgier zusammenrafft, und ihr werdet in allem rein sein.

Doch es wird euch Pharisäern schlimm ergehen! Denn ihr gebt zwar den vorgeschriebenen zehnten Teil noch vom kleinsten Anteil eurer Einkünfte, doch die Gerechtigkeit und die Liebe Gottes vergesst ihr. Ihr sollt den zehnten Teil geben, das ist richtig, aber ihr dürft die wichtigeren Dinge dabei nicht außer Acht lassen. Schlimm wird es euch Pharisäern ergehen! Denn ihr liebt die Ehrenplätze in den Synagogen und die Ehrerbietung der Menschen, wenn ihr über den Markt spaziert! Ja, es wird euch schlimm ergehen. Denn ihr seid wie verborgene Gräber auf einem Feld. Die Menschen gehen darüber und ahnen nicht, welche Verwesung unter ihren Füßen begraben liegt.«

»Meister«, sagte ein Mann, der sich besonders gut im Gesetz Moses auskannte, »damit beleidigst du auch uns.«

»Ja«, sagte Jesus, »auch euch, die ihr das Gesetz so gut kennt, wird es schlimm ergehen! Denn ihr ladet den Menschen unerfüllbare religiöse Forderungen auf, tut aber nicht das Geringste, um ihnen diese Last zu erleichtern. Schlimm wird es euch ergehen! Ihr errichtet Grabmäler für die Propheten, die eure Vorfahren vor langer Zeit umgebracht haben. Ihr Mörder! Ihr bestätigt und erklärt für richtig, was eure Vorfahren getan haben, ja ihr hättet genauso gehandelt. Über euch hat Gott in seiner Weisheit gesagt: ›Ich werde ihnen Propheten und Apostel schicken, und sie werden einige töten und die anderen verfolgen.‹ Ihr, die Angehörigen dieser Generation, werdet für die Ermordung aller Propheten Gottes seit der Erschaffung der Welt zur Rechenschaft gezogen werden – angefangen von der Ermordung Abels bis zur Ermordung Secharjas, der zwischen dem Altar und dem Heiligtum getötet wurde. Ja, das alles wird euch zur Last gelegt werden. Wie schlimm wird es euch, die ihr das Gesetz kennt, ergehen! Denn ihr versteckt den Schlüssel der Erkenntnis vor den Menschen. Ihr kommt selbst nicht ins Reich Gottes und hindert andere daran, hineinzukommen.«

Danach verließ Jesus das Haus. Aber von da an setzten ihm die Pharisäer und Schriftgelehrten mit vielen Fragen zu und versuchten, ihn zu einer Äußerung zu verleiten, die sie gegen ihn verwenden konnten.

Tag 22

Warnung vor Heuchelei

Inzwischen drängten und schoben sich die Menschen zu Tausenden. Jesus wandte sich an seine Jünger und warnte sie: »Hütet euch vor dem Sauerteig der Pharisäer – hütet euch vor ihrer Heuchelei. Es kommt die Zeit, da wird alles offenbar werden; alles, was jetzt noch geheim ist, wird dann öffentlich bekannt gemacht werden. Alles, was ihr im Dunkeln gesagt habt, wird im Hellen zu hören sein, und was ihr hinter verschlossenen Türen geflüstert habt, wird man von den Dächern rufen, sodass alle es hören!

Meine Freunde, habt keine Angst vor denen, die euch töten wollen. Sie können nur den Körper töten; mehr können sie euch nicht antun. Aber ich sage euch, wen ihr wirklich fürchten sollt: Fürchtet Gott, der die Macht hat, Menschen zu töten und sie danach in die Hölle zu werfen. Was kosten fünf Spatzen? Vielleicht ein paar Cent? Und doch vergisst Gott nicht einen einzigen von ihnen. Und auch die Haare auf eurem Kopf sind alle gezählt. Habt deshalb keine Angst, denn ihr seid ihm wertvoller als ein ganzer Schwarm Spatzen.

Und ich versichere euch: Wer sich hier auf der Erde zu mir bekennt, zu dem wird sich der Menschensohn auch in der Gegenwart der Engel Gottes bekennen. Aber wer mich hier auf der Erde verleugnet, der wird auch vor den Engeln Gottes verleugnet werden. Dennoch kann dem, der schlecht über den Menschensohn spricht, vergeben werden; aber dem, der gegen den Heiligen Geist lästert, wird niemals vergeben werden. Und wenn man euch in den Synagogen und vor Herrschern und Beamten den Prozess machen wird, dann macht euch keine Sorgen darüber, was ihr zu eurer Verteidigung vorbringen sollt. Denn in diesem Moment wird der Heilige Geist euch lehren, was ihr sagen sollt.«

Warnung über Besitz und Sorge

Da rief einer aus der Menge: »Meister, sag doch meinem Bruder, dass er das väterliche Erbe mit mir teilen soll.«

Jesus erwiderte: »Wer hat mich zum Richter über euch gemacht, um in solchen Dingen zu entscheiden?« Und er fuhr fort: »Nehmt euch in Acht! Begehrt nicht das, was ihr nicht habt. Das wahre Leben wird nicht daran gemessen, wie viel wir besitzen.«

Und er gab ihnen folgendes Gleichnis: »Ein wohlhabender Mann besaß einen großen Hof mit Äckern, die reiche Ernten brachten, so viel, dass seine Scheunen die Erträge nicht fassen konnten. Da sagte er sich: ›Ich weiß, was ich mache! Ich werde meine Scheunen abreißen und größere bauen. Auf diese Weise habe ich genug Platz, um alles zu lagern. Und dann werde ich mich zurücklehnen und mir sagen: Mein Freund, du hast für Jahre genug eingelagert. Genieße das Leben. Iss, trink und sei fröhlich!‹ Aber Gott sagte zu ihm: ›Wie dumm von dir! Du wirst noch heute Nacht sterben. Und wer wird dann das alles bekommen?‹ Ihr seht, wie dumm es ist, auf der Erde Reichtümer anzuhäufen und dabei nicht nach Reichtum bei Gott zu fragen.«

Darauf wandte Jesus sich wieder an seine Jünger: »Deshalb sage ich euch: Sorgt euch nicht um Alltägliches – ob ihr genug zu essen oder anzuziehen habt, denn das Leben besteht aus weit mehr als Nahrung und Kleidung. Seht die Raben an. Sie brauchen nicht zu säen, zu ernten oder Vorratsscheunen zu bauen, denn Gott ernährt sie. Und ihr seid ihm doch weit wichtiger als irgendwelche Vögel! Können all eure Sorgen euer Leben auch nur um einen einzigen Augenblick verlängern? Natürlich nicht! Und wenn euer Sorgen schon in so geringen Dingen nichts bewirkt, was nützt es da, sich um größere Dinge zu sorgen?

Seht doch die Lilien, wie sie wachsen. Sie arbeiten nicht und nähen sich keine Kleider, und doch war Salomo in all seiner Pracht nicht so schön gekleidet wie eine von ihnen. Wenn Gott schon für die Blumen so wunderbar sorgt, die heute blühen und morgen bereits verwelkt sind, wie viel mehr wird er da für euch sorgen? Euer Glaube ist so klein! Macht euch keine Gedanken über eure Nahrung – was ihr essen oder trinken sollt. Macht euch keine Gedanken darüber, ob Gott euch damit versorgen wird. Diese Dinge beherrschen das Denken der meisten Menschen, doch euer Vater weiß, was ihr braucht.

Er wird euch jeden Tag alles Nötige geben, wenn das Reich Gottes für euch das Wichtigste ist. Hab also keine Angst, kleine Herde. Denn es macht eurem Vater große Freude, euch das Reich Gottes zu schenken. Verkauft, was ihr habt, und gebt es den Bedürftigen. Auf diese Weise sammelt ihr euch Schätze im Himmel! Und die Geldbörsen des Himmels haben keine Löcher. Dort ist euer Schatz sicher – kein Dieb kann ihn stehlen und keine Motte ihn zerfressen. Wo immer euer Reichtum ist, da wird auch euer Herz sein.«

Immer bereit sein

»Haltet euch bereit und seid wach wie jemand, der auf die Rückkehr seines Herrn vom Hochzeitsfest wartet. Dann werdet ihr die

Tür öffnen und ihn sofort hereinlassen können, wenn er kommt und anklopft. Glücklich sind diejenigen, die vorbereitet sind und seine Rückkehr erwarten. Ich verspreche euch, er wird sie Platz nehmen lassen, sich eine Schürze umbinden und sie bedienen, während sie sitzen und essen! Vielleicht kommt er mitten in der Nacht oder kurz vor der Morgendämmerung. Doch wann er auch kommt: Glücklich sind all diejenigen von seinen Dienern, die dann bereit sind! Eines solltet ihr wissen: Wenn ein Hausbesitzer wüsste, wann der Einbrecher kommt, würde er nicht zulassen, dass er einbricht. Deshalb müsst ihr jederzeit bereit sein, denn der Menschensohn wird dann kommen, wenn ihr es am wenigsten erwartet.«

Petrus fragte: »Herr, meinst du damit nur uns oder alle Menschen?«

Da erwiderte der Herr: »Ich spreche von jedem treuen, umsichtigen Diener, dem der Herr die Verantwortung überträgt, sein Haus zu verwalten und seine Familie zu versorgen. Glücklich dran ist der Diener, wenn der Herr zurückkommt und feststellt, dass er seine Sache gut gemacht hat. Ich versichere euch: Der Herr wird diesem Diener die Verantwortung über seinen gesamten Besitz übertragen. Wenn der Diener jedoch denkt: ›Mein Herr wird noch lange nicht zurückkommen‹ und anfängt, die anderen Diener herumzukommandieren, Feste zu feiern und sich zu betrinken – nun, dann wird der Herr eines Tages unangekündigt und zu unerwarteter Stunde zurückkehren. Dann wird er den Diener davonjagen und ihn zu den Ungläubigen verbannen. Der Diener wird hart bestraft werden, denn er hat seine Pflichten nicht erfüllt, obwohl er den Willen seines Herrn kannte. Menschen, die diesen Willen nicht kennen und unrecht tun, werden nur leicht bestraft werden. Von den Menschen jedoch, denen viel anvertraut wurde, wird viel verlangt, und von denjenigen, denen noch mehr anvertraut wurde, wird auch noch viel mehr verlangt werden.

Warnung über die Zeichen der Zeit

Ich bin gekommen, um Feuer auf der Erde zu entzünden, und ich wünschte, meine Aufgabe wäre schon erfüllt! Eine schreckliche Taufe steht mir bevor, und der Gedanke daran lastet schwer auf mir, bis sie vollzogen ist. Glaubt ihr, ich bin gekommen, um der Welt Frieden zu bringen? Nein, ich bin gekommen, um Zwietracht zu säen! Von nun an werden ganze Familien auseinanderbrechen, weil drei für mich und zwei gegen mich sind – oder umgekehrt. Es wird zu Streit zwischen Vater und Sohn, Mutter und Tochter, Schwiegermutter und Schwiegertochter kommen.« Daraufhin wandte Jesus sich an die Menge und sagte: »Wenn ihr seht, wie sich im Westen Wolken bilden, sagt ihr: ›Es wird Regen geben.‹ Und ihr habt recht. Wenn ein Südwind weht, sagt ihr: ›Heute wird es heiß werden.‹ Und genau so ist es. Ihr Heuchler! Die Erscheinungen der Erde und des Himmels versteht ihr zu deuten, aber die Zeichen dieser Zeit könnt ihr nicht deuten. Warum könnt ihr nicht selbst entscheiden, was richtig ist? Wenn du auf dem Weg zum Gericht bist und deinen Ankläger triffst, versuche doch, die Angelegenheit zu bereinigen, bevor sie vor den Richter kommt, sonst wirst du womöglich verurteilt, dem Gerichtsdiener übergeben und ins Gefängnis geworfen. Und wenn das geschieht, wirst du nicht eher freikommen, bis du auch den letzten Cent bezahlt hast.«

Tut Buße oder geht zugrunde

Zu dieser Zeit erfuhr Jesus, dass Pilatus einige Leute aus Galiläa hatte ermorden lassen, während sie in Jerusalem im Tempel Opfer darbrachten. »Meint ihr, diese Galiläer seien größere Sünder gewesen als andere Menschen in Galiläa?«, fragte er. »Glaubt ihr, dass sie deshalb leiden mussten? Ganz und gar nicht! Ihr werdet genauso umkommen, wenn ihr euch nicht von euren bösen Wegen abkehrt und euch Gott zuwendet. Und was ist mit den achtzehn Männern, die starben, als der Turm von Siloah auf sie herabstürzte? Waren sie etwa die größten Sünder in Jerusalem? Nein. Ich sage euch noch einmal: Wenn ihr nicht Reue zeigt und auf eurem Weg umkehrt, werdet ihr genauso umkommen.«

Dann erzählte Jesus folgendes Gleichnis: »Ein Mann pflanzte in seinem Garten einen Feigenbaum und kam von Zeit zu Zeit nachsehen, ob er schon Früchte trug, aber er wurde jedes Mal enttäuscht. Schließlich sagte er zu seinem Gärtner: ›Ich habe jetzt drei Jahre gewartet und noch keine einzige Feige gesehen! Fälle den Baum. Er beansprucht nur noch unnötig den Boden.‹ Der Gärtner erwiderte: ›Gib ihm noch ein Jahr Zeit. Ich werde ihn besonders pflegen und kräftig düngen. Wenn wir dann im nächsten Jahr Feigen ernten, gut. Wenn nicht, kannst du ihn fällen.‹«

Tag 23

Jesus heilt eine verkrüppelte Frau

Als Jesus einmal an einem Sabbat in der Synagoge lehrte, sah er eine Frau, die durch einen bösen Geist verkrüppelt war. Seit achtzehn Jahren war sie verkrümmt und konnte nicht gerade stehen. Als Jesus sie sah, rief er sie zu sich und sagte: »Frau, du bist von deiner Krankheit erlöst!« Dann berührte er sie, und sofort konnte sie sich aufrichten. Da lobte sie Gott und dankte ihm!

Der Synagogenvorsteher war jedoch empört darüber, dass Jesus die Frau an einem Sabbat geheilt hatte. »Die Woche hat sechs Tage, an denen man arbeiten kann«, sagte er zu den Versammelten: »Kommt an diesen Tagen, um euch heilen zu lassen, aber nicht am Sabbat.«

Doch der Herr sagte: »Ihr Heuchler! Arbeitet ihr nicht auch am Sabbat, wenn ihr euren Ochsen oder Esel im Stall losbindet und zur Tränke hinausführt? War es denn nicht genauso dringend, dass ich diese Frau – sie ist ja eine Tochter Abrahams – von der Fessel befreite, in der der Satan sie seit achtzehn Jahren gefangen hielt? Und das, auch wenn gerade Sabbat ist?«

Damit beschämte er seine Feinde. Und alle anderen freuten sich über die wunderbaren Dinge, die er tat.

Dann sagte Jesus: »Wie ist das Reich Gottes? Wie kann ich es beschreiben? Es gleicht einem winzigen Senfkorn, das in einem

Garten gepflanzt wird. Es wächst zu einem Baum heran, und die Vögel kommen und finden Schutz in seinen Zweigen.«

Er fragte weiter: »Wie kann ich das Reich Gottes noch beschreiben? Es ist wie Sauerteig, den eine Frau zum Brotbacken verwendet. Auch wenn sie eine große Menge Mehl benutzt, durchdringt der Sauerteig den ganzen Teig.«

Ein Blindgeborener

Unterwegs sah Jesus einen Mann, der von Geburt an blind war. »Meister«, fragten die Jünger ihn, »warum wurde dieser Mann blind geboren? Ist es wegen seiner eigenen Sünden oder wegen der Sünden seiner Eltern?«

»Es lag nicht an seinen Sünden oder den Sünden seiner Eltern«, antwortete Jesus. »Er wurde blind geboren, damit die Kraft Gottes an ihm sichtbar werde. Wir alle müssen die Aufgaben dessen, der mich gesandt hat, rasch erfüllen. Denn nicht mehr lange und die Nacht bricht herein, in der niemand mehr etwas tun kann. Doch solange ich noch in der Welt bin, bin ich das Licht der Welt.«

Dann spuckte er auf die Erde, vermischte den Lehm mit seinem Speichel zu einem Brei und strich ihn dem Blinden auf die Augen. Daraufhin sagte er zu ihm: »Geh und wasch dich im Teich Siloah.« Siloah bedeutet: Gesandter. Da ging der Mann und wusch sich und kam sehend zurück!

Der Blinde wird nach seiner Heilung befragt

Seine Nachbarn und andere, die ihn als blinden Bettler kannten, fragten einander: »Ist das derselbe Mann – der Bettler?« Einige meinten, er sei es; andere sagten: »Nein, aber er sieht aus wie jener!«

Der Bettler aber sagte immer nur: »Ich bin derselbe Mann!«

Da fragten sie ihn: »Was ist geschehen? Wie wurden deine Augen geöffnet?«

Und er erzählte: »Der Mann, den sie Jesus nennen, machte aus Lehm und Speichel einen Brei, den er mir auf die Augen strich, und dann sagte er: ›Geh zum Teich Siloah und wasche dich.‹ Ich ging und wusch mich, und nun kann ich sehen!«

»Wo ist er jetzt?«, fragten sie.

»Das weiß ich nicht«, erwiderte er.

Daraufhin brachten sie den Mann, der blind gewesen war, zu den Pharisäern. Nun hatte Jesus den Mann an einem Sabbat geheilt. Die Pharisäer ließen sich von dem Mann alles erzählen.

Er berichtete: »Er strich mir einen Brei auf die Augen, und als ich ihn abgewaschen hatte, konnte ich sehen!«

Einige der Pharisäer meinten: »Dieser Mensch, Jesus, kommt nicht von Gott, denn er bricht das Gesetz und arbeitet am Sabbat.« Andere dagegen sagten: »Aber wie könnte ein gewöhnlicher Sünder solche Wunder tun?« So gingen ihre Meinungen über ihn weit auseinander.

Da befragten die Pharisäer den Mann, der blind gewesen war, noch einmal und wollten wissen: »Dieser Mann, der dir die Augen geöffnet hat – was meinst du, wer er ist?«

Der Mann erwiderte: »Er muss ein Prophet sein.«

Die führenden Juden wollten nicht glauben, dass der Mann blind gewesen war. Deshalb ließen sie seine Eltern holen und fragten: »Ist das euer Sohn? Behauptet ihr, dass er von Geburt an blind gewesen ist? Wenn das stimmt, wie kommt es, dass er jetzt sehen kann?«

Seine Eltern antworteten: »Wir wissen, dass dies unser Sohn ist und dass er blind geboren wurde, aber wir wissen nicht, warum er jetzt sehen kann oder wer ihn geheilt hat. Er ist alt genug, um für sich selbst zu sprechen. Fragt ihn doch selbst.« Das sagten sie aus Angst vor den führenden Juden, weil diese angekündigt hatten, jeden aus der Synagoge auszuschließen, der Jesus als Christus bezeichnete. Deshalb sagten die Eltern: »Er ist alt genug, um für sich selbst zu sprechen. Fragt ihn doch selbst.«

Da riefen sie den Mann, der blind geboren worden war, zum zweiten Mal herein und ermahnten ihn: »Gib Gott die Ehre und sage die Wahrheit, denn wir wissen, dass dieser Mann ein Sünder ist.«

»Ich weiß nicht, ob er ein Sünder ist«, erwiderte der Mann. »Aber eins weiß ich: Ich war blind, und jetzt kann ich sehen!«

»Aber was hat er mit dir gemacht?«, fragten sie. »Wie hat er dich von deiner Blindheit geheilt?«

»Das habe ich euch doch bereits erzählt!«, rief der Mann aus. »Habt ihr denn nicht zugehört? Warum wollt ihr es noch einmal hören? Wollt ihr auch seine Jünger werden?«

Da beschimpften sie ihn und sagten: »Du bist sein Jünger, wir aber sind Jünger Moses. Wir wissen, dass Gott zu Mose gesprochen hat, doch von diesem Mann wissen wir nicht einmal, woher er ist.«

»Seltsam!«, entgegnete der Mann. »Er hat meine Augen geheilt und ihr wisst nicht, woher er ist! Wir wissen, dass Gott Sünder nicht erhört, aber er erhört die, die ihn anbeten und seinen Willen tun. Solange die Welt besteht, hat noch niemand die Augen eines Blindgeborenen öffnen können. Wenn dieser Mann nicht von Gott käme, könnte er so etwas nicht tun.«

Da hielten sie ihm vor: »Du bist ganz in Sünden geboren und willst uns belehren?« Und sie warfen ihn aus der Synagoge.

Geistliche Blindheit

Als Jesus hörte, was geschehen war, suchte er den Mann auf und sagte: »Glaubst du an den Menschensohn?«

Der Mann erwiderte: »Sag mir, wer es ist, Herr, denn ich würde gern an ihn glauben.«

»Du hast ihn gesehen«, sagte Jesus, »und jetzt spricht er mit dir!«

»Ja, Herr!«, antwortete der Mann. »Ich glaube!« Und er fiel vor Jesus nieder und betete ihn an.

Da sagte Jesus zu ihm: »Zum Gericht bin ich in die Welt gekommen. Ich bin gekommen, die Blinden sehend zu machen, und denen, die sich für sehend halten, zeige ich, dass sie blind sind.«

Die Pharisäer, die in der Nähe standen, hörten ihn und fragten: »Willst du damit sagen, dass etwa auch wir blind sind?«

»Wenn ihr blind wärt, wärt ihr unschuldig«, erwiderte Jesus. »So aber bleibt ihr schuldig, weil ihr behauptet, sehen zu können.«

Der gute Hirte

»Ich versichere euch: Wer sich über die Mauer in den Schafpferch schleicht, statt durchs Tor hineinzugehen, ist ein Dieb und ein Räuber! Denn ein Hirte tritt durch das Tor ein. Der Torhüter öffnet ihm, und die Schafe hören seine Stimme und kommen zu ihm. Er ruft seine Schafe, die ihm gehören, beim Namen und führt sie hinaus. Wenn er seine Herde versammelt hat, geht er vor ihnen her, und die Schafe folgen ihm, weil sie seine Stimme kennen. Einem Fremden aber folgen sie nicht, sondern laufen vor ihm weg, weil sie seine Stimme nicht kennen.«

Die Zuhörer wussten nicht, was Jesus mit diesem Bild meinte, deshalb erklärte er es ihnen. »Ich versichere euch: Ich bin das Tor zu den Schafen«, sagte er. »Alle, die vor mir kamen, waren Diebe und Räuber. Doch die Schafe hörten nicht auf sie. Ja, ich bin das Tor. Wer durch mich hineingeht, wird gerettet werden. Wo er auch hinkommt, wird er grüne Weiden finden. Ein Dieb will rauben, morden und zerstören. Ich aber bin gekommen, um ihnen das Leben in ganzer Fülle zu schenken.

Ich bin der gute Hirte. Der gute Hirte opfert sein Leben für die Schafe. Ein Schäfer, der nur für Lohn arbeitet, läuft davon, wenn er einen Wolf kommen sieht. Er wird die Schafe im Stich lassen, weil sie ihm nicht gehören und er nicht ihr Hirte ist. Und so greift der Wolf sie an und zerstreut die Herde. Der bezahlte Arbeiter läuft davon, weil er nur angeworben wurde und die Schafe ihm nicht wirklich am Herzen liegen.

Ich bin der gute Hirte; ich kenne meine Schafe und sie kennen mich, so wie mein Vater mich kennt und ich den Vater. Ich gebe mein Leben für die Schafe. Ich habe auch noch andere Schafe, die nicht in diesem Pferch sind. Auch sie muss ich herführen, und sie werden auf meine Stimme hören; und alle werden eine Herde mit einem Hirten sein. Der Vater liebt mich, weil ich mein Leben hingebe, um es wiederzuerlangen. Niemand kann es mir nehmen. Ich gebe es freiwillig hin. Ich habe die Macht, es hinzugeben, und ich habe die Macht, es wieder zu nehmen. Denn mein Vater hat mir diesen Auftrag gegeben.«

Wegen dieser Worte waren die Menschen wieder geteilter Meinung über ihn. Manche meinten: »Er hat einen Dämon und ist verrückt. Warum hört ihr auf einen solchen Mann?« Andere dagegen sagten: »Das klingt nicht nach einem Mann, der von einem Dämon besessen ist! Oder kann ein Dämon etwa den Blinden die Augen öffnen?«

Tag 24

Jesus wird mit Steinigung bedroht

Inzwischen war es Winter. Jesus war zum Fest der Tempelweihe nach Jerusalem gereist. Nun hielt er sich im Tempel auf, in dem Bereich der Säulenhalle Salomos. Da umringten ihn die Juden und fragten: »Wie lange willst du uns noch hinhalten? Wenn du der Christus bist, dann sag es uns offen.«

Jesus erwiderte: »Ich habe es euch bereits gesagt, aber ihr glaubt mir nicht. Alles, was ich im Namen meines Vaters tue, beweist, wer ich bin. Aber ihr glaubt mir nicht, weil ihr nicht zu meiner Herde gehört. Meine Schafe hören auf meine Stimme; ich kenne sie, und sie folgen mir. Ich schenke ihnen das ewige Leben, und sie werden niemals umkommen. Niemand wird sie mir entreißen, denn mein Vater hat sie mir gegeben, und er ist mächtiger als alles andere. Und niemand kann sie aus der Hand des Vaters reißen. Der Vater und ich sind eins.«

Da hoben die Juden wieder Steine auf, um ihn zu töten.

Doch Jesus sagte: »Ich habe euch durch die Kraft meines Vaters viele gute Taten gezeigt. Für welche dieser Taten wollt ihr mich steinigen?«

Sie erwiderten: »Nicht wegen einer guten Tat wollen wir dich steinigen, sondern wegen Gotteslästerung, weil du, obwohl nur Mensch, dich zu Gott gemacht hast.«

Jesus erwiderte: »In eurem eigenen Gesetz steht geschrieben: ›Ich habe gesagt: Ihr seid Götter!‹ Ihr wisst, dass die Schrift nicht geändert werden darf. Wenn also diese Menschen, die Gottes Botschaft empfingen, von ihm selbst ›Götter‹ genannt wurden, warum nennt ihr es dann Gotteslästerung, wenn der, der vom Vater geheiligt und in die Welt gesandt wurde, von sich sagt: ›Ich bin Gottes Sohn‹? Wenn ich nicht die Werke meines Vaters tue, braucht ihr mir nicht zu glauben! Wenn ich aber sein Werk tue, dann glaubt wenigstens an das, was ich getan habe, wenn ihr schon nicht an mich glaubt. Dann werdet ihr begreifen und erkennen, dass der Vater in mir ist und ich im Vater bin.« Wieder wollten sie ihn verhaften, doch er entkam ihnen.

Er ging über den Jordan nahe der Stelle, an der Johannes getauft hatte, und blieb dort. Viele Menschen kamen zu ihm. »Johannes hat zwar keine Wunder getan«, sagten sie zueinander, »aber seine Voraussagen über diesen Mann haben sich als wahr erwiesen.« Und viele kamen dort zum Glauben an ihn.

Der schmale Weg zum Königreich

Jesus zog auf dem Weg nach Jerusalem durch die Städte und Dörfer und lehrte. Jemand fragte ihn: »Herr, werden nur wenige errettet werden?«

Er erwiderte: »Die Tür zum Himmel ist eng. Bemüht euch hineinzukommen, denn viele werden es versuchen, doch wenn der Hausherr die Tür verschlossen hat, wird es zu spät sein. Dann werdet ihr draußen stehen, klopfen und bitten: ›Herr, öffne uns!‹ Doch er wird entgegnen: ›Ich kenne euch nicht.‹ Ihr werdet sagen: ›Aber wir haben doch mit dir gegessen und getrunken, und du hast in unseren Straßen gelehrt.‹ Da wird er entgegnen: ›Ich sage euch: Ich kenne euch nicht. Fort mit euch, die ihr böse und ungerechte Dinge tut.‹ Dann wird lautes Weinen und Zähneknirschen ertönen, denn ihr werdet Abraham, Isaak, Jakob und die Propheten im Reich Gottes sehen, ihr aber werdet hinausgeworfen. Dann werden Menschen aus der ganzen Welt kommen und ihre Plätze im Reich Gottes einnehmen. Und macht euch eines klar: Manche, die jetzt gering geachtet sind, werden dann geehrt sein; und andere, die jetzt geehrt werden, werden dann gering geachtet sein.«

Etwas später sagten ein paar Pharisäer zu ihm: »Geh lieber fort von hier, wenn du am Leben bleiben willst. Herodes Antipas will dich umbringen!«

Jesus erwiderte: »Geht und sagt diesem Fuchs, dass ich heute und morgen weiter Dämonen austreiben und Menschen gesund machen werde; und am dritten Tag wird mein Werk vollendet. Ja, heute, morgen und auch am Tag darauf muss ich meinen Weg gehen. Denn es ist nicht möglich, dass ein Prophet Gottes woanders als in Jerusalem getötet wird!«

Abendessen im Haus des Pharisäers

An einem Sabbat war Jesus im Haus eines hochrangigen Pharisäers. Die Leute beobachteten ihn genau. Es befand sich dort ein Mann, dessen Gliedmaßen geschwollen waren. Jesus fragte die Pharisäer und Gesetzeskenner: »Ist es nun nach dem Gesetz erlaubt, Menschen am Sabbat zu heilen, oder nicht?« Als sie nicht antworten wollten, berührte Jesus den kranken Mann, heilte ihn und schickte ihn fort. Dann wandte er sich an sie und fragte: »Wer von euch würde am Sabbat nicht arbeiten, wenn es nötig ist? Wenn euer Sohn oder euer Ochse in einen Graben fällt, geht ihr dann nicht sofort hin und zieht ihn heraus?« Und wieder wussten sie keine Antwort.

Als Jesus sah, dass alle, die zum Essen gekommen waren, sich einen Platz am oberen Ende des Tischs aussuchten, sagte er zu ihnen: »Wenn du zu einem Hochzeitsfest eingeladen bist, strebe nicht nach dem besten Platz. Denn was ist, wenn jemand eingeladen wurde, der angesehener ist als du? Der Gastgeber wird sagen: ›Lass diesen Mann hier Platz nehmen.‹ Und dann musst du beschämt aufstehen und zum letzten Platz gehen, der übrig geblieben ist! Setz dich stattdessen zunächst ans untere Tischende. Wenn dein Gastgeber dich dann sieht, wird er kommen und sagen: ›Freund, wir haben aber einen besseren Platz für dich!‹ So wirst du vor allen anderen Gästen geehrt werden. Denn die Stolzen werden gedemütigt, die Demütigen aber geehrt werden.«

Dann wandte er sich an seinen Gastgeber: »Wenn du mittags oder abends Gäste zum Essen einlädst, dann lade nicht deine Freunde, Brüder, Verwandten oder reichen Nachbarn ein. Denn sie werden es dir vergelten, indem sie dich ebenfalls einladen. Lade vielmehr die Armen, die Krüppel, die Gelähmten und die Blinden ein. Bei der Auferstehung der Gottesfürchtigen bist du glücklich dran, denn Gott wird dich belohnen, weil du Menschen eingeladen hast, die es dir nicht vergelten konnten.«

Als ein Mann, der mit Jesus am Tisch saß, das hörte, rief er aus: »Glücklich sind die dran, die am Festessen im Reich Gottes teilnehmen!«

Jesus antwortete ihm mit folgendem Gleichnis: »Ein Mann bereitete ein großes Fest vor und verschickte viele Einladungen. Als alles vorbereitet war, sandte er seinen Diener aus, der den Gästen sagen sollte, dass es Zeit war, zum Fest zu kommen. Aber sie fingen alle an, Entschuldigungen vorzubringen. Einer sagte, er habe gerade ein Feld gekauft und wolle es nun begutachten; er bat, ihn deshalb zu entschuldigen. Ein anderer erklärte, dass er gerade fünf Paar Ochsen gekauft habe und sie prüfen wolle. Wieder ein anderer hatte gerade geheiratet und meinte, er könne deshalb nicht kommen. Der Diener kam zurück und berichtete seinem Herrn, was sie gesagt hatten. Da wurde der Herr zornig und sagte: ›Geh hinaus auf die Straßen und Wege der Stadt und lade die Armen, die Krüppel, die Lahmen und die Blinden ein.‹ Der Diener tat, was ihm aufgetragen worden war, und berichtete dann: ›Wir haben noch Platz für weitere Gäste.‹ Da sagte sein Herr: ›Geh hinaus auf die Landstraßen und hinter die Hecken und dränge darauf, dass alle kommen, damit mein Haus voll wird. Denn keiner von denen, die ich zuerst eingeladen habe, soll auch nur das Geringste von dem bekommen, was ich für sie vorbereitet hatte.‹«

Der Preis der Nachfolge

Eine große Menschenmenge begleitete Jesus. Er wandte sich um und sagte zu ihnen: »Wer mir nachfolgen will, muss mich mehr lieben als Vater und Mutter, Frau und Kinder, Brüder und Schwestern – ja, mehr als sein Leben. Sonst kann er nicht mein Jünger sein. Und ihr könnt auch nicht meine Jünger sein, wenn ihr nicht euer Kreuz auf euch nehmt und mir nachfolgt.

Aber kommt nicht, ehe ihr nicht die Kosten berechnet habt. Denn wer würde mit dem Bau eines Hauses beginnen, ohne zuvor die Kosten zu überschlagen und zu prüfen, ob das Geld reicht, um alle Rechnungen zu bezahlen? Sonst stellt er vielleicht das Fundament fertig, und dann geht ihm das Geld aus. Wie würden ihn da alle auslachen! Sie würden sagen: ›Das ist der, der mit dem Bau eines Hauses angefangen hat und dann nicht genug Geld hatte, es fertigzustellen!‹

Oder welcher König käme je auf den Gedanken, in den Krieg zu ziehen, ohne sich zuvor mit seinen Beratern zusammenzusetzen und zu erörtern, ob seine Armee von zehntausend Soldaten stark genug ist, die zwanzigtausend Soldaten zu besiegen, die gegen ihn aufmarschieren? Wenn er dazu nicht in der Lage ist, wird er dem Feind, wenn dieser noch weit weg ist, Unterhändler entgegenschicken und versuchen, einen Frieden auszuhandeln. Genauso kann auch niemand mein Jünger sein, ohne alles für mich aufzugeben.

Salz ist gut zum Würzen. Aber wie macht man es wieder salzig, wenn es seine Würzkraft verliert? Es eignet sich weder für den Boden noch als Dünger. Vielmehr wird es weggeworfen. Wer bereit ist zu hören, soll zuhören und begreifen!«

Gleichnisse vom verlorenen Schaf und von der verlorenen Münze

Oft kamen Steuereintreiber und andere, die als Sünder galten, um Jesus lehren zu hören. Die Pharisäer und Schriftgelehrten nahmen Anstoß daran, dass er sich mit so verrufenen Leuten abgab und sogar mit ihnen aß!

Deshalb erzählte Jesus ihnen folgendes Gleichnis: »Wenn jemand hundert Schafe hätte, und eines würde weglaufen und sich in der Wüste verirren, würde er dann nicht die neunundneunzig Schafe zurücklassen, um das verlorene zu suchen, bis er es wiedergefunden hätte? Und dann würde er es voller Freude auf seinen Schultern nach Hause tragen. Wieder daheim, würde er alle Freunde und Nachbarn zusammenrufen, damit sie sich mit ihm darüber freuen, dass er sein verlorenes Schaf wiedergefunden hat. Genauso ist im Himmel die Freude über einen verlorenen Sünder,

der zu Gott zurückkehrt, größer als über neunundneunzig andere, die gerecht sind und gar nicht erst vom Weg abirrten!

Oder nehmt einmal an, eine Frau hätte zehn Drachmen und würde eine verlieren. Würde sie nicht eine Lampe anzünden und das ganze Haus auf den Kopf stellen, bis sie sie gefunden hätte? Und wenn sie sie gefunden hätte, würde sie nicht ihre Freundinnen und Nachbarinnen rufen, damit sie sich mit ihr freuen, dass sie ihre verlorene Münze wiedergefunden hat? Genauso herrscht Freude bei den Engeln Gottes, wenn auch nur ein einziger Sünder bereut und auf seinem Weg umkehrt.«

Tag 25

Gleichnis vom verlorenen Sohn

Und Jesus erzählte ihnen auch folgendes Gleichnis: »Ein Mann hatte zwei Söhne. Der jüngere Sohn sagte zu seinem Vater: ›Ich möchte mein Erbteil von deinem Besitz schon jetzt haben.‹ Da erklärte der Vater sich bereit, seinen Besitz zwischen seinen Söhnen aufzuteilen. Einige Tage später packte der jüngere Sohn seine Sachen und ging auf Reisen in ein fernes Land, wo er sein ganzes Geld verprasste. Etwa um die Zeit, als ihm das Geld ausging, brach in jenem Land eine große Hungersnot aus, und er hatte nicht genug zu essen. Da überredete er einen Bauern, ihm Arbeit zu geben, und er durfte seine Schweine hüten. Der junge Mann war so hungrig, dass er die Schoten, die er an die Schweine verfütterte, am liebsten selbst gegessen hätte. Aber niemand gab ihm etwas. Schließlich überlegte er und sagte sich: ›Daheim haben die Tagelöhner mehr als genug zu essen, und ich sterbe hier vor Hunger! Ich will zu meinem Vater nach Hause gehen und sagen: Vater, ich habe gesündigt, gegen den Himmel und auch gegen dich, und ich bin es nicht mehr wert, dein Sohn zu heißen. Bitte stell mich als einen deiner Tagelöhner ein.‹ So kehrte er zu seinem Vater nach Hause zurück. Er war noch weit entfernt, als sein Vater ihn kommen sah. Voller Liebe und Mitleid lief er seinem Sohn entgegen, schloss ihn in die Arme und küsste ihn. Sein Sohn sagte zu ihm: ›Vater, ich habe gesündigt, gegen den Himmel und auch gegen dich, und bin es nicht mehr wert, dein Sohn zu heißen.‹

Aber sein Vater sagte zu den Dienern: ›Schnell! Bringt die besten Kleider im Haus und zieht sie ihm an. Holt einen Ring für seinen Finger und Sandalen für seine Füße. Und schlachtet das Kalb, das wir im Stall gemästet haben, denn mein Sohn hier war tot und ist ins Leben zurückgekehrt. Er war verloren, aber nun ist er wiedergefunden.‹ Und ein Freudenfest begann.

Währenddessen war der ältere Sohn draußen auf den Feldern und arbeitete. Als er heimkam, hörte er Musik und Tanz im Haus und fragte einen der Diener, was da los sei. ›Dein Bruder ist wieder da‹, erfuhr er, ›und dein Vater hat das Kalb geschlachtet, das wir gemästet hatten, und gibt nun ein großes Fest. Wir feiern, dass er wohlbehalten zurückgekehrt ist.‹

Da wurde der ältere Bruder zornig und wollte nicht ins Haus gehen. Sein Vater kam heraus und redete ihm zu, aber er sagte: ›All die Jahre habe ich schwer für dich gearbeitet und dir nicht ein einziges Mal widersprochen, wenn du mir etwas aufgetragen hast. Und in dieser ganzen Zeit hast du mir nicht einmal eine junge Ziege gegeben, um mit meinen Freunden ein Fest zu feiern. Doch jetzt, wenn dein Sohn daherkommt, nachdem er dein Geld mit Huren durchgebracht hat, feierst du und schlachtest unser bestes Kalb.‹

Sein Vater sagte zu ihm: ›Sieh, mein lieber Sohn, du und ich, wir stehen uns sehr nahe, und alles, was ich habe, gehört dir. Wir mussten diesen Freudentag feiern, denn dein Bruder war tot und ist ins Leben zurückgekehrt! Er war verloren, aber jetzt ist er wiedergefunden!‹«

Gleichnis vom klugen Verwalter

Jesus erzählte seinen Jüngern folgendes Gleichnis: »Ein reicher Mann stellte einen Verwalter ein, der ihm die Geschäfte führen sollte, aber schon bald kam ihm zu Ohren, dass der Verwalter ein Betrüger war. Da rief er ihn zu sich und sagte zu ihm: ›Was höre ich da? Du hast mich bestohlen? Mach deinen Bericht fertig, denn ich werde dich entlassen.‹

Der Verwalter dachte sich: ›Was soll ich nun tun? Hier kann ich nicht mehr arbeiten. Um Gräben zu schaufeln, fehlt mir die Kraft. Und zum Betteln bin ich zu stolz. Ich weiß, was ich tun muss, damit ich viele Freunde haben werde, die sich um mich kümmern, wenn ich hier fortmuss!‹ Und er rief alle zu sich, die seinem Herrn Geld schuldeten, um ihre Lage mit ihm zu besprechen. Den Ersten fragte er: ›Wie viel schuldest du ihm?‹ Der Mann antwortete: ›Ich schulde ihm hundert Fässer Olivenöl.‹ Da sagte der Verwalter: ›Zerreiß den Schuldschein und schreibe einen neuen über fünfzig Fässer.‹ ›Und wie viel schuldest du meinem Herrn?‹, fragte er den Nächsten. ›Hundert Sack Weizen‹, lautete die Antwort. ›Hier‹, sagte der Verwalter, ›nimm deine Rechnung und ersetze sie durch eine andere über achtzig Sack.‹

Der reiche Mann konnte den unehrlichen Verwalter für seine Klugheit nur bewundern; denn die Menschen dieser Welt sind tatsächlich klüger als die Gottesfürchtigen. Ich sage euch: Nutzt euren weltlichen Besitz zum Wohl anderer und macht euch damit Freunde. Auf diese Weise sammelt ihr euch mit eurer Großzügigkeit Lohn im Himmel an. Wer in kleinen Dingen treu ist, wird auch in großen treu sein. Und wer schon in geringen Angelegenheiten betrügt, wird auch bei größerer Verantwortung nicht ehrlich sein. Wenn ihr bei weltlichem Besitz nicht vertrauenswürdig seid, wer wird euch die wahren Reichtümer des Himmels verwalten lassen? Und wenn ihr mit dem Geld anderer Leute nicht treu seid, warum sollte man euch eigenes Geld anvertrauen? Niemand kann zwei Herren dienen. Denn man wird immer den einen hassen und den anderen lieben oder dem einen gehorchen, den anderen aber verachten. Ihr könnt nicht Gott und dem Geld zugleich dienen.«

Die Gefahren des Reichtums

Die Pharisäer, die sehr an ihrem Geld hingen, spotteten über Jesus, als sie das hörten. Da sagte er zu ihnen: »In der Öffentlichkeit wollt ihr gut dastehen, aber Gott kennt eure bösen Herzen. Was in dieser Welt hoch angesehen wird, ist in Gottes Augen ein Gräuel. Bis Johannes der Täufer zu predigen begann, hörtet ihr auf das Gesetz Moses und die Propheten. Nun wird die Botschaft vom Reich Gottes verkündet, und die Menschen drängen sich mit Gewalt hinein. Doch das bedeutet nicht, dass das Gesetz seine Gültigkeit auch nur im Geringsten verloren hätte. Es ist stärker und dauerhafter als Himmel und Erde.«

Jesus sagte: »Es war einmal ein reicher Mann, der prachtvoll gekleidet war und jeden Tag im Luxus lebte. Vor seiner Tür lag ein kranker Bettler namens Lazarus, der sich nach den Abfällen vom Tisch des Reichen sehnte. Um ihn herum strichen die Hunde und leckten seine Geschwüre. Schließlich starb der Bettler und wurde von den Engeln zu Abraham getragen. Auch der reiche Mann starb und wurde begraben, und seine Seele kam ins Totenreich. Während er dort Qualen litt, sah er in großer Entfernung Lazarus bei Abraham. Der reiche Mann rief: ›Vater Abraham, hab Mitleid mit mir! Schicke mir Lazarus, damit er seine Fingerspitze in Wasser taucht und mir die Zunge kühlt, denn ich leide entsetzliche Qualen in diesen Flammen.‹

Doch Abraham sagte zu ihm: ›Sohn, erinnere dich, dass du in deinem Leben alles hattest, was du wolltest, während Lazarus nichts hatte. So wird er jetzt hier getröstet, und du leidest. Außerdem trennt uns eine tiefe Kluft voneinander. Wer von hier zu euch gelangen will, wird durch diesen Abgrund daran gehindert, und ebenso kann von euch niemand hier herüberkommen.‹ Daraufhin sagte der reiche Mann: ›Bitte, Vater Abraham, schicke Lazarus zum Haus meines Vaters. Denn ich habe fünf Brüder und möchte sie vor diesem Ort der Qual warnen, damit sie nicht hierher kommen müssen, wenn sie sterben.‹ Doch Abraham sagte: ›Mose und die Propheten haben sie gewarnt. Deine Brüder können jederzeit auf sie hören, wenn sie es wollen.‹ Der reiche Mann erwiderte: ›Nein, Vater Abraham! Wenn aber einer von den Toten zu ihnen geschickt wird, dann werden sie umkehren und sich von ihren Sünden abwenden.‹ Doch Abraham sagte: ›Wenn sie nicht auf Mose und die Propheten hören, dann werden sie sich auch nicht überzeugen lassen, wenn einer von den Toten aufersteht.‹«

Lektionen über Jüngerschaft

Eines Tages sagte Jesus zu seinen Jüngern: »Es wird immer Versuchungen geben, die zum Bösen verführen, doch wie schlimm wird es erst dem Menschen ergehen, der andere zur Sünde verleitet. Es wäre besser, mit einem großen Mühlstein um den Hals ins Meer geworfen zu werden, als die Strafe dafür erleiden zu müssen, dass man einem dieser Kleinen Schaden zugefügt hat. Ich warne euch! Wenn dein Bruder sündigt, dann ermahne ihn, und wenn er Reue zeigt und von seinem Weg umkehrt, vergib ihm. Und wenn er dir sieben Mal am Tag unrecht tut und jedes Mal umkehrt und um Vergebung bittet, vergib ihm.«

Eines Tages sagten die Apostel zum Herrn: »Stärke unseren Glauben.«

»Wenn euer Glaube nur so klein wäre wie ein Senfkorn«, antwortete der Herr, »könntet ihr zu diesem Maulbeerfeigenbaum sagen: ›Du sollst dich entwurzeln und ins Meer werfen‹, und er würde euch gehorchen! Wenn ein Knecht vom Pflügen oder Schafehüten zurückkommt, setzt er sich nicht einfach hin und isst. Zuerst muss er seinem Herrn das Abendessen zubereiten und ihn bedienen, bevor er sein eigenes Abendbrot verzehrt. Und der Knecht hat dafür noch nicht einmal Dank zu erwarten, denn er tut nur seine Pflicht. Wenn ihr mir gehorcht, sollt auch ihr sagen: ›Wir haben keine besondere Anerkennung verdient. Wir sind Diener und haben nur unsere Pflicht getan.‹«

Tag 26

Ein Freund stirbt

Ein Mann namens Lazarus war krank. Er wohnte mit seinen Schwestern Maria und Marta in Betanien. Das ist dieselbe Maria, die dem Herrn das kostbare Duftöl über die Füße goss und sie mit ihrem Haar trocknete. Weil ihr Bruder Lazarus krank geworden war, schickten die beiden Schwestern Jesus eine Nachricht und ließen ihm ausrichten: »Herr, der, den du lieb hast, ist sehr krank.«

Als Jesus jedoch davon hörte, sagte er: »Lazarus' Krankheit wird nicht zum Tode führen; sie dient vielmehr der Verherrlichung Gottes. Der Sohn Gottes wird durch sie verherrlicht werden.« Jesus hatte Marta, Maria und Lazarus lieb. Als er von seiner Krankheit erfahren hatte, blieb er noch zwei Tage, wo er war. Erst dann sagte er zu seinen Jüngern: »Lasst uns wieder nach Judäa gehen.«

Doch seine Jünger wandten ein: »Meister, erst vor wenigen Tagen haben die Juden dort versucht, dich zu steinigen. Und nun willst du dorthin zurückkehren?«

Jesus erwiderte: »Es ist doch zwölf Stunden jeden Tag hell. Solange es hell ist, können die Menschen sicher einen Fuß vor den anderen setzen. Sie können sehen, weil sie das Licht dieser Welt haben. Nur in der Nacht laufen sie Gefahr zu stolpern, weil das Licht nicht bei ihnen ist.« Und er fuhr fort: »Unser Freund Lazarus ist eingeschlafen, doch nun gehe ich hin und wecke ihn auf.«

Die Jünger meinten: »Herr, wenn er schläft, wird er bald wieder gesund!« Sie dachten, Jesus rede von einem heilsamen Schlaf; Jesus sprach aber davon, dass Lazarus gestorben war.

Da sagte er ihnen offen: »Lazarus ist tot. Euretwegen bin ich froh, dass ich nicht dort war, weil ihr so einen weiteren Grund haben werdet, an mich zu glauben. Kommt, wir wollen zu ihm gehen.«

Thomas, auch »Zwilling« genannt, sagte zu den anderen Jüngern: »Wir wollen mitgehen – und mit ihm sterben.«

Lazarus wird vom Tod auferweckt

In Betanien berichtete man Jesus, dass Lazarus schon vier Tage im Grab lag. Betanien war nur wenige Kilometer von Jerusalem entfernt, und viele Leute waren gekommen, um Marta und Maria ihr Beileid auszusprechen und sie über den Verlust ihres Bruders zu trösten.

Als Marta erfuhr, dass Jesus auf dem Weg zu ihnen war, eilte sie ihm entgegen. Maria aber blieb im Haus. Marta sagte zu Jesus: »Herr, wärst du hier gewesen, wäre mein Bruder nicht gestorben. Aber auch so weiß ich, Gott wird dir alles geben, um was auch immer du ihn bittest.«

Jesus sagte zu ihr: »Dein Bruder wird auferstehen.«

»Ja«, erwiderte Marta, »am Tag der Auferstehung, wenn alle Menschen auferstehen.«

Jesus sagte zu ihr: »Ich bin die Auferstehung und das Leben. Wer an mich glaubt, wird leben, auch wenn er stirbt. Er wird ewig leben, weil er an mich geglaubt hat, und niemals sterben. Glaubst du das?«

»Ja, Herr«, antwortete sie. »Ich bin zu dem Glauben gekommen, dass du der Christus bist, der Sohn Gottes, der in die Welt kommen soll.«

Damit verließ sie ihn und kehrte zu Maria zurück. Sie nahm Maria beiseite und sagte zu ihr: »Der Meister ist hier und will dich sehen.«

Als Maria dies gehört hatte, ging sie sofort zu ihm. Jesus war außerhalb des Dorfes geblieben, dort, wo Marta ihn getroffen hatte. Die Leute, die zum Haus gekommen waren, um Maria zu trösten, sahen sie eilig weggehen. Da folgten sie ihr, weil sie vermuteten, dass sie zu Lazarus' Grab wollte, um zu weinen. Als Maria nun an die Stelle kam, wo Jesus war, und ihn sah, warf sie sich ihm zu Füßen und sagte: »Herr, wärst du hier gewesen, wäre mein Bruder nicht gestorben.«

Als Jesus die weinende Maria und die Leute sah, die mit ihr trauerten, erfüllten ihn Zorn und Schmerz. »Wo habt ihr ihn hingelegt?«, fragte er.

Sie antworteten: »Herr, komm mit und sieh.«

Da weinte Jesus.

Die Leute, die in seiner Nähe standen, sagten: »Seht, wie sehr er ihn geliebt hat.« Einige meinten jedoch: »Dieser Mann hat doch einen Blinden geheilt. Warum konnte er Lazarus nicht vor dem Tod bewahren?«

Und wieder war Jesus innerlich erschüttert, während er zum Grab ging. Es war eine Gruft, vor deren Eingang man einen Stein gerollt hatte. »Rollt den Stein fort«, befahl Jesus.

Doch Marta, die Schwester des Verstorbenen, wandte ein: »Herr, inzwischen wird der Gestank schrecklich sein, denn er ist schon seit vier Tagen tot.«

Jesus erwiderte: »Habe ich dir nicht gesagt, dass du die Herrlichkeit Gottes sehen wirst, wenn du glaubst?«

Da rollten sie den Stein beiseite. Dann blickte Jesus zum Himmel auf und sagte: »Vater, ich danke dir, dass du mich erhört hast. Ich weiß, dass du mich immer erhörst, doch ich sage es wegen der vielen Menschen, die hier stehen, damit sie glauben können, dass du mich gesandt hast.« Dann rief er mit lauter Stimme: »Lazarus, komm heraus!« Und Lazarus kam heraus. Er war in Grabtücher gewickelt und sein Kopf war mit einem Tuch verhüllt. Jesus sagte: »Löst die Binden und lasst ihn gehen!«

Das Mordkomplott gegen Jesus

Viele von den Juden, die bei Maria gewesen und Zeugen dieses Geschehens geworden waren, glaubten nun an Jesus. Ein paar jedoch liefen zu den Pharisäern und trugen ihnen zu, was Jesus getan hatte.

Da ließen die obersten Priester und Pharisäer den Hohen Rat einberufen, um die Lage zu erörtern. »Was sollen wir tun?«, fragten sie einander. »Dieser Mann tut viele Wunder. Wenn wir ihn gewähren lassen, wird das ganze Volk ihm folgen, und dann wird die römische Armee kommen und unseren Tempel und auch unser Volk vernichten.«

Einer von ihnen, Kaiphas, der in jenem Jahr Hoher Priester war, sagte: »Begreift ihr denn nicht? Versteht ihr nicht, dass es besser ist, wenn nur ein Mann anstelle des Volkes stirbt und so nicht das ganze Volk umkommt?« Diese prophetische Aussage, dass Jesus für das ganze Volk sterben sollte, machte Kaiphas in seiner Eigenschaft als Hoher Priester. Er hatte das nicht von sich aus gesagt, sondern Gott hatte es ihm eingegeben. Es war eine Weissagung: Jesus sollte nicht nur für das Volk sterben, sondern durch seinen Tod die Kinder Gottes auf der ganzen Welt zusammenführen. Von diesem Tag an setzten die führenden Männer des jüdischen Volkes alles daran, Jesus zu töten.

Deshalb hörte Jesus auf, sich öffentlich im Volk zu zeigen, und verließ Jerusalem. Er ging an einen Ort in der Nähe der Wüste, in das Dorf Ephraim, und blieb dort mit seinen Jüngern.

Jesus heilt zehn Aussätzige

Auf seinem Weg nach Jerusalem gelangte Jesus an die Grenze zwischen Galiläa und Samarien. Als er dort in ein Dorf kam, standen in einiger Entfernung zehn Aussätzige und riefen: »Jesus, Meister, hab Mitleid mit uns!«

Er sah sie an und sagte: »Geht und zeigt euch den Priestern.« Und während sie gingen, verschwand ihr Aussatz.

Einer von ihnen kam, als er es merkte, zu Jesus zurück und rief: »Dank sei Gott, ich bin geheilt!« Und er fiel vor Jesus nieder und dankte ihm. Dieser Mann war ein Samaritaner.

Jesus fragte: »Sind nicht zehn Menschen geheilt worden? Wo sind die anderen neun? Kehrt nur dieser Fremde zurück, um Gott die Ehre zu geben?« Und er sagte zu dem Mann: »Steh auf und geh. Dein Glaube hat dich gerettet.«

Das Kommen des Königreichs

Eines Tages fragten die Pharisäer Jesus: »Wann wird das Reich Gottes kommen?«

Jesus erwiderte: »Das Reich Gottes wird nicht durch sichtbare Zeichen angekündigt. Ihr werdet nicht sagen können: ›Hier ist es!‹, oder: ›Es ist dort drüben!‹ Denn das Reich Gottes ist mitten unter euch.«

Später sprach er mit seinen Jüngern noch einmal darüber. »Es kommt die Zeit, da werdet ihr euch danach sehnen, den Menschensohn auch nur einen Tag bei euch zu haben, aber es wird euch nicht möglich sein. Man wird euch berichten, der Menschensohn sei zurückgekehrt und halte sich hier oder dort auf. Glaubt solchen Berichten nicht und sucht auch nicht nach ihm. Denn wenn der Menschensohn wiederkommt, wird es so offensichtlich sein wie ein Blitz, der den Himmel von einem Ende bis zum anderen erhellt. Doch zuerst muss der Menschensohn vieles erleiden und von dieser Generation abgelehnt werden.

Wenn der Menschensohn wiederkommt, wird es in der Welt zugehen wie zur Zeit Noahs. In jener Zeit vor der Flut feierten die Menschen Feste und Hochzeiten bis zu dem Augenblick, als Noah in sein Schiff stieg und die Flut kam und sie alle verschlang. Und es wird in der Welt zugehen wie zur Zeit Lots. Die Menschen gingen alltäglichen Dingen nach – sie aßen und tranken, kauften und verkauften, pflanzten und bauten –, bis zu dem Morgen, an dem Lot Sodom verließ. Da regnete es Feuer und Schwefel vom Himmel, und alle in der Stadt kamen um. Genauso wird es sein an dem Tag, an dem der Menschensohn wiederkommt. Wer sich an diesem Tag außerhalb des Hauses befindet, darf nicht mehr ins Haus gehen, um zu packen. Wer auf dem Feld ist, darf nicht in die Stadt zurückkehren. Denkt daran, was mit Lots Frau geschah! Wer sich an dieses Leben klammert, wird es verlieren, und wer dieses Leben verliert, wird sein Leben retten. In jener Nacht werden zwei Menschen in einem Bett schlafen; der eine wird weggenommen, der andere wird zurückbleiben. Zwei Frauen werden in der Mühle zusammen mahlen; die eine wird weggenommen, die andere wird zurückbleiben.«

»Herr, wo wird das geschehen?«, fragten die Jünger.

Jesus erwiderte: »Wenn die Geier sich sammeln, weiß man, dass dort ein verendetes Tier in der Nähe liegt. Also: Man wird sehen.«

Tag 27

Zwei Gleichnisse über das Beten

Eines Tages zeigte Jesus seinen Jüngern durch ein Gleichnis, wie wichtig es ist, beständig zu beten und nicht aufzugeben. »In einer Stadt lebte ein Richter«, sagte er. »Es war ein harter, gottloser Mann, der den Menschen mit Verachtung begegnete. Eine Witwe aus der Stadt sprach immer wieder bei ihm vor und forderte ihr Recht gegenüber jemandem, der ihr unrecht getan hatte.

Der Richter ging eine Weile über ihre Klagen hinweg, doch irgendwann wurde er ihrer müde. ›Ich fürchte weder Gott noch Menschen‹, dachte er, ›aber diese Frau raubt mir den Verstand. Ich will zusehen, dass sie ihr Recht bekommt, damit sie mich mit ihren ständigen Anträgen verschont.‹«

Und der Herr sagte: »Aus dem Handeln dieses ungerechten Richters sollt ihr etwas lernen: Wenn selbst er schließlich ein gerechtes Urteil fällte – wird Gott da nicht seinen Auserwählten, die ihn Tag und Nacht anflehen, ihr Recht verschaffen? Wird er sie vertrösten? Ich sage euch, er wird ihnen Recht verschaffen, und zwar schnell! Doch wenn der Menschensohn wiederkommt, wie viele wird er dann vorfinden, die solch einen Glauben haben?«

Dann erzählte Jesus ein paar Leuten, die sehr selbstgerecht waren und alle anderen mit Geringschätzung behandelten, folgendes Gleichnis: »Zwei Männer gingen in den Tempel, um zu beten. Der eine war ein Pharisäer, der andere ein Steuereintreiber. Der stolze Pharisäer stand da und betete: ›Ich danke dir, Gott, dass ich kein Sünder bin wie die anderen Menschen, wie die Räuber und die Ungerechten, die Ehebrecher oder besonders wie dieser Steuereintreiber da! Denn ich betrüge niemanden, ich begehe keinen Ehebruch, ich faste zweimal in der Woche und gebe dir regelmäßig den zehnten Teil von meinem Einkommen.‹

Der Steuereintreiber dagegen blieb in einigem Abstand stehen und wagte nicht einmal den Blick zu heben, während er betete: ›O Gott, sei mir gnädig, denn ich bin ein Sünder.‹ Ich sage euch, dieser Sünder – und nicht der Pharisäer – kehrte heim als ein vor Gott Gerechtfertigter. Denn die Stolzen werden gedemütigt, die Demütigen aber werden geehrt werden.«

Diskussion mit den Pharisäern über Scheidung

Nachdem Jesus zu Ende gesprochen hatte, verließ er Galiläa und ging nach Süden in die Gegend von Judäa, östlich des Jordan. Eine große Menschenmenge folgte ihm dorthin, und wie immer lehrte er sie, und er heilte ihre Kranken. Da kamen einige Pharisäer zu ihm und versuchten, ihm eine Falle zu stellen. Sie fragten ihn: »Darf sich ein Mann aus jedem beliebigen Grund von seiner Frau trennen?«

»Wisst ihr nicht, was in der Schrift steht?«, erwiderte Jesus. »Dort steht, dass ›der Schöpfer die Menschen als Mann und Frau schuf‹. Und es heißt weiter: ›Deshalb wird ein Mann Vater und Mutter verlassen und sich an seine Frau binden und die beiden werden zu einer Einheit.‹ Dann sind sie also nicht mehr zwei, sondern eins, und niemand soll sie mehr trennen, denn Gott hat sie zusammengebracht.«

»Und warum hat dann Mose gesagt, dass ein Mann seiner Frau einen offiziellen Scheidungsbrief ausstellen und sie dann fortschicken darf?«, fragten sie.

Jesus antwortete: »Mose erlaubte die Ehescheidung, weil eure Herzen hart sind, aber ursprünglich war sie nicht Gottes Wille. Und ich sage euch: Ein Mann, der sich von seiner Frau scheiden lässt und eine andere heiratet, begeht Ehebruch – es sei denn, seine Frau war untreu. Und wenn eine Frau sich von ihrem Mann scheiden lässt und wieder heiratet, begeht sie ebenfalls Ehebruch.«

Als er später mit seinen Jüngern allein im Haus war, sagten die Jünger zu Jesus: »Dann wäre es ja besser, gar nicht zu heiraten!«

»Nicht jeder kann dies verstehen«, sagte Jesus. »Das können nur die, denen Gott dabei hilft. Manche werden unfähig zur Ehe geboren, andere werden von Menschen dazu unfähig gemacht, und wieder andere haben sich dafür entschieden, um des Himmelreiches willen nicht zu heiraten. Wer dies begreifen kann, der handle danach.«

Lasst die Kinder zu mir kommen

Eines Tages brachten Eltern ihre kleinen Kinder zu Jesus. Er sollte ihnen die Hand auflegen und für sie beten. Doch die Jünger fuhren die Leute an, ihn nicht zu belästigen. Als Jesus das sah, war er sehr verärgert über seine Jünger und sagte zu ihnen: »Lasst die Kinder zu mir kommen. Hindert sie nicht daran! Denn das Reich Gottes gehört Menschen wie ihnen. Ich versichere euch: Wer nicht solchen Glauben hat wie sie, kommt nicht ins Reich Gottes.« Dann nahm er die Kinder in die Arme, legte ihnen die Hände auf den Kopf und segnete sie, bevor er weiterzog.

Der reiche junge Mann

Als er weiterziehen wollte, lief ein führender Mann des jüdischen Volkes auf Jesus zu, kniete vor ihm nieder und fragte: »Guter Lehrer, was soll ich tun, um das ewige Leben zu bekommen?«

»Warum fragst du mich, was gut ist?«, erwiderte Jesus. »Nur Gott ist gut. Du kannst das ewige Leben nur erlangen, wenn du dich an die Gebote hältst.«

»Welche Gebote?«, fragte der Mann.

Und Jesus antwortete: »Du kennst doch die Gebote. Du sollst nicht töten. Du sollst nicht die Ehe brechen. Du sollst nicht stehlen. Du sollst keine Falschaussage machen. Du sollst nicht betrügen. Ehre deinen Vater und deine Mutter. Liebe deinen Nächsten wie dich selbst.«

»Alle diese Gebote habe ich gehalten«, sagte der junge Mann. »Was muss ich noch tun?«

Da sah Jesus den Mann voller Liebe an. »Eins fehlt dir noch«, sagte er zu ihm. »Geh und verkaufe alles, was du hast, und gib das Geld den Armen, dann wirst du einen Schatz im Himmel haben. Danach komm und folge mir nach.«

Als er das hörte, verdüsterte sich das Gesicht des Mannes, und er ging traurig fort, denn er war sehr reich.

Jesus sah alle, die dabeistanden, an und sagte dann zu seinen Jüngern: »Wie schwer ist es doch für Menschen, die reich sind, ins Reich Gottes zu kommen!«

Darüber waren sie erstaunt. Aber Jesus wiederholte: »Meine lieben Kinder, es ist sehr schwer, ins Reich Gottes zu kommen. Eher geht ein Kamel durch ein Nadelöhr, als dass ein Reicher ins Reich Gottes kommt!«

Die Jünger waren bestürzt. »Wer kann dann überhaupt gerettet werden?«, fragten sie.

Jesus sah sie aufmerksam an und sagte: »Menschlich gesehen ist es unmöglich, aber nicht für Gott. Bei Gott ist alles möglich.«

Die Ersten werden die Letzten sein, die Letzten die Ersten

Da erwiderte Petrus: »Wir haben alles aufgegeben, um dir nachzufolgen.«

Jesus erwiderte: »Ich versichere euch: Wenn der Menschensohn im Reich Gottes auf seinem Thron der Herrlichkeit sitzt, dann werdet ihr, die ihr mir nachgefolgt seid, ebenfalls auf zwölf Thronen sitzen und über die zwölf Stämme Israels richten. Und jeder, der Haus oder Brüder oder Schwestern oder Mutter oder Vater oder Kinder oder Besitz um meinetwillen und um der guten Botschaft willen aufgegeben hat, wird jetzt, in dieser Zeit, alles hundertfach zurückerhalten: Häuser, Brüder, Schwestern, Mütter, Kinder und Besitz – wenn auch mitten unter Verfolgungen. Und in der künftigen Welt wird er das ewige Leben haben. Doch viele, die jetzt wichtig zu sein scheinen, werden dann die Geringsten sein, und die, die hier ganz unbedeutend sind, werden dort die Wichtigsten sein.

Denn das Himmelreich ist vergleichbar mit dem Besitzer eines großen Gutes, der früh am Morgen hinausging, um Arbeiter für seinen Weinberg einzustellen. Er vereinbarte mit ihnen den üblichen Tagelohn und schickte sie an die Arbeit. Um neun Uhr morgens ging er über den Marktplatz und sah einige Leute herumstehen, die keine Arbeit hatten. Er stellte auch sie ein und sagte ihnen, sie würden am Abend den ihnen zustehenden Lohn erhalten. Am Mittag und dann noch einmal nachmittags gegen drei Uhr tat er dasselbe. Um fünf Uhr abends ging er noch einmal in die Stadt und sah immer noch ein paar Leute herumstehen. Er fragte sie: ›Warum habt ihr heute nicht gearbeitet?‹ Sie antworteten: ›Weil uns niemand angestellt hat.‹ Da sagte der Gutsbesitzer zu ihnen: ›Dann geht zu den anderen Arbeitern in meinem Weinberg.‹ Am Abend schließlich beauftragte er seinen Verwalter, die Leute zu rufen und sie zu entlohnen. Er sollte mit den Arbeitern beginnen, die als Letzte eingestellt worden waren. Als die, die erst um fünf Uhr eingestellt worden waren, bezahlt wurden, erhielten sie alle einen vollen Tagelohn. Als die, die früher eingestellt worden waren, an der Reihe waren, dachten sie, dass sie mehr bekommen würden. Aber auch sie erhielten einen Tagelohn. Als sie ihr Geld bekamen, beschwerten sie sich. ›Diese Leute haben nur eine Stunde gearbeitet und doch bekommen sie genauso viel wie wir, die wir den ganzen Tag in der sengenden Hitze schwer gearbeitet haben.‹ Einem von ihnen antwortete er: ›Mein Freund, ich war nicht ungerecht! Warst du nicht damit einverstanden, dass du den ganzen Tag für den üblichen Lohn arbeitest? Nimm dein Geld und gib dich zufrieden. Ich will aber diesem letzten Arbeiter genauso viel geben wie dir. Oder ist es mir nicht erlaubt, mit meinem Geld zu machen, was ich will? Willst du dich etwa darüber beklagen, dass ich gütig bin?‹ Genauso ist es bei Gott: Viele, die jetzt die Ersten sind, werden die Letzten sein, und die, die jetzt die Letzten sind, werden dann die Ersten sein.«

Tag 28

Eine Lektion über Ehrgeiz

Sie waren auf dem Weg hinauf nach Jerusalem. Jesus ging ihnen voraus. Angst erfasste die Jünger, und auch die anderen Menschen, die ihm folgten, fürchteten sich. Wieder nahm Jesus die Zwölf beiseite und begann ihnen noch einmal zu schildern, was ihn in Jerusalem erwartete. »Wie ihr wisst, werden wir nach Jerusalem gehen. Wenn wir nach Jerusalem kommen«, sagte er, »wird der Menschensohn an die obersten Priester und die Schriftgelehrten verraten werden. Sie werden ihn zum Tod verurteilen und an die Römer ausliefern. Die werden ihn verspotten, anspucken, auspeitschen und ihn schließlich töten, doch nach drei Tagen wird er auferstehen.«

Doch sie verstanden kein Wort. Die Bedeutung blieb ihnen verborgen, und sie begriffen nicht, wovon er sprach.

Später kam die Mutter von Jakobus und Johannes, den Söhnen des Zebedäus, mit ihren Söhnen zu Jesus. Sie kniete respektvoll vor ihm nieder, denn sie wollte ihn um einen Gefallen bitten.

»Was möchtest du?«, fragte er sie.

Sie antwortete: »Wirst du meinen Söhnen in deinem Reich die Ehrenplätze neben dir geben, den einen rechts und den anderen links von dir?«

Doch Jesus antwortete ihnen: »Ihr wisst nicht, um was ihr da bittet! Könnt ihr den bitteren Kelch des Leidens trinken, den ich trinken werde? Könnt ihr mit der Taufe getauft werden, mit der ich getauft werden muss?«

»Ja«, sagten sie, »das können wir!«

Und Jesus sagte: »Ihr werdet tatsächlich aus meinem Kelch trinken und mit meiner Taufe getauft werden. Doch ich kann nicht bestimmen, wer auf den Plätzen rechts und links neben mir sitzen wird. Gott hat diese Plätze denen vorbehalten, die er erwählt hat.«

Als die anderen zehn Jünger merkten, worum Jakobus und Johannes gebeten hatten, waren sie empört. Da rief Jesus sie zusammen und sagte: »Ihr habt erfahren, dass in dieser Welt die Könige Tyrannen sind und die Herrschenden die Menschen oft ungerecht behandeln. Bei euch sollte es anders sein. Wer euch anführen will, der soll euch dienen, wer unter euch der Erste sein will, soll der Sklave aller sein. Selbst der Menschensohn ist nicht gekommen, um sich dienen zu lassen, sondern um anderen zu dienen und sein Leben als Lösegeld für viele Menschen hinzugeben.«

Der blinde Bartimäus

So erreichten sie Jericho. Als Jesus und seine Jünger die Stadt wieder verließen, folgte ihnen eine große Menschenmenge. Ein blinder Bettler namens Bartimäus (der Sohn des Timäus) saß am Straßenrand, als Jesus vorüberging. Er hörte die große Menschenmenge vorüberziehen und fragte, was da los sei. Man sagte ihm, dass Jesus von Nazareth vorübergehe.

Da fing er an zu rufen: »Jesus, Sohn Davids, hab Erbarmen mit mir!«

Die Leute, die vor Jesus gingen, versuchten den Mann zum Schweigen zu bringen, aber er schrie nur noch lauter: »Sohn Davids, hab Mitleid mit mir!«

Als Jesus ihn hörte, blieb er stehen und sagte: »Sagt ihm, er soll herkommen.«

Da riefen sie den blinden Mann. »Nur Mut«, sagten sie. »Komm, er ruft dich!« Bartimäus warf seinen Mantel ab, sprang auf und kam zu Jesus.

»Was soll ich für dich tun?«, fragte Jesus.

»Rabbuni«, sagte der blinde Mann, »ich möchte sehen!«

Da hatte Jesus Mitleid. »Geh nur. Dein Glaube hat dich geheilt.« Und im selben Augenblick konnte der Blinde sehen. Er folgte Jesus und lobte Gott. Und auch alle anderen, die es miterlebt hatten, rühmten Gott.

Zachäus will Jesus sehen

Jesus kam nach Jericho und ging durch die Stadt. Dort lebte ein Mann namens Zachäus. Als einer der mächtigsten Steuereintreiber war er sehr reich. Zachäus hatte versucht, einen Blick auf Jesus zu werfen, aber er war zu klein, um über die Menge hinwegschauen zu können. Deshalb lief er voraus und kletterte auf einen Maulbeerfeigenbaum am Wegrand, um Jesus von dort aus vorübergehen zu sehen. Als Jesus kam, blickte er zu Zachäus hinauf und rief ihn beim Namen: »Zachäus!«, sagte er, »komm schnell herunter! Denn ich muss heute Gast in deinem Haus sein.«

Zachäus kletterte, so schnell er konnte, hinunter und geleitete Jesus voller Aufregung und Freude in sein Haus. Doch den Leuten in der Menge gefiel das nicht. »Bei einem berüchtigten Sünder kehrt er als Gast ein«, murrten sie.

Währenddessen stellte Zachäus sich vor den Herrn hin und sagte: »Herr, ich werde die Hälfte meines Reichtums den Armen geben, und wenn ich die Leute bei der Steuer betrogen habe, werde ich es ihnen vierfach erstatten!«

Jesus erwiderte: »Heute hat dieses Haus Rettung erfahren, denn auch dieser Mann ist Abrahams Sohn. Der Menschensohn ist nämlich gekommen, um Verlorene zu suchen und zu retten.«

Gleichnis von den zehn Pfund Silber

Die Menge hörte Jesus zu. Und er erzählte ihnen ein Gleichnis; denn da er nahe bei Jerusalem war, glaubten sie, dass das Reich Gottes nun anbrechen würde.

Er sagte: »Ein vornehmer Mann wurde in ein fernes Land gerufen, um dort zum König gekrönt zu werden. Danach wollte er wieder zurückkehren. Vor seiner Abreise rief er zehn Diener zu sich und gab ihnen zehn Pfund Silber, mit denen sie in seiner Abwesenheit handeln sollten. Aber sein Volk hasste ihn und sandte ihm eine Abordnung nach, um ihm sagen zu lassen, dass sie ihn nicht zum König haben wollten. Als er zurückkam, ließ der König die Diener kommen, denen er das Geld gegeben hatte. Er wollte erfahren, was sie mit dem Geld angefangen und welche Erträge sie erzielt hatten. Der erste Diener berichtete: ›Herr, ich habe die ursprüngliche Summe verzehnfacht!‹ ›Gut gemacht‹, rief der König. ›Du bist ein vertrauenswürdiger Diener. Du warst mit dem wenigen treu, das ich dir anvertraut habe; deshalb werde ich dich zur Belohnung als Statthalter über zehn Städte setzen.‹ Der nächste Diener meldete: ›Herr, ich habe das Fünffache des ursprünglichen Betrags erwirtschaftet.‹ ›Gut gemacht‹, sagte der König. ›Du kannst Statthalter über fünf Städte sein.‹ Der dritte Diener aber übergab ihm nur die ursprüngliche Summe und erklärte: ›Ich habe es versteckt und sicher aufbewahrt. Ich hatte Angst, weil du ein so strenger Mann bist; du nimmst, was dir nicht gehört, und erntest, was du nicht gesät hast.‹ ›Du schlechter Diener!‹, fuhr der König ihn an. ›Streng soll ich sein? Wenn du mich so gut kanntest und wusstest, wie streng ich bin, warum hast du das Geld dann nicht auf eine Bank gebracht, damit ich wenigstens Zinsen erhalten hätte?‹ Darauf wandte der König sich an die Umstehenden und befahl: ›Nehmt diesem Diener das Geld ab und gebt es dem, der seinen Anteil verzehnfacht hat.‹ ›Aber, Herr‹, wandten sie ein, ›dieser Diener hat doch schon genug!‹ ›Ja‹, entgegnete der König, ›aber denen, die ihren Anteil gut nutzen, wird noch mehr gegeben werden. Denen jedoch, die nicht treu damit umgehen, wird auch das wenige, das sie haben, noch genommen werden. Und nun zu meinen Widersachern, die mich nicht zum König haben wollten – führt sie herein und tötet sie vor meinen Augen.‹«

Maria salbt Jesus für sein Begräbnis

Sechs Tage vor Beginn der Passah-Feierlichkeiten war Jesus zu Gast im Haus von Simon, einem Mann, der früher einmal Aussatz gehabt hatte. Jesus kam nach Betanien, in die Heimatstadt von Lazarus – jenes Mannes, den er von den Toten auferweckt hatte. Dort wurde zu seinen Ehren ein Festessen gegeben. Marta bediente die Gäste, und Lazarus saß mit ihm am Tisch. Da nahm Maria ein zwölf Unzen fassendes Fläschchen mit kostbarem Nardenöl. Sie zerbrach das Gefäß und goss Jesus das Öl über den Kopf, salbte Jesus mit dem Öl die Füße und trocknete sie mit ihrem Haar. Der Duft des Öls erfüllte das ganze Haus.

Die Jünger waren sehr aufgebracht, als sie das sahen. »Was für eine Geldverschwendung«, ärgerten sie sich. Und sie wiesen sie scharf zurecht.

Da sagte Judas Iskariot, einer seiner Jünger – der, der ihn später verriet: »Dieses Parfüm war ein kleines Vermögen wert. Man hätte es verkaufen und das Geld den Armen geben sollen.« Doch es ging ihm gar nicht um die Armen – er war ein Dieb und führte die Kasse der Jünger und entwendete hin und wieder etwas Geld für den eigenen Bedarf.

Jesus erwiderte: »Lasst sie in Ruhe. Warum fallt ihr über sie her? Sie hat mir doch etwas Gutes getan. Sie hat es als Vorbereitung für mein Begräbnis getan. Die Armen habt ihr immer bei euch, aber ich werde nicht mehr lange bei euch sein. Sie hat getan, was in ihrer Macht stand, und meinen Körper im Voraus zum Begräbnis gesalbt. Ich versichere euch: Überall in der Welt, wo die gute Botschaft gepredigt wird, wird man sich auch an die Tat dieser Frau erinnern.«

Als die Leute erfuhren, dass Jesus dort war, kamen sie scharenweise herbei, um nicht nur Jesus, sondern vor allem Lazarus zu sehen, den Jesus von den Toten auferweckt hatte. Daraufhin beschlossen die obersten Priester, auch Lazarus umzubringen, denn seinetwegen waren viele Leute von ihnen abgefallen und glaubten nun an Jesus.

Tag 29

Triumphaler Einzug

Kurz vor Jerusalem kamen Jesus und die Jünger durch das Städtchen Betfage am Ölberg. Jesus schickte zwei der Jünger voraus. »Geht in das Dorf dort«, sagte er, »dort werdet ihr eine Eselin angebunden sehen und bei ihr ein Fohlen, auf dem noch niemand geritten ist. Bindet die beiden los und bringt sie her. Wenn jemand fragt, was ihr da tut, dann sagt nur: ›Der Herr braucht es und wird es bald wieder zurückgeben.‹«

Die zwei Jünger machten sich auf den Weg und fanden das Fohlen an der Straße. Es stand angebunden vor einem Haus. Als sie es losbanden, fragten einige, die dort standen: »Was macht ihr da? Warum bindet ihr das Fohlen los?« Sie sagten, was Jesus ihnen aufgetragen hatte, und man ließ sie gehen.

Dann brachten sie das Fohlen zu Jesus, warfen ihre Mäntel darüber, und er setzte sich darauf.

Auf diese Weise wurde die Prophezeiung erfüllt: »Sagt dem Volk Israel: ›Seht, euer König kommt zu euch. Er ist sanftmütig und reitet auf einem Esel – ja auf dem Fohlen eines Esels, dem Jungen eines Lasttieres.‹«

Viele Menschen breiteten ihre Mäntel vor Jesus auf der Straße aus. Andere schnitten Zweige von den Bäumen und bestreuten den Weg damit. Als sie die Stelle erreichten, an der der Weg den Ölberg hinabführte, fingen alle seine Anhänger an, Gott mit lautem Jubel für die großen Wunder zu loben, die sie gesehen hatten.

Vor und hinter Jesus drängten sich die Menschen und riefen: »Gelobt sei Gott! Gepriesen sei, der im Namen des Herrn kommt! Segen für das künftige Reich unseres Vaters David! Lobt Gott im höchsten Himmel!«

Damals erkannten die Jünger noch nicht, dass sich damit eine Weissagung erfüllte. Doch nachdem Jesus verherrlicht worden war, erinnerten sie sich daran, wie diese Schriftstelle sich vor ihren eigenen Augen erfüllt hatte.

Die Leute in der Menge, die gesehen hatten, wie Jesus Lazarus aus dem Grab ins Leben zurückgerufen hatte, erzählten den anderen davon. Das war der Hauptgrund, warum so viele ihm entgegenzogen – weil sie von diesem großen Wunder gehört hatten, dass er es getan hatte.

Einige der Pharisäer in der Menge forderten ihn auf: »Meister, rufe deine Jünger zur Vernunft!«

Doch er entgegnete ihnen: »Würden sie schweigen, dann würden die Steine schreien!«

Da sagten die Pharisäer zueinander: »So bewirken wir nichts. Seht doch, die ganze Welt läuft ihm nach!«

Als sie sich jedoch Jerusalem näherten und Jesus die Stadt vor sich liegen sah, begann er zu weinen. »Wie sehr wünschte ich, du würdest noch heute den Weg des Friedens finden. Doch nun ist es zu spät, und der Friede bleibt dir fremd. Nicht mehr lange, und deine Feinde werden einen Wall rings um dich aufschütten, dich einkreisen und gegen dich vorrücken. Sie werden dich und deine Kinder dem Erdboden gleichmachen und keinen Stein auf dem anderen lassen, weil du die Gelegenheit, die Gott dir geboten hat, nicht ergriffen hast.«

Die ganze Stadt Jerusalem war in Aufruhr, als er einzog. »Wer ist das?«, fragten die Leute. Und die Menschen in der Menge antworteten: »Das ist Jesus, der Prophet aus Nazareth in Galiläa.«

Blinde und Gelähmte kamen zu ihm, und er heilte sie im Tempel. Die obersten Priester und die Schriftgelehrten sahen diese Wunder und hörten, wie die kleinen Kinder im Tempel riefen: »Lobt Gott für den Sohn Davids!« Das erregte ihren Unwillen und sie fragten Jesus: »Hörst du, was die Kinder da rufen?«

Jesus erwiderte: »Ja. Habt ihr noch nie in der Schrift gelesen? Dort steht geschrieben: ›Kinder und Säuglinge hast du gelehrt, dich zu loben.‹«

So kam Jesus nach Jerusalem und ging in den Tempel. Als er sich alles genau angesehen hatte, kehrte er, da es schon spät geworden war, mit den zwölf Jüngern nach Betanien zurück.

Verfluchung des Feigenbaums

Als sie am nächsten Morgen Betanien verließen und nach Jerusalem zurückgingen, hatte Jesus Hunger. Von Weitem bemerkte er einen Feigenbaum mit vielen Blättern. Er ging hin, um zu sehen, ob auch Feigen daran waren. Aber der Baum trug nur Blätter, denn es war nicht die Jahreszeit, in der es Feigen gab. Da sagte Jesus zu dem Baum: »Nie wieder soll jemand von deinen Früchten essen!« Und die Jünger hörten seine Worte. Und der Feigenbaum verdorrte im selben Augenblick.

Jesus reinigt den Tempel

Als sie wieder nach Jerusalem kamen, ging Jesus in den Tempel und fing an, die Händler und die Leute, die bei ihnen kauften, hinauszutreiben. Er stieß die Tische der Geldwechsler und die Stände der Taubenverkäufer um und ließ nicht zu, dass weitere Waren durch den Tempelhof getragen wurden. Er fuhr sie an: »In der Schrift heißt es: ›Mein Haus soll ein Ort des Gebets für alle Völker sein‹, aber ihr habt eine Räuberhöhle daraus gemacht.«

Danach lehrte er täglich im Tempel. Als die obersten Priester und die Schriftgelehrten hörten, was Jesus getan hatte, überlegten sie, wie sie Jesus umbringen könnten. Sie hatten jedoch Angst vor ihm, weil die Menschen von seiner Lehre so beeindruckt waren.

Griechen wollen Jesus sehen

Einige Griechen, die zum Passahfest nach Jerusalem gekommen waren, um anzubeten, besuchten Philippus, der aus Betsaida in Galiläa stammte. Sie sagten: »Herr, wir möchten gern Jesus kennenlernen.« Philippus sagte es Andreas, und beide gingen gemeinsam zu Jesus, um ihn zu fragen.

Jesus erwiderte: »Für den Menschensohn ist die Zeit gekommen, dass er verherrlicht wird. Ich versichere euch: Ein Weizenkorn muss in die Erde ausgesät werden. Wenn es dort nicht stirbt, wird es allein bleiben – ein einzelnes Samenkorn. Sein Tod aber wird viele neue Samenkörner hervorbringen – eine reiche Ernte neuen Lebens. Wer sein Leben in dieser Welt liebt, wird es verlieren. Wer sein Leben in dieser Welt gering achtet, wird es zum ewigen Leben bewahren. Wer mein Jünger sein will, muss sich aufmachen und mir nachfolgen, denn mein Diener wird da sein, wo ich bin. Wer mir nachfolgt, den wird der Vater ehren. Meine Seele ist in diesem Augenblick tieftraurig. Soll ich beten: ›Vater, bewahre mich vor dem, was vor mir liegt‹? Doch eben deshalb bin ich ja gekommen! Vater, verherrliche deinen Namen.«

Da sprach eine Stimme aus dem Himmel: »Ich habe ihn schon verherrlicht und werde es wieder tun.«

Als die Menge die Stimme hörte, hielten einige sie für Donner, während andere erklärten, ein Engel habe zu ihm gesprochen.

Da sagte Jesus zu ihnen: »Die Stimme erklang euretwegen, nicht meinetwegen. Für die Welt ist die Zeit des Gerichts gekommen, in der der Herrscher dieser Welt vertrieben wird. Und wenn ich am Kreuz aufgerichtet bin, werde ich alle zu mir ziehen.« Mit diesen Worten deutete er an, wie er sterben würde.

Da erwiderte die Menge: »Wir haben in der Schrift gelesen, dass der Christus ewig leben wird. Warum sagst du, der Menschensohn müsse am Kreuz aufgerichtet werden? Wer ist dieser Menschensohn, von dem du sprichst?«

Jesus erwiderte: »Das Licht wird nur noch kurze Zeit für euch leuchten. Lebt darin, solange ihr es noch könnt, damit ihr nicht stolpert, wenn die Dunkelheit kommt. Wenn ihr im Dunkel lebt, könnt ihr nicht sehen, wohin ihr geht. Glaubt an das Licht, solange noch Zeit dazu ist; dann werdet ihr Kinder des Lichts werden.« Nachdem er diese Dinge gesagt hatte, ging Jesus fort, und sie sahen ihn nicht mehr.

Jesajas Prophezeiung wird erfüllt

Doch trotz der vielen Wunder, die er getan hatte, glaubten die meisten Menschen nicht an ihn. Genau das hatte der Prophet Jesaja vorausgesagt: »Herr, wer hat unserer Botschaft geglaubt? Wem wird der Herr seine rettende Macht offenbaren?« Die Menschen waren nicht fähig zu glauben, denn Jesaja sagte auch: »Der Herr hat ihre Augen blind gemacht und ihre Herzen verhärtet – damit ihre Augen nicht sehen und ihre Herzen nicht verstehen können und damit sie nicht zu mir umkehren, um sich von mir heilen zu lassen.«

Diese Weissagung Jesajas bezog sich auf Jesus, denn Jesaja hatte dessen Herrlichkeit gesehen.

Viele Menschen, darunter auch einige der führenden Männer, glaubten an Jesus, scheuten sich aber, es zuzugeben. Sie fürchteten, dass die Pharisäer sie deswegen aus der Synagoge ausschließen würden. Die Anerkennung der Menschen war ihnen wichtiger als die Anerkennung durch Gott.

Jesus rief der Menge zu: »Wenn ihr mir glaubt, glaubt ihr nicht nur an mich, sondern an Gott, der mich gesandt hat. Denn wenn ihr mich seht, seht ihr den, der mich gesandt hat. Ich bin als Licht gekommen, um in dieser dunklen Welt zu leuchten, damit alle, die an mich glauben, nicht im Dunkel bleiben. Wenn jemand mich hört und mir nicht gehorcht, bin ich nicht sein Richter – denn ich bin gekommen, um die Welt zu retten, und nicht, um sie zu richten. Doch wer mich und meine Botschaft ablehnt, wird am Tag des Gerichts durch meine Worte, die ich gesprochen habe, gerichtet werden. Ich spreche nicht aufgrund eigener Vollmacht. Der Vater, der mich gesandt hat, hat mir aufgetragen, was ich sagen soll. Und ich weiß, dass seine Weisungen zum ewigen Leben führen; deshalb sage ich, was der Vater mir zu sagen gebietet!«

Tag 30

Lektion über den vertrockneten Feigenbaum

Als sie am nächsten Morgen an dem Feigenbaum vorüberkamen, sahen die Jünger, dass er bis zu den Wurzeln verdorrt war. Petrus erinnerte sich und rief aus: »Sieh doch, Rabbi! Der Feigenbaum, den du verflucht hast, ist vertrocknet!«

Da sagte Jesus zu den Jüngern: »Habt den Glauben Gottes. Ich versichere euch: Wenn ihr fest glaubt und nicht zweifelt, könnt ihr auch solche Dinge tun und noch viel mehr als das. Wenn ihr zu diesem Berg sagt: ›Hebe dich in die Höhe und wirf dich ins Meer‹, wird es geschehen. Hört auf meine Worte! Alles, was ihr im Gebet erbittet – glaubt, dass ihr es bekommen habt, und ihr werdet es erhalten. Doch wenn ihr betet, dann vergebt zuerst allen, gegen die ihr einen Groll hegt, damit euer Vater im Himmel euch eure Sünden auch vergeben kann.«

Jeden Tag ging Jesus in den Tempel, um zu lehren, und abends kehrte er zurück, um die Nacht auf dem Ölberg zu verbringen. Jeden Morgen strömten die Menschen scharenweise herbei, um ihn zu hören.

Jesu Autorität wird von den Ältesten angefochten

Inzwischen waren sie wieder in Jerusalem angelangt. Als Jesus im Tempel umherging und dort zu lehren begann und die Botschaft Gottes verkündete, traten die obersten Priester, die Schriftgelehrten und die anderen führenden Männer des Volkes auf ihn zu und fragten ihn: »Wer gibt dir das Recht, die Händler aus dem Tempel zu vertreiben? Wer hat dir dazu die Vollmacht gegeben?«

»Ich sage euch, wer mir die Vollmacht dazu gegeben hat, wenn ihr mir eine einzige Frage beantwortet«, erwiderte Jesus. »Geschah die Taufe des Johannes im Auftrag Gottes oder war es nur die Tat eines Menschen? Antwortet mir!«

Sie besprachen sich miteinander. »Wenn wir sagen, dass es eine Handlung im Auftrag Gottes war, wird er fragen, warum wir ihm dann nicht geglaubt haben. Sagen wir jedoch, dass sie nur die Tat eines Menschen war, wird das Volk uns steinigen, denn die Leute sind überzeugt, dass er ein Prophet war.« Schließlich antworteten sie: »Wir wissen es nicht.«

Da entgegnete Jesus: »Dann sage ich euch auch nicht, woher ich die Vollmacht habe, so zu handeln.«

Gleichnis von den beiden Söhnen

»Doch was haltet ihr von Folgendem? Ein Mann hatte zwei Söhne und sagte zu dem älteren: ›Mein Sohn, geh und arbeite heute im Weinberg.‹ Der Sohn antwortete: ›Nein, ich will nicht.‹ Doch später änderte er seine Meinung und ging doch. Dann sagte der Vater zu dem anderen Sohn: ›Dann geh du‹, und der sagte: ›Ja, Vater, ich gehe‹, aber er ging nicht. Welcher von den beiden Söhnen hat nun seinem Vater gehorcht?«

Sie antworteten: »Der erste natürlich.«

Da erklärte ihnen Jesus, was er damit sagen wollte. »Ich versichere euch: Bestechliche Steuereinnehmer und Huren kommen eher ins Reich Gottes als ihr. Denn Johannes der Täufer kam und zeigte euch den Weg der Gerechtigkeit, und ihr habt ihm nicht geglaubt. Die Steuereinnehmer und Huren dagegen haben ihm geglaubt. Obwohl ihr das alles gesehen habt, wolltet ihr nicht umkehren und ihm glauben.«

Gleichnis vom Weinberg

»Hört auch folgendes Gleichnis. Ein Grundbesitzer legte einen Weinberg an, baute eine Mauer darum, hob eine Grube aus, um darin den Traubensaft zu keltern, und baute einen Wachturm. Dann verpachtete er den Weinberg an Bauern und zog in ein anderes Land. Zur Zeit der Traubenernte schickte er seine Diener, um seinen Anteil an der Ernte einzufordern. Doch die Bauern packten den Knecht, schlugen ihn halb tot und schickten ihn mit leeren Händen zurück. Da sandte der Besitzer einen anderen Knecht, doch dem schlugen sie mit Fäusten ins Gesicht und beschimpften ihn. Den nächsten Knecht, den er schickte, brachten sie sogar um. Andere Boten, die kamen, wurden entweder halb tot geschlagen oder ermordet, bis nur noch einer übrig blieb – sein Sohn, den er über alles liebte. ›Was mache ich jetzt?‹, überlegte der Besitzer. ›Ich weiß! Ich werde meinen geliebten Sohn schicken. Vor ihm werden sie Respekt haben.‹ Den schickte der Besitzer schließlich als Letzten, weil er dachte: ›Meinen Sohn werden sie sicher nicht antasten.‹ Doch die Weinbauern sagten sich: ›Da kommt der Erbe des Gutes. Kommt, wir bringen ihn um und behalten das Land für uns!‹ Und sie fielen über ihn her, ermordeten ihn und warfen ihn zum Weinberg hinaus. Was, glaubt ihr, wird der Besitzer des Weinbergs mit diesen Bauern machen?«, fragte Jesus.

Sie antworteten: »Er wird diese heimtückischen Mörder einen schrecklichen Tod sterben lassen und den Weinberg an andere Bauern verpachten, die ihm nach jeder Ernte seinen Anteil geben.«

Da fragte Jesus sie: »Habt ihr das nicht schon einmal in der Schrift gelesen? ›Der Stein, den die Bauleute verworfen haben, ist zum Eckstein geworden. Das ist das Werk des Herrn, und es ist wunderbar anzusehen.‹ Ich will damit sagen, dass das Reich Gottes euch weggenommen wird und ein anderes Volk es bekommt, das gute Früchte bringt. Wer über diesen Stein stolpert, wird in tausend Stücke zerbrechen, und der Stein wird jeden zermalmen, auf den er fällt.«

Daraufhin wollten ihn die führenden Männer des jüdischen Volkes verhaften, denn sie merkten, dass sie mit den bösen Weinbauern in diesem Gleichnis gemeint waren. Doch aus Angst vor dem Volk wagten sie es nicht, Hand an ihn zu legen. So ließen sie ihn in Ruhe und gingen weg.

Gleichnis des Hochzeitsmahls

Jesus erzählte ihnen noch viele andere Gleichnisse, um ihnen das Reich Gottes begreiflich zu machen. Er sagte: »Man kann sich das Himmelreich auch am Beispiel eines Königs vorstellen, der ein großes Hochzeitsfest für seinen Sohn vorbereitete. Viele Gäste waren eingeladen, und als alles fertig war, schickte er seine Diener, um ihnen zu sagen, dass es Zeit wäre zu kommen. Doch keiner wollte kommen! Also schickte er andere Diener, die ihnen sagen sollten: ›Das Festmahl ist angerichtet, und das beste Fleisch wurde dafür gebraten. Alles ist bereit, beeilt euch!‹ Doch die Gäste, die er eingeladen hatte, beachteten die Abgesandten gar nicht und gingen ihrer Arbeit nach. Der eine ging auf seinen Acker, ein anderer kümmerte sich um seine Geschäfte. Wieder andere packten die Boten und misshandelten sie, einige von ihnen töteten sie sogar. Da wurde der König zornig. Er schickte seine Soldaten aus. Sie sollten die Mörder umbringen und ihre Stadt in Brand setzen. Und zu seinen Dienern sagte er: ›Das Hochzeitsmahl ist bereit, und die Gäste, die ich eingeladen hatte, sind es nicht wert, dass ihnen diese Ehre zuteilwird. Deshalb geht hinaus an die Straßenecken und ladet jeden ein, dem ihr begegnet.‹ Also brachten die Diener alle, die sie finden konnten, gute und schlechte Menschen, und der Festsaal war voller Gäste. Aber als der König hereinkam, um seine Gäste zu begrüßen, bemerkte er einen Mann, der nicht für eine Hochzeit gekleidet war. ›Mein Freund‹, fragte er ihn, ›wie kommt es, dass du hier bist, ohne feierlich gekleidet zu sein, wie es sich für eine Hochzeit gehört?‹ Der Mann wusste keine Antwort darauf. Da sagte der König zu seinen Dienern: ›Fesselt ihn an Händen und Füßen und werft ihn hinaus in die Dunkelheit, wo Weinen und Zähneknirschen herrschen.‹ Denn viele sind eingeladen, aber nur wenige sind auserwählt.«

Eine Frage über die Steuer

Da kamen die Pharisäer zusammen, um ein Komplott zu schmieden. Sie wollten Jesus zu einer Äußerung verleiten, die ihnen einen Vorwand liefern würde, ihn unter Anklage zu stellen. Sie brauchten einen Vorwand, unter dem sie Jesus durch den römischen

Statthalter verhaften lassen konnten. Sie beschlossen, einige ihrer Schüler zusammen mit Anhängern des Herodes zu ihm zu schicken und ihm folgende Frage zu stellen: »Meister, wir wissen, wie ehrlich und wahrhaftig du bist. Du lehrst Gottes Weg ohne jede Furcht – auch nicht vor Menschen. Du lässt dich von niemandem beeinflussen und bevorzugst niemanden. Nun sage uns, was du darüber denkst: Ist es richtig, an den Kaiser Steuern zu zahlen? Sollen wir sie bezahlen oder nicht?«

Doch Jesus durchschaute ihre böse Absicht und sagte: »Ihr Heuchler! Warum versucht ihr, mich mit euren Fangfragen in eine Falle zu locken? Zeigt mir eine römische Münze, mit der die Steuern zu bezahlen sind.« Als sie ihm die Münze reichten, fragte er sie: »Wessen Bild und Titel sind hier eingeprägt?«

»Das Bild und der Titel des Kaisers«, antworteten sie.

»Nun«, sagte Jesus, »dann gebt dem Kaiser, was dem Kaiser gehört, und gebt Gott, was Gott gehört.«

So gelang es ihnen nicht, Jesus vor dem Volk eine Falle zu stellen. Stattdessen waren sie erstaunt über seine Antwort und schwiegen, und sie gingen weg.

Eine Frage über die Auferstehung

Am selben Tag meldeten sich einige Sadduzäer zu Wort. Diese jüdische Gruppierung vertritt die Auffassung, dass es keine Auferstehung nach dem Tod gibt. Sie stellten ihm folgende Frage: »Meister, Mose hat gesagt: ›Wenn ein Mann kinderlos stirbt, soll sein Bruder die Witwe heiraten und ein Kind mit ihr haben. Dieses Kind soll dann der Erbe des verstorbenen Bruders sein.‹ Nun waren da sieben Brüder. Der älteste heiratete und starb kinderlos. Also heiratete der zweite Bruder die Witwe. Auch dieser

Bruder starb kinderlos, und der nächste Bruder heiratete die Frau. So ging es immer weiter, bis sie mit allen sieben Brüdern verheiratet gewesen war, und es waren immer noch keine Kinder da. Schließlich starb auch sie. Nun sage uns: Wessen Frau wird sie nach der Auferstehung sein? Denn sie war ja mit allen sieben verheiratet!«

Jesus erwiderte: »Ihr irrt euch, weil ihr weder die Schrift noch die Macht Gottes kennt. Hier auf der Erde heiraten die Menschen und werden geheiratet, doch in der zukünftigen Welt wird es anders sein. Die Menschen, die der Auferstehung für würdig befunden werden, werden nicht mehr verheiratet sein, und sie werden auch nicht mehr sterben. In dieser Hinsicht werden sie den Engeln gleichen. Sie werden Kinder Gottes sein, die zu neuem Leben auferweckt wurden. Die Auferstehung der Toten hat Mose schon am brennenden Dornbusch angedeutet, als er vom Herrn als ›dem Gott Abrahams, dem Gott Isaaks und dem Gott Jakobs‹ sprach, obwohl Abraham, Isaak und Jakob längst gestorben waren. So ist Gott also der Gott der Lebenden und nicht der Toten. Denn für ihn sind sie alle am Leben. Ihr seid völlig im Irrtum.«

Als die Menschen das hörten, waren sie tief beeindruckt von seinen Worten.

»Du hast gut geantwortet, Meister!«, bemerkten einige Schriftgelehrte, die dabeistanden. Und keiner wagte mehr, ihn noch etwas zu fragen.

Tag 31

Das größte Gebot

Als die Pharisäer hörten, dass er den Sadduzäern mit seiner Antwort den Mund gestopft hatte, dachten sie sich eine neue Frage aus, die sie ihm stellen wollten. Einer der Schriftgelehrten, der sich im Gesetz besonders gut auskannte, stand dabei und hörte dem Gespräch zu. Er merkte, wie gut Jesus geantwortet hatte; deshalb fragte er ihn: »Welches von allen Geboten ist das wichtigste?«

Jesus antwortete: »Das wichtigste Gebot ist dies: ›Höre, o Israel! Der Herr, unser Gott, ist der einzige Herr. Und du sollst den Herrn, deinen Gott, von ganzem Herzen, von ganzer Seele, mit all deinen Gedanken und all deiner Kraft lieben.‹ Das ist das erste und wichtigste Gebot. Das zweite ist ebenso wichtig: ›Liebe deinen Nächsten wie dich selbst.‹ Kein anderes Gebot ist wichtiger als diese beiden. Alle anderen Gebote und alle Forderungen der Propheten gründen sich auf diese beiden Gebote.«

Als Jesus später die Menschen im Tempel lehrte, stand er mitten unter den Pharisäern. Er richtete eine Frage an sie: »Was denkt ihr über den Christus? Wessen Sohn ist er?«

Sie antworteten: »Er ist der Sohn Davids.«

Jesus erwiderte: »Warum behaupten die Schriftgelehrten, dass der Christus der Sohn Davids sei? Warum hat ihn David, geleitet vom Heiligen Geist, dann Herr genannt? Denn David sagte: ›Der Herr sprach zu meinem Herrn: Setze dich auf den Ehrenplatz zu meiner Rechten, bis ich deine Feinde demütige und sie zum Schemel unter deinen Füßen mache.‹ Wenn David ihn Herr nannte, wie kann er dann gleichzeitig sein Sohn sein?« Niemand konnte seine Frage beantworten. Danach wagte niemand mehr, ihm weitere Fragen zu stellen. Und die Menge hörte ihm gebannt zu.

Religiöse Heuchler werden zurechtgewiesen

Dann sprach Jesus zu der Menschenmenge und zu seinen Jüngern: »Die Schriftgelehrten und Pharisäer sitzen als Ausleger der Schrift auf dem Stuhl von Mose. Deshalb haltet euch an das, was sie euch sagen, aber folgt nicht ihrem Beispiel. Denn sie handeln nicht nach dem, was sie euch lehren. Sie knebeln euch mit unerfüllbaren religiösen Forderungen und tun nicht das Geringste, um euch die Last zu erleichtern. Alles, was sie tun, tun sie nur nach außen hin. Am Arm tragen sie besonders große Gebetsriemen, und sie haben extralange Fransen an ihren Gewändern. Und wie sie es lieben, bei Festessen am Kopfende des Tisches auf dem Ehrenplatz zu sitzen und in der Synagoge auf den besten Plätzen! Sie genießen die Beachtung, die ihnen auf der Straße zuteilwird. Besonders gern mögen sie es, wenn man sie mit ›Rabbi‹ anredet.

Lasst euch niemals ›Rabbi‹ nennen. Ihr habt nur einen Meister, und ihr alle seid gleich, wie Brüder und Schwestern. Und bezeichnet niemanden hier auf der Erde als ›Vater‹, denn nur Gott im Himmel ist euer geistlicher Vater. Lasst euch auch nicht ›Lehrer‹ nennen, denn es gibt nur einen Lehrer, und das ist der Christus. Der Größte unter euch muss den anderen dienen. Diejenigen jedoch, die sich über die anderen stellen, werden gedemütigt werden, und die, die demütig sind, werden erhöht.

Euch Schriftgelehrten und Pharisäern wird es schlimm ergehen. Ihr Heuchler! Denn wenn ihr andere nicht ins Himmelreich hineinlasst, werdet auch ihr nicht hineingelassen.

Doch gleichzeitig betrügen sie Witwen schamlos um ihren Besitz. Und um zu verbergen, wie sie wirklich sind, sprechen sie in der Öffentlichkeit lange Gebete. Deshalb wird ihre Strafe umso härter sein.

Ja, euch Schriftgelehrten und Pharisäern wird es schlimm ergehen. Ihr reist über Land und Meer, um einen Menschen zu bekehren, und dann macht ihr aus ihm einen Sohn der Hölle, der doppelt so schlimm ist wie ihr selbst.

Ihr blinden Anführer! Schlimm wird es euch ergehen! Ihr behauptet, es habe keine Bedeutung, ›beim Tempel Gottes‹ zu schwören – einen solchen Eid könne man ruhig brechen. Und im selben Atemzug behauptet ihr, wenn man aber ›beim Gold im Tempel‹ schwört, müsse man sich daran halten. Ihr verbohrten Dummköpfe! Was ist wichtiger, das Gold oder der Tempel, durch den das Gold erst heilig wird? Ihr sagt, ein Schwur ›beim Altar‹ dürfte ruhig gebrochen werden, ein Eid ›bei den Opfergaben auf dem Altar‹ aber sei bindend! Ihr seid blind! Was ist wichtiger, die Opfergabe auf dem Altar oder der Altar, durch den die Opfergabe erst heilig wird? Wenn ihr ›beim Altar‹ schwört, dann schwört ihr bei dem Altar und allem, was darauf ist. Und wenn ihr ›beim Tempel‹ schwört, schwört ihr beim Tempel und bei Gott, der im Tempel wohnt. Und wenn ihr ›beim Himmel‹ schwört, schwört ihr bei dem Thron Gottes und bei Gott selbst, der auf diesem Thron sitzt.

Euch Schriftgelehrten und Pharisäern wird es schlimm ergehen. Ihr Heuchler! Sorgfältig achtet ihr darauf, auch noch vom geringsten Teil eures Einkommens den zehnten Teil abzugeben, doch um die wahrhaft wichtigen Dinge des Gesetzes wie Gerechtigkeit, Barmherzigkeit und Glauben kümmert ihr euch nicht. Ihr sollt den Zehnten geben, gewiss, aber ihr dürft die viel wichtigeren Dinge darüber nicht vernachlässigen. Ihr blinden Anführer! Ihr siebt euer Wasser durch, damit ihr nicht aus Versehen eine Mücke verschluckt, und dann verschluckt ihr ein Kamel!

Euch Schriftgelehrten und Pharisäern wird es schlimm ergehen. Ihr Heuchler! Sorgfältig achtet ihr darauf, dass eure Tassen und Teller nach außen sauber sind, doch innerlich seid ihr durch und durch verdorben – voller Missgunst und Maßlosigkeit! Ihr blinden Pharisäer! Wascht erst einmal die Tasse von innen aus; das Äußere wird dann von selbst sauber.

Euch Schriftgelehrten und Pharisäern wird es schlimm ergehen. Ihr Heuchler! Ihr seid wie weiß getünchte Gräber – mit einer sauberen, ordentlichen Außenseite, doch innen voller Gebeine und Schmutz. Ihr gebt euch den Anschein rechtschaffener Leute, doch euer Herz ist voller Heuchelei und Gesetzesverachtung.

Euch Schriftgelehrten und Pharisäern wird es schlimm ergehen. Ihr Heuchler! Ihr baut Grabmäler für die Propheten, die von euren Vorfahren ermordet wurden, und schmückt die Gräber der gottesfürchtigen und gerechten Menschen, die von euren Vorfahren umgebracht wurden. Und dann behauptet ihr dreist: ›Wir hätten niemals mitgemacht, als sie die Propheten ermordeten.‹ Damit bestätigt ihr selbst, dass ihr die Nachkommen der Prophetenmörder seid. Macht weiter so! Bringt zu Ende, was sie angefangen haben.

Ihr Schlangen! Ihr Söhne von Vipern! Wie wollt ihr der Verurteilung zur ewigen Verdammnis entgehen? Ich werde euch Propheten und weise Männer und Schriftgelehrte schicken. Einige von ihnen werdet ihr kreuzigen, andere werdet ihr in euren Synagogen auspeitschen und sie von Stadt zu Stadt hetzen. Und deshalb werdet ihr schuldig gesprochen werden für die Ermordung aller gottesfürchtigen Menschen, angefangen mit dem gerechten

Abel, bis zu Secharja, dem Sohn des Berechja, den ihr im Tempel zwischen Altar und Heiligtum ermordet habt. Ich versichere euch: Die Strafe für all das wird über diese Generation hereinbrechen.

O Jerusalem, Jerusalem, du Stadt, die Propheten ermordet und Gottes Boten steinigt! Wie oft wollte ich deine Kinder zusammenrufen, wie eine Henne, die ihre Küken unter ihren Flügeln birgt, aber du wolltest es nicht zulassen. Und nun sieh doch: Dein Haus wird veröden. Und du wirst mich nicht wieder sehen, bis du selbst rufst: ›Gepriesen sei, der da kommt im Namen des Herrn!‹«

Die Gabe der Witwe

Jesus setzte sich in die Nähe des Opferkastens im Tempel und beobachtete, wie die Menschen Geld hineinwarfen. Viele reiche Leute legten große Beträge hinein. Dann kam eine arme Witwe und warf zwei kleine Münzen hinein. Da rief er seine Jünger zu sich und sagte: »Ich versichere euch: Diese arme Witwe hat mehr gegeben als alle anderen. Denn sie alle haben nur einen winzigen Bruchteil von ihrem Überfluss abgegeben, während diese Frau, so arm sie ist, alles gegeben hat, was sie besaß.«

Zeichen für das Ende des Zeitalters

Als Jesus das Tempelgelände verließ, zeigten seine Jünger ihm die verschiedenen Gebäude, die zum Tempel gehörten. Einige seiner Jünger lobten die schönen Steine und die mit Weihgeschenken geschmückten Mauern des Tempels. »Lehrer, sieh nur diese herrlichen Bauten! Welch gewaltige Steine sind in diesen Mauern!«

Doch er sagte zu ihnen: »Seht ihr diese Gebäude? Ich versichere euch: Sie werden alle zerstört werden, sodass kein Stein auf dem anderen bleibt.«

Später ließ Jesus sich an den Hängen des Ölbergs nieder, die gegenüber dem Tempel lagen. Da kamen Petrus, Jakobus, Johannes und Andreas zu ihm und fragten: »Wann wird das alles geschehen? Wird es vorher ein Zeichen dafür geben, wann sich das alles erfüllen wird?«

Jesus antwortete ihnen: »Lasst euch von niemandem etwas weismachen. Viele werden in meinem Namen auftreten, sich als Christus ausgeben und sagen: ›Die Zeit ist gekommen!‹, und sie werden viele irreführen. Glaubt ihnen nicht! Überall werden Kriege ausbrechen. Aber habt keine Angst – diese Dinge müssen geschehen, doch das Ende wird noch nicht unmittelbar darauf folgen. Es wird Erdbeben geben, in vielen Ländern werden Hungersnöte und Seuchen auftreten, und am Himmel werden schreckliche Dinge und gewaltige Zeichen erscheinen. Doch all das wird erst der Anfang der Schrecken sein, die auf euch zukommen.

Seid jedoch wachsam, wenn dies alles geschieht! Doch noch bevor all das geschieht, wird eine Zeit schlimmer Verfolgungen kommen. Um meines Namens willen wird man euch vor Gericht zerren und in den Synagogen auspeitschen und in Gefängnisse schleppen und vor Königen und Regierungen anklagen, weil ihr euch zu meinem Namen bekennt. Das wird euch Gelegenheit geben, ihnen von mir zu erzählen. Doch wenn ihr verhaftet werdet und vor Gericht steht, macht euch keine Sorgen, was ihr zu eurer Verteidigung vorbringen sollt. Ich werde euch die richtigen Worte eingeben und die nötige Weisheit verleihen, sodass keiner eurer Gegner euch wird widerlegen können! Nicht ihr seid es, die dann reden, sondern der Heilige Geist. Selbst die Menschen, die euch am nächsten stehen – eure Eltern, Geschwister, Verwandten und Freunde –, werden euch verraten. Einige von euch werden sogar umgebracht werden. Und um meines Namens willen werden euch alle hassen. Aber nicht ein einziges Haar auf eurem Kopf soll verloren gehen!

Viele werden sich von mir abwenden und einander verraten und hassen. Viele falsche Propheten werden auftreten und die Menschen täuschen. Die Gesetzlosigkeit wird immer mehr überhandnehmen und die Liebe wird bei vielen erkalten. Doch wer bis zum Ende durchhält, wird gerettet werden. Wenn ihr standhaft bleibt, werdet ihr eure Seelen retten. Die Botschaft vom Reich Gottes wird auf der ganzen Welt gepredigt werden, damit alle Völker sie hören, und dann erst wird das Ende kommen.«

Tag 32

Das abscheuliche Götzenbild

»Es wird eine Zeit kommen, da werdet ihr sehen, wovon der Prophet Daniel gesprochen hat: das abscheuliche Götzenbild, das den heiligen Ort, an dem es steht, entweiht. Wenn ihr Jerusalem von Feinden umringt seht, dann müssen alle, die in Judäa leben, in die Berge fliehen. Wer dies liest, der horche auf! Wer sich vor seinem Haus befindet, darf nicht mehr hineingehen, um zu packen. Wer draußen auf dem Feld ist, darf nicht erst nach Hause gehen, um sich einen Mantel zu holen. Wer in Jerusalem ist, soll flüchten, und wer sich außerhalb der Stadt befindet, soll nicht in ihr Schutz suchen. Denn das werden die Tage der Vergeltung Gottes sein, und die Weissagungen der Schrift werden sich erfüllen. Die Menschen werden mit dem Schwert getötet oder als Gefangene in die ganze Welt verschleppt werden. Und Jerusalem wird erobert und dem Erdboden gleichgemacht werden von den fremden Völkern, bis ihre Zeit zu Ende ist.

Besonders schlimm wird diese Zeit für schwangere Frauen sein und für Mütter, die ihre Kinder stillen. Betet darum, dass ihr nicht im Winter oder an einem Sabbat fliehen müsst. Denn das werden schrecklichere Tage sein, als es je gab, seit Gott die Welt erschuf, und wie es sie danach auch nicht mehr geben wird. Wenn diese Zeit der Not nicht abgekürzt würde, würde die gesamte Menschheit umkommen. Doch wegen der Auserwählten Gottes wird sie abgekürzt werden.

Wenn irgendjemand zu euch sagt: ›Schaut her, hier ist der Christus‹ oder ›Da ist er‹, beachtet ihn nicht. Denn falsche Erlöser und falsche Propheten werden überall auftauchen und große Zeichen und Wunder vollbringen, um selbst die von Gott Auserwählten zu verführen. Ich habe euch gewarnt! Wenn euch also jemand erzählt: ›Der Christus ist draußen in der Wüste‹, macht euch nicht die Mühe hinzugehen und nachzusehen. Oder wenn einer sagt: ›Da und da hält er sich verborgen‹ – glaubt es nicht! Denn wenn der Menschensohn kommt, wird es sein wie ein Blitz, der den ganzen Himmel erhellt. So wie ein Schwarm Geier ein Hinweis darauf ist, dass in der Nähe ein Tierkadaver liegt, sind diese Zeichen der Beweis, dass das Ende nahe ist.«

Das Kommen des Menschensohns

»An Sonne, Mond und Sternen werden Zeichen erscheinen. Unmittelbar nachdem diese schreckliche Zeit zu Ende ist, wird sich die Sonne verfinstern, der Mond wird nicht mehr leuchten, die Sterne werden vom Himmel stürzen und die Kräfte des Himmels werden erschüttert. Und auf der Erde werden die Völker in Aufruhr und Entsetzen sein, den wilden Wellen der Meere hilflos ausgeliefert. Viele Menschen werden den Mut verlieren, wenn sie diese Schrecken über die Erde hereinbrechen sehen, denn selbst die Kräfte des Himmels werden aus dem Gleichgewicht geraten. Und schließlich wird das Zeichen für das Kommen des Menschensohns am Himmel erscheinen, und unter den Völkern der Erde wird tiefe Trauer herrschen. Sie werden sehen, wie der Menschensohn mit großer Macht und Herrlichkeit auf den Wolken des Himmels kommt. Er wird seine Engel mit lautem Posaunenschall vorausschicken, und sie werden seine Auserwählten von den Enden der Welt sammeln – von den äußersten Enden der Erde und des Himmels.«

Die Zeit ist nahe

»Wenn all das anfängt, dann richtet euch auf und hebt den Blick, denn eure Erlösung ist ganz nahe!

Lernt vom Feigenbaum: Wenn seine Knospen weich werden und die Blätter zu sprießen beginnen, wisst ihr, dass der Sommer kommt, ohne dass es euch jemand sagt. Wenn ihr also seht, wie alle diese Dinge passieren, dann wisst ihr, dass die Wiederkunft des Menschensohnes vor der Tür steht.

Ich versichere euch: Diese Generation wird nicht von der Erde verschwinden, bevor all das geschehen ist. Himmel und Erde werden vergehen, doch meine Worte bleiben ewig.

Niemand kennt den Tag oder die Stunde, in der diese Dinge geschehen werden, nicht einmal die Engel im Himmel, und auch nicht der Sohn. Nur der Vater weiß es. Wenn der Menschensohn wiederkommt, wird es sein wie zur Zeit Noahs. In den Tagen vor der Sintflut feierten die Menschen rauschende Feste, Orgien und Hochzeiten, bis Noah in seine Arche stieg. Sie merkten nicht, was geschah, bis die Flut kam und sie alle hinwegschwemmte. Genauso wird es sein, wenn der Menschensohn kommt. Zwei Männer werden zusammen auf dem Feld arbeiten; einer wird mitgenommen, der andere zurückgelassen. Zwei Frauen werden in der Mühle Mehl mahlen; eine wird mitgenommen, die andere zurückgelassen.

Und weil ihr nicht wisst, wann dies alles geschieht, bleibt wachsam und seht euch vor.«

Seid wachsam und bereit

»Seid wachsam! Lasst euch nicht von zu viel Essen und Trinken und den Sorgen des Alltags gefangen nehmen, damit euch dieser Tag nicht unvorbereitet trifft, so wie man unverhofft in eine Falle stolpert. Denn dieser Tag wird über alle hereinbrechen, die auf der Erde leben. Seid wachsam! Und betet darum, dass ihr, wenn es möglich ist, diesen Schrecken entkommen und vor dem Menschensohn stehen könnt.

Das Kommen des Menschensohnes lässt sich mit der Rückkehr eines Mannes vergleichen, der sein Haus verließ, um auf Reisen zu gehen. Er gab allen seinen Bediensteten Anweisungen, was sie arbeiten sollten, und wies den Türhüter an, in der Zwischenzeit nach ihm Ausschau zu halten. Deshalb haltet euch bereit, denn ihr wisst nicht, wann euer Herr wiederkommt. Macht euch eines klar: Ein Hausbesitzer, der weiß, wann der Dieb kommt, ist wachsam und lässt es nicht zu, dass in sein Haus eingebrochen wird. Ihr müsst jederzeit bereit sein. Denn der Menschensohn wird kommen, wenn ihr es am wenigsten erwartet.

Wer ist also ein vertrauenswürdiger und kluger Diener, dem der Herr sein Haus und die Versorgung seiner Familie anvertrauen kann? Wenn der Herr zurückkommt und feststellt, dass der Diener seine Aufgabe zu seiner Zufriedenheit erfüllt, ist der Diener glücklich zu schätzen. Ich versichere euch: Der Herr wird diesem Diener die Verantwortung für seinen gesamten Besitz übertragen. Doch wenn der Diener böse ist und glaubt: ›Mein Herr wird ja erst einmal eine Weile fort sein‹, wenn er anfängt, die anderen Diener schlecht zu behandeln, und Trinkgelage veranstaltet – dann wird sein Herr unangemeldet und völlig überraschend zurückkehren. Und er wird diesen Diener davonjagen und dorthin schicken, wo auch die Heuchler sind. Und an jenem Ort werden sie weinen und mit den Zähnen knirschen.

Man kann das Himmelreich auch am Beispiel der zehn Brautjungfern erklären, die ihre Lampen nahmen und dem Bräutigam entgegengingen. Fünf von ihnen waren töricht, und fünf waren klug. Die fünf törichten nahmen kein Öl für ihre Lampen mit, doch die fünf anderen waren so umsichtig, zusätzliches Öl mitzunehmen. Als sich der Bräutigam verspätete, legten sie sich alle hin und schliefen. Um Mitternacht wurden sie von dem Ruf aus dem Schlaf gerissen: ›Seht, da kommt der Bräutigam! Geht und begrüßt ihn!‹ Rasch standen alle Brautjungfern auf und machten ihre Lampen zurecht. Da baten die fünf törichten die anderen: ›Gebt uns doch ein wenig von eurem Öl ab, sonst erlöschen unsere Lampen.‹ Doch diese erwiderten: ›Wir haben nicht genügend Öl für uns alle. Geht und kauft euch welches.‹ Aber während sie noch unterwegs waren, um Öl zu kaufen, traf der Bräutigam ein. Die, die zu seinem Empfang bereit waren, gingen mit ihm zur Hochzeitsfeier, und die Tür wurde zugeschlossen. Als die anderen fünf Brautjungfern schließlich kamen, standen sie draußen und riefen: ›Herr, mach uns auf!‹ Aber er antwortete: ›Ich kenne euch nicht!‹ Deshalb seid wachsam, denn ihr kennt weder den Tag noch die Stunde meiner Wiederkehr.

Man kann das Himmelreich auch am Beispiel von dem Mann erklären, der auf eine Reise ging. Er rief alle seine Diener zusammen und gab ihnen Geld, das sie während seiner Abwesenheit für ihn anlegen sollten. Einem gab er fünf Beutel Gold, einem anderen gab er zwei Beutel und dem dritten gab er einen Beutel – jeweils ihren Fähigkeiten entsprechend. Dann reiste er ab. Der Diener, der die fünf Beutel erhalten hatte, ging sofort daran, das Geld anzulegen, und konnte es schließlich verdoppeln. Der Diener mit den zwei Beuteln machte sich ebenfalls sogleich an die Arbeit und verdoppelte das Geld. Der Dritte jedoch, der den einen Beutel Gold bekommen hatte, grub einfach ein Loch in die Erde und versteckte das Geld seines Herrn, um es sicher zu verwahren. Nach langer Zeit kehrte ihr Herr von seiner Reise zurück und rief sie zu sich. Sie sollten ihm berichten, was sie mit seinem Geld gemacht hatten. Der Diener, dem er fünf Beutel Gold anvertraut hatte, sagte: ›Herr, du gabst mir fünf Beutel Gold, und ich habe sie verdoppelt.‹ Der Herr freute sich sehr. ›Gut gemacht, mein guter und treuer Diener. Du bist mit diesem kleinen Betrag zuverlässig umgegangen, deshalb will ich dir größere Verantwortung übertragen. Lass uns miteinander feiern!‹ Als Nächstes kam der Diener an die Reihe, der die zwei Beutel Gold bekommen hatte. ›Herr, du hast mir zwei Beutel Gold gegeben, und ich habe sie verdoppelt.‹ Der Herr sagte: ›Gut gemacht, mein guter und treuer Diener. Du bist mit diesem kleinen Betrag zuverlässig umgegangen, deshalb will ich dir größere Verantwortung übertragen. Lass uns miteinander feiern!‹ Dann kam der Diener mit dem einen Beutel Gold und sagte: ›Herr, ich weiß, du bist ein strenger Mann, der erntet, was er nicht gepflanzt hat, und sammelt, was er nicht angebaut hat. Ich hatte Angst, dein Geld zu verlieren, also vergrub ich es in der Erde. Hier ist es.‹ Aber der Herr erwiderte: ›Du böser, fauler Diener! Du hältst mich für einen strengen Mann, der erntet, was er nicht gepflanzt hat, und der sammelt, was er nicht angebaut hat? Du hättest wenigstens mein Geld zur Bank bringen können, dann hätte ich immerhin noch Zinsen dafür bekommen. Nehmt diesem Diener das Geld weg und gebt es dem mit den zehn Beuteln Gold. Wer das, was ihm anvertraut ist, gut verwendet, dem wird noch mehr gegeben, und er wird im Überfluss haben. Wer aber untreu ist, dem wird noch das wenige, das er besitzt, genommen. Und nun werft diesen nutzlosen Diener hinaus in die Dunkelheit, wo Weinen und Zähneknirschen herrschen.‹

Was ich euch hier sage, das sage ich allen: Seid bis zu seiner Rückkehr wachsam! Denn ihr wisst nicht, wann der Herr des Hauses wiederkommt.«

Tag 33

Gericht beim Kommen des Menschensohns

»Doch wenn der Menschensohn in Herrlichkeit wiederkommt, und alle Engel mit ihm, wird er auf seinem Thron der Herrlichkeit sitzen. Alle Völker werden vor ihm zusammengerufen, und er wird sie trennen, so wie ein Hirte die Schafe von den Ziegen trennt. Die Schafe wird er zu seiner Rechten hinstellen, die Ziegen zu seiner Linken. Dann wird der König zu denen auf seiner rechten Seite sagen: ›Kommt, ihr seid von meinem Vater gesegnet, ihr sollt das Reich Gottes erben, das seit der Erschaffung der Welt auf euch wartet.

Denn ich war hungrig, und ihr habt mir zu essen gegeben. Ich war durstig, und ihr gabt mir zu trinken. Ich war ein Fremder, und ihr habt mich in euer Haus eingeladen. Ich war nackt, und ihr habt mich gekleidet. Ich war krank, und ihr habt mich gepflegt. Ich war im Gefängnis, und ihr habt mich besucht.‹

Dann werden diese Gerechten fragen: ›Herr, wann haben wir dich jemals hungrig gesehen und dir zu essen gegeben? Wann sahen wir dich durstig und haben dir zu trinken gegeben? Wann warst du ein Fremder und wir haben dir Gastfreundschaft erwiesen? Oder wann warst du nackt und wir haben dich gekleidet? Wann haben wir dich je krank oder im Gefängnis gesehen und haben dich besucht?‹

Und der König wird ihnen entgegnen: ›Ich versichere euch: Was ihr für einen der geringsten meiner Brüder und Schwestern getan habt, das habt ihr für mich getan!‹ Und dann wird sich der König denen auf seiner linken Seite zuwenden und sagen: ›Fort mit euch, ihr Verfluchten, ins ewige Feuer, das für den Teufel und seine bösen Geister bestimmt ist! Denn ich war hungrig, und ihr habt mir nichts zu essen gegeben. Ich war durstig, und ihr gabt mir nichts zu trinken. Ich war ein Fremder, und ihr habt mich nicht in euer Haus eingeladen. Ich war nackt, und ihr habt mich nicht gekleidet. Ich war krank, und ihr habt mich nicht gepflegt. Ich war im Gefängnis, und ihr habt mich nicht besucht.‹

Dann werden sie fragen: ›Herr, wann haben wir dich jemals hungrig oder durstig oder als Fremden, nackt, krank oder im Gefängnis gesehen und dir nicht geholfen?‹

Und er wird ihnen erwidern: ›Ich versichere euch: Was ihr bei einem der geringsten meiner Brüder und Schwestern unterlassen habt, das habt ihr an mir unterlassen!‹ Und sie werden der ewigen Verdammnis übergeben werden, den Gerechten aber wird das ewige Leben geschenkt.«

Der Verrat beginnt

Als Jesus zu Ende gesprochen hatte, sagte er zu seinen Jüngern: »Wie ihr wisst, beginnen in zwei Tagen die Feierlichkeiten zum Passahfest. Dann wird der Menschensohn verraten und gekreuzigt werden.«

Zur selben Zeit trafen sich die obersten Priester und die Ältesten des jüdischen Volkes im Haus von Kaiphas, dem Hohen Priester, um zu beraten, wie sie Jesus heimlich verhaften und töten könnten. »Aber es darf nicht während des Passahfestes geschehen«, hatten sie beschlossen, »sonst gibt es einen Aufruhr.«

Da fuhr der Satan in Judas Iskariot, der einer der zwölf Jünger war. Er ging zu den obersten Priestern und den Befehlshabern der

Tempelwache, um mit ihnen zu beraten, wie er Jesus am besten an sie verraten könnte, und fragte sie: »Wie viel bezahlt ihr mir, wenn ich Jesus an euch verrate?« Die Priester waren hocherfreut, als sie hörten, warum er gekommen war, und versprachen ihm eine Belohnung. Und sie gaben ihm dreißig Silberstücke. Von da an begann Judas nach dem geeigneten Ort und dem richtigen Zeitpunkt Ausschau zu halten, bei dem sie Jesus ohne Aufsehen verhaften konnten, wenn das Volk nicht in der Nähe war.

Vorbereitung auf das Passahfest

Am ersten Tag des Festes der ungesäuerten Brote, dem Tag, an dem die Passahlämmer geopfert wurden, kamen die Jünger zu Jesus und fragten ihn: »Wo sollen wir hingehen und das Passahmahl vorbereiten?«

Jesus schickte Petrus und Johannes voraus und sagte: »Wenn ihr in die Stadt kommt, wird euch ein Mann begegnen, der einen Krug Wasser trägt. Folgt ihm. Geht in das Haus, das er betritt, und sagt zu dem Besitzer des Hauses: ›Der Meister fragt dich: Meine Zeit ist gekommen. Wo ist der Raum, in dem ich mit meinen Jüngern das Passahmahl feiern kann?‹ Er wird euch nach oben in einen großen Raum führen, der für das Festmahl schon hergerichtet ist. Das ist der Ort. Dahin geht und bereitet unser Mahl vor.« Die beiden Jünger machten sich auf den Weg in die Stadt und fanden alles genau so, wie Jesus es gesagt hatte; und sie bereiteten dort das Passahmahl vor.

Als es Abend war, setzte sich Jesus mit den zwölf Jüngern an den Tisch. Jesus sagte: »Ich habe mich sehr danach gesehnt, dieses Passahmahl mit euch zu feiern, bevor mein Leiden beginnt. Denn ich sage euch jetzt, ich werde es nicht wieder essen, bis es sich im Reich Gottes erfüllt.«

Streit über Größe

Und sie fingen an zu streiten, wer von ihnen im kommenden Reich Gottes der Größte sein würde. Jesus sagte zu ihnen: »In dieser Welt beherrschen die Könige und Großen ihre Untertanen und werden doch als ›Wohltäter‹ bezeichnet. Unter euch aber soll der Größte den niedrigsten Platz einnehmen und der Leiter soll wie ein Diener sein. Normalerweise sitzt der Meister am Tisch und wird von seinen Dienern bedient. Hier ist es anders! Denn ich bin euer Diener. Ihr seid mir in der Zeit meiner Versuchung treu geblieben. Und so wie mein Vater mir ein Königreich gegeben hat, gebe ich euch das Recht, in diesem Reich an meinem Tisch zu essen und zu trinken. Ihr werdet auf Thronen sitzen und die zwölf Stämme Israels richten.«

Jesus wäscht die Füße der Jünger

Vor dem Passahfest wusste Jesus, dass für ihn die Zeit gekommen war, diese Welt zu verlassen und zu seinem Vater zurückzukehren. Nun bewies er seinen Jüngern das ganze Ausmaß seiner Liebe.

Es war Zeit für das Abendessen, und der Teufel hatte Judas, den Sohn des Simon Iskariot, schon dazu verleitet, seinen Plan wahr zu machen und Jesus zu verraten. Jesus aber wusste, dass der Vater ihm uneingeschränkte Macht über alles gegeben hatte und dass er von Gott gekommen war und zu Gott zurückkehren würde. Er stand vom Tisch auf, zog sein Obergewand aus, band sich ein Handtuch um die Hüften und goss Wasser in eine Schale. Dann begann er, seinen Jüngern die Füße zu waschen und sie mit dem Handtuch abzutrocknen, das er sich umgebunden hatte.

Als er zu Simon Petrus kam, sagte Petrus zu ihm: »Herr, warum willst du mir die Füße waschen?«

Jesus antwortete: »Du verstehst jetzt nicht, warum ich das tue; eines Tages wirst du es verstehen.«

»Nein«, protestierte Petrus. »Du sollst mir niemals die Füße waschen!«

Jesus erwiderte: »Wenn ich dich nicht wasche, gehörst du nicht zu mir.«

Da rief Simon Petrus: »Dann wasche mir auch die Hände und den Kopf, Herr, und nicht nur die Füße!«

Jesus erwiderte: »Wer gebadet hat, braucht sich – ausgenommen die Füße – nicht zu waschen, um völlig rein zu sein. Ihr seid rein, allerdings nicht jeder hier.« Denn Jesus wusste, wer ihn verraten würde. Das meinte er mit dem Satz: »Nicht jeder hier von euch ist rein.« Nachdem er ihnen die Füße gewaschen hatte, zog Jesus sein Obergewand wieder an, setzte sich und fragte: »Versteht ihr, was ich getan habe? Ihr nennt mich ›Meister‹ und ›Herr‹ und damit habt ihr recht, denn das bin ich. Und weil ich, der Herr und Meister, euch die Füße gewaschen habe, sollt auch ihr einander die Füße waschen. Ich habe euch ein Beispiel gegeben, dem ihr folgen sollt. Tut, was ich für euch getan habe. Es ist nur zu wahr: Ein Diener ist nicht größer als sein Herr. Genauso sind die Boten nicht wichtiger als der, der sie gesandt hat. Ihr wisst das alles – nun handelt auch danach. Das ist der Weg zu eurem Glück!

Ich sage diese Dinge nicht zu euch allen; denn ich kenne jeden Einzelnen von euch, die ich erwählt habe, ganz genau. In der Schrift steht: ›Der, mit dem ich mein Brot geteilt habe, hat sich gegen mich gewandt‹, und das wird sich bald erfüllen. Ich sage euch das jetzt, damit ihr, wenn es eintrifft, erkennt, dass ich der Christus bin. Ich versichere euch: Wer meinen Boten willkommen heißt, der heißt mich willkommen, und wer mich willkommen heißt, der heißt meinen Vater willkommen, der mich gesandt hat.«

Jemand wird mich verraten

Nach diesen Worten sagte Jesus bis ins Tiefste erschüttert: »Ich sage euch: Einer von euch wird mich verraten!«

Da begannen die Jünger einander zu fragen, wer von ihnen denn so etwas je tun würde. Die Jünger sahen einander an und fragten sich, wen er wohl damit meinte. Zutiefst erschrocken begannen sie, ihn nacheinander zu fragen: »Doch nicht ich, Herr, oder?«

Er erwiderte: »Es ist einer von euch Zwölf, einer, der jetzt mit mir isst. Denn der Menschensohn muss sterben, wie es in der Schrift schon seit langer Zeit vorausgesagt ist. Für seinen Verräter aber wird es furchtbar sein. Für ihn wäre es besser, wenn er nie geboren worden wäre!«

Auch Judas, der ihn verraten sollte, fragte: »Rabbi, ich bin es doch nicht etwa, oder?«

Und Jesus entgegnete ihm: »Du hast es selbst gesagt.«

Einer seiner Jünger – der, den Jesus liebte – saß neben ihm am Tisch. Simon Petrus bedeutete ihm, er solle fragen, wer so etwas Schreckliches tun würde. Jener Jünger lehnte sich zu Jesus hinüber und fragte: »Herr, wer ist es?«

Jesus sagte: »Es ist der, dem ich das Stück Brot reiche, nachdem ich es eingetaucht habe.« Und als er das Brot eingetaucht hatte, gab er es Judas, dem Sohn des Simon Iskariot. Sobald Judas das Brot gegessen hatte, ergriff der Satan Besitz von ihm. Da sagte Jesus zu ihm: »Beeile dich. Was du tun willst, tue bald!«

Keiner der anderen am Tisch wusste, was Jesus damit meinte. Da Judas die Kasse verwaltete, dachten einige, Jesus habe ihn aufgefordert, für das Fest einkaufen zu gehen oder den Armen etwas Geld zu geben. Judas aber stand sofort auf und ging in die Nacht hinaus.

Sobald Judas den Raum verlassen hatte, sagte Jesus: »Nun ist für den Menschensohn die Zeit gekommen, dass er verherrlicht wird. Gott wird durch alles, was geschieht, verherrlicht, und das wird sehr bald geschehen. Liebe Kinder, es ist nur noch kurze Zeit, bis ich fortgehen und euch verlassen muss! Ihr werdet nach mir suchen, doch wie ich schon den Juden gesagt habe: Wohin ich gehe, da könnt ihr nicht hinkommen.

So gebe ich euch nun ein neues Gebot: Liebt einander. So wie ich euch geliebt habe, sollt auch ihr einander lieben. Eure Liebe zueinander wird der Welt zeigen, dass ihr meine Jünger seid.«

Tag 34

Eine schreckliche Vorhersage

Simon Petrus sagte: »Herr, wohin gehst du?« Und Jesus erwiderte: »Wo ich hingehe, dahin kannst du jetzt nicht mitkommen, aber später wirst du mir dorthin folgen.«

»Warum kann ich jetzt nicht mitkommen, Herr?«, fragte er. »Ich bin bereit, für dich zu sterben.«

»Für mich sterben? Heute Nacht werdet ihr mich alle verlassen«, sagte Jesus zu ihnen. »Denn in der Schrift steht: ›Gott wird den Hirten schlagen, und die Schafe der Herde werden zerstreut werden.‹ Doch wenn ich von den Toten auferstanden bin, werde ich euch nach Galiläa vorausgehen und euch dort treffen.«

Da sagte Petrus zu ihm: »Auch wenn alle anderen sich von dir abwenden, ich werde es nicht tun.«

»Simon, Simon, der Satan hat euch alle haben wollen. Er wollte euch durchsieben wie Weizen. Doch ich habe für dich gebetet, dass dein Glaube nicht aufhöre. Wenn du also später umgekehrt und zu mir zurückgekommen bist, dann stärke deine Brüder.«

Petrus sagte: »Herr, ich bin bereit, mit dir ins Gefängnis zu gehen und sogar mit dir zu sterben.«

»Petrus«, erwiderte Jesus, »ich versichere dir, noch bevor morgen früh der Hahn kräht, wirst du drei Mal geleugnet haben, mich überhaupt zu kennen.«

»Nein!«, beharrte Petrus. »Nicht einmal, wenn ich mit dir sterben müsste! Ich werde dich niemals verleugnen!« Und alle anderen Jünger beteuerten dasselbe.

Dann fragte Jesus sie alle: »Als ich euch ausschickte, die gute Botschaft zu verkünden, und ihr hattet weder Geld noch Tasche noch Sandalen, hat es euch da an irgendetwas gefehlt?«

Sie gaben zur Antwort: »Nein.«

»Aber jetzt«, sagte er, »nehmt euer Geld und eure Tasche. Und wenn ihr kein Schwert habt, verkauft eure Kleidung, um eines zu kaufen! Denn die Zeit ist gekommen, in der sich erfüllt, was in der Schrift über mich steht: ›Er wurde zu den Aufrührern gerechnet.‹ Ja, alles, was die Propheten über mich geschrieben haben, wird sich erfüllen.«

»Herr«, erwiderten sie, »wir haben zwei Schwerter.«

Er aber sagte: »Das genügt.«

Das letzte Abendmahl

Dann nahm er einen Becher mit Wein, und nachdem er Gott dafür gedankt hatte, sagte er: »Nehmt ihn und teilt ihn unter euch. Denn ich werde keinen Wein mehr trinken, bis das Reich Gottes gekommen ist.«

Während sie aßen, nahm Jesus einen Laib Brot, dankte und bat Gott um seinen Segen. Dann brach er ihn in Stücke und gab sie den Jüngern mit den Worten: »Nehmt und esst. Dies ist mein Leib, der für euch gegeben wird. Tut das zur Erinnerung an mich.« Nach dem Essen nahm er einen weiteren Becher mit Wein und dankte Gott dafür. Er reichte ihn den Jüngern, und sie tranken alle daraus. Und er sagte zu ihnen: »Das ist mein Blut. Dieser Wein ist das Zeichen des neuen Bundes – ein Bund, der mit dem Blut besiegelt wird, das ich für euch vergießen werde. Es wird vergossen, um die Sünden vieler Menschen zu vergeben. Ich sage euch: Von jetzt an werde ich keinen Wein mehr trinken bis zu dem Tag, an dem ich ihn wieder mit euch im Reich meines Vaters trinken werde.«

Habt keine Angst

»Habt keine Angst. Ihr vertraut auf Gott, nun vertraut auch auf mich! Es gibt viele Wohnungen im Haus meines Vaters, und ich gehe voraus, um euch einen Platz vorzubereiten. Wenn es nicht so wäre, hätte ich es euch dann so gesagt? Wenn dann alles bereit ist, werde ich kommen und euch holen, damit ihr immer bei mir seid, dort, wo ich bin. Ihr wisst ja, wohin ich gehe und wie ihr dorthin kommen könnt.«

»Nein, Herr, das wissen wir nicht«, sagte Thomas. »Wir haben keine Ahnung, wo du hingehst; wie können wir da den Weg kennen?«

Jesus sagte zu ihm: »Ich bin der Weg, die Wahrheit und das Leben. Niemand kommt zum Vater außer durch mich. Wenn ihr erkannt habt, wer ich bin, dann habt ihr auch erkannt, wer mein Vater ist. Doch von nun an kennt ihr ihn und habt ihn gesehen!«

Philippus sagte: »Herr, zeig uns den Vater, dann sind wir zufrieden.«

Jesus erwiderte: »Philippus, weißt du denn nach all der Zeit, die ich bei euch war, noch immer nicht, wer ich bin? Wer mich gesehen hat, hat den Vater gesehen! Warum verlangst du noch, ihn zu sehen? Glaubst du nicht, dass ich im Vater bin und der Vater in mir ist? Die Worte, die ich euch sage, stammen ja nicht von mir, sondern der Vater, der in mir lebt, wirkt durch mich. Glaubt doch, dass ich im Vater bin und der Vater in mir ist. Oder glaubt wenigstens aufgrund von dem, was ich getan habe. Ich versichere euch: Wer an mich glaubt, wird dieselben Dinge tun, die ich getan habe, ja noch größere, denn ich gehe, um beim Vater zu sein. Ihr dürft in meinem Namen um alles bitten, und ich werde eure Bitten erfüllen, weil durch den Sohn der Vater verherrlicht wird. Bittet, um was ihr wollt, in meinem Namen, und ich werde es tun!«

Wenn ihr mich liebt

»Wenn ihr mich liebt, werdet ihr meine Gebote halten. Und ich werde den Vater bitten, und er wird euch einen anderen Ratgeber geben, der euch nie verlassen wird. Es ist der Geist der Wahrheit. Die Welt kann ihn nicht empfangen, denn sie sieht ihn nicht und erkennt ihn nicht. Ihr aber kennt ihn, weil er bei euch bleibt und später in euch sein wird.

Nein, ich werde euch nicht verwaist zurücklassen – ich werde zu euch kommen. Die Welt wird mich schon bald nicht mehr sehen, doch ihr werdet es. Denn ich werde leben, und ihr werdet auch leben. Wenn ich wieder zum Leben auferstanden bin, werdet ihr wissen, dass ich in meinem Vater bin und ihr in mir seid und ich in euch. Wer meine Gebote kennt und sie befolgt, der liebt mich. Und weil er mich liebt, wird mein Vater ihn lieben und ich werde ihn lieben. Und ich werde mich ihm persönlich zu erkennen geben.«

Judas (nicht Judas Iskariot, sondern der andere Jünger gleichen Namens) sagte zu ihm: »Herr, warum willst du dich nur uns zu erkennen geben und nicht der ganzen Welt?«

Jesus erwiderte: »Wer mich liebt, wird tun, was ich sage. Mein Vater wird ihn lieben, und wir werden zu ihm kommen und bei ihm wohnen. Wer mich nicht liebt, wird nicht tun, was ich sage.

Vergesst nicht: Meine Worte kommen nicht aus mir selbst, sondern vom Vater, der mich gesandt hat.

Ich sage euch all diese Dinge jetzt, solange ich noch bei euch bin. Doch wenn der Vater den Ratgeber als meinen Stellvertreter schickt – und damit meine ich den Heiligen Geist –, wird er euch alles lehren und euch an alles erinnern, was ich euch gesagt habe.

Ich lasse euch ein Geschenk zurück – meinen Frieden. Und der Friede, den ich schenke, ist nicht wie der Friede, den die Welt gibt. Deshalb sorgt euch nicht und habt keine Angst. Denkt an das, was ich euch gesagt habe: Ich gehe fort, aber ich werde wieder zu euch kommen. Wenn ihr mich wirklich lieb habt, freut ihr euch für mich, weil ich jetzt zum Vater gehen darf, der größer ist als ich. Ich habe euch all diese Dinge gesagt, ehe sie geschehen, damit ihr, wenn sie eintreffen, glaubt. Mir bleibt nicht mehr viel Zeit, mit euch zu sprechen, weil der Herrscher dieser Welt schon ganz nah ist. Er hat keine Macht über mich; doch ich werde tun, was der Vater von mir will, damit die Welt erkennt, dass ich den Vater liebe.

Kommt, lasst uns von hier weggehen.«

Bleibt in meiner Liebe

»Ich bin der wahre Weinstock und mein Vater ist der Weingärtner. Er schneidet jede Rebe ab, die keine Frucht bringt, und beschneidet auch die Reben, die bereits Früchte tragen, damit sie noch mehr Frucht bringen. Ihr seid schon durch die Botschaft, die ich euch gegeben habe, beschnitten. Bleibt in mir, und ich werde in euch bleiben. Denn eine Rebe kann keine Frucht tragen, wenn sie vom Weinstock abgetrennt wird, und auch ihr könnt nicht, wenn ihr von mir getrennt seid, Frucht hervorbringen. Ich bin der

Weinstock; ihr seid die Reben. Wer in mir bleibt und ich in ihm, wird viel Frucht bringen. Denn getrennt von mir könnt ihr nichts tun. Wer nicht in mir bleibt, wird fortgeworfen wie eine nutzlose Rebe und verdorrt. Solche Reben werden auf einen Haufen geworfen und verbrannt. Doch wenn ihr mit mir verbunden bleibt und meine Worte in euch bleiben, könnt ihr bitten, um was ihr wollt, und es wird euch gewährt werden. Darin wird mein Vater verherrlicht, dass ihr viel Frucht hervorbringt und meine Jünger werdet.

Ich habe euch genauso geliebt, wie der Vater mich geliebt hat. Bleibt in meiner Liebe. Wenn ihr mir gehorcht, bleibt ihr in meiner Liebe, genauso wie ich meinem Vater gehorche und in seiner Liebe bleibe.

Ich sage euch das, damit meine Freude euch erfüllt. Ja, eure Freude soll vollkommen sein!

Ich gebiete euch, einander genauso zu lieben, wie ich euch liebe. Die größte Liebe beweist der, der sein Leben für die Freunde hingibt. Ihr seid meine Freunde, wenn ihr tut, was ich euch auftrage. Ich nenne euch nicht mehr Diener, weil ein Herr seine Diener nicht ins Vertrauen zieht. Ihr seid jetzt meine Freunde, denn ich habe euch alles gesagt, was ich von meinem Vater gehört habe. Nicht ihr habt mich erwählt, ich habe euch erwählt. Ich habe euch dazu berufen, hinzugehen und Frucht zu tragen, die Bestand hat, damit der Vater euch gibt, um was immer ihr ihn in meinem Namen bittet.

Ich gebe euch das Gebot, einander zu lieben.«

Tag 35

Rechnet mit Anfeindung

»Wenn die Welt euch hasst, dann denkt daran, dass sie mich schon gehasst hat, ehe sie euch gehasst hat. Die Welt würde euch lieben, wenn ihr zu ihr gehören würdet, aber das tut ihr nicht. Ich habe euch erwählt, aus der Welt herauszutreten; deshalb hasst sie euch. Denkt an das Wort, das ich euch gesagt habe: ›Ein Diener ist nicht größer als sein Herr.‹ Da sie mich verfolgt haben, werden sie auch euch verfolgen. Und wenn sie auf mein Wort gehört haben, werden sie auch auf euch hören! Die Menschen in der Welt werden gegen euch sein, weil ihr zu mir gehört, denn sie kennen Gott nicht, der mich gesandt hat. Sie hätten sich nicht schuldig gemacht, wenn ich nicht gekommen wäre und zu ihnen gesprochen hätte. Doch so haben sie keine Entschuldigung mehr für ihre Sünde. Wer mich hasst, hasst auch meinen Vater. Wenn ich nicht solche Wunder unter ihnen getan hätte, die niemand sonst hätte tun können, wären sie nicht schuldig. Doch sie haben alles gesehen, was ich tat, und trotzdem sowohl mich als auch meinen Vater gehasst. Dadurch hat sich erfüllt, was im Gesetz vorausgesagt ist: ›Sie haben mich ohne Grund gehasst.‹

Doch ich werde euch den Ratgeber schicken – den Geist der Wahrheit. Er wird vom Vater zu euch kommen und wird mein Zeuge sein. Und ihr werdet meine Zeugen sein, weil ihr von Anfang an bei mir gewesen seid.

Ich habe euch diese Dinge gesagt, damit ihr den Glauben nicht verliert. Denn ihr werdet aus den Synagogen ausgeschlossen werden, und es wird die Zeit kommen, in der die, die euch töten, glauben, Gott damit einen Dienst zu erweisen. Das tun sie, weil sie den Vater und mich nicht erkannt haben. Ja, ich sage euch diese Dinge jetzt, damit ihr euch daran erinnert, wenn sie eintreffen. Ich habe nicht früher davon gesprochen, weil ich noch bei euch war.«

Der Geist der Wahrheit

»Nun aber gehe ich fort zu dem, der mich gesandt hat, doch keiner von euch hat mich gefragt, wohin ich gehe. Stattdessen seid ihr traurig. Ich sage euch aber die Wahrheit: Es ist das Beste für euch, dass ich fortgehe, denn wenn ich nicht gehe, wird der Ratgeber nicht kommen. Wenn ich jedoch fortgehe, wird er kommen, denn ich werde ihn zu euch senden. Und wenn er kommt, wird er die Welt von ihrer Sünde und von Gottes Gerechtigkeit und vom Gericht überzeugen. Die Sünde der Welt ist, dass sie nicht an mich glaubt. Die Gerechtigkeit erweist sich darin, dass ich zum Vater gehe und ihr mich nicht mehr sehen werdet. Das Gericht bedeutet, dass der Herrscher dieser Welt schon gerichtet ist.

Ich hätte euch noch so vieles zu sagen, aber ihr könnt es jetzt nicht ertragen. Doch wenn der Geist der Wahrheit kommt, wird er euch in der ganzen Wahrheit leiten. Er wird nicht seine eigenen Anschauungen vertreten, sondern wird euch sagen, was er gehört hat. Er wird euch von dem erzählen, was kommt. Er wird mich verherrlichen, indem er euch alles offenbart, was er von mir empfängt. Alles, was der Vater hat, gehört mir; das habe ich gemeint, als ich sagte, dass der Geist euch alles offenbaren wird, was er von mir empfängt.«

Das Versprechen der Freude

»Schon sehr bald werdet ihr mich nicht mehr sehen. Dann, nach einer weiteren kurzen Zeit, werdet ihr mich wiedersehen.«

Da fragten die Jünger einander: »Was meint er damit: ›Ihr werdet mich nicht sehen und dann werdet ihr mich wiedersehen‹? Was soll das bedeuten: ›Ich gehe zum Vater‹? Und was heißt ›eine kurze Zeit‹? Das verstehen wir nicht.«

Jesus merkte, dass sie ihn gern gefragt hätten. Deshalb sagte er: »Ihr fragt euch, was ich gemeint habe? Ich sagte, dass ich sehr bald fort sein werde und ihr mich nicht mehr sehen werdet. Dann, nach einer weiteren kurzen Zeit, werdet ihr mich wiedersehen. Ich versichere euch: Ihr werdet weinen und trauern über das, was mit mir geschehen wird, aber die Welt wird sich freuen. Ihr werdet trauern, doch eure Trauer wird sich von einem Augenblick zum anderen in große Freude verwandeln, wenn ihr mich wiederseht. Es wird sein wie bei einer Frau in den Wehen. Wenn ihr Kind erst geboren ist, verblassen die Schmerzen angesichts der Freude, dass ein neuer Mensch zur Welt gekommen ist. Jetzt seid ihr traurig, aber ich werde euch wiedersehen, und dann werdet ihr euch freuen, und niemand kann euch diese Freude nehmen.«

Das Versprechen von erhörten Gebeten und Frieden

»Wenn es so weit ist, werdet ihr mich um nichts mehr bitten müssen. Ich versichere euch: Dann könnt ihr selbst zum Vater gehen und ihn bitten, und er wird eure Bitte erfüllen, weil ihr in meinem Namen bittet. Bis jetzt habt ihr das nicht getan. Bittet in meinem

Namen, und ihr werdet empfangen, dann wird eure Freude vollkommen sein.

Bis jetzt habe ich über diese Dinge in Gleichnissen geredet, aber es kommt die Zeit, in der das nicht mehr nötig sein wird; dann werde ich offen mit euch reden und euch alles über den Vater erzählen. Und dann werdet ihr in meinem Namen bitten. Ich sage nicht, dass ich den Vater für euch bitten werde, denn der Vater selbst hat euch lieb, weil ihr mich liebt und glaubt, dass ich von Gott ausgegangen bin. Ich kam vom Vater in die Welt, und ich werde die Welt verlassen und zum Vater zurückkehren.«

Da sagten seine Jünger: »Endlich sprichst du offen und nicht mehr in Gleichnissen. Jetzt verstehen wir, dass du alles weißt und nicht darauf angewiesen bist, dass irgendjemand dir etwas sagt. Deshalb glauben wir, dass du von Gott gekommen bist.«

Jesus fragte: »Jetzt glaubt ihr? Doch es kommt die Zeit – ja, sie ist schon angebrochen –, da werdet ihr zerstreut werden, und jeder wird seine eigenen Wege gehen und mich verlassen. Doch ich bin nicht allein, denn der Vater ist bei mir. Ich habe euch das alles gesagt, damit ihr in mir Frieden habt. Hier auf der Erde werdet ihr viel Schweres erleben. Aber habt Mut, denn ich habe die Welt überwunden.«

Jesus betet

Nachdem Jesus all das gesagt hatte, blickte er zum Himmel auf und sagte: »Vater, die Zeit ist gekommen. Verherrliche deinen Sohn, damit er dich verherrlichen kann. Denn du hast ihm Macht über alle Menschen auf der ganzen Welt gegeben. Er schenkt allen, die du ihm gegeben hast, das ewige Leben. Und das ist der Weg zum ewigen Leben: dich zu erkennen, den einzig wahren Gott, und

Jesus Christus, den du in die Welt gesandt hast. Ich habe dich hier auf Erden verherrlicht, indem ich alles tat, was du mir aufgetragen hast. Und nun, Vater, verherrliche mich mit der Herrlichkeit, die wir schon teilten, ehe die Welt erschaffen wurde.

Ich habe deinen Namen diesen Menschen offenbart. Sie waren in der Welt, doch dann hast du sie mir gegeben. Sie haben dir schon immer gehört, und du hast sie mir gegeben, und sie haben dein Wort bewahrt. Jetzt wissen sie, dass alles, was ich habe, von dir ist, denn ich habe ihnen die Worte weitergegeben, die du mir mitgegeben hast. Sie haben diese Worte angenommen und wissen, dass ich von dir gekommen bin; und sie glauben, dass du mich gesandt hast.

Mein Gebet gilt nicht der Welt, sondern denen, die du mir gegeben hast, weil sie dir gehören. Weil sie die Meinen sind, gehören sie auch dir; doch du hast sie mir gegeben, damit ich durch sie verherrlicht werde! Jetzt verlasse ich die Welt; ich lasse sie zurück in der Welt und komme zu dir. Heiliger Vater, bewahre sie in deinem Namen, den du mir gegeben hast, damit sie eins sind, so wie wir eins sind. Während meiner Zeit hier auf Erden habe ich sie bewahrt. Ich habe über sie gewacht, sodass nicht einer verloren ging außer dem, der den Weg des Verderbens beschritt, so wie es die Schrift vorausgesagt hat. Jetzt aber komme ich zu dir. Ich habe ihnen vieles gesagt, während ich in der Welt war, damit sie von meiner Freude vollkommen erfüllt sind. Ich habe ihnen dein Wort gegeben. Die Welt hasst sie, weil sie genau wie ich nicht zur Welt gehören. Ich bitte dich nicht, dass du sie aus der Welt herausnimmst, sondern dass du sie vor dem Bösen bewahrst. Sie gehören genauso wenig zu dieser Welt wie ich. Reinige sie und heilige sie, indem du sie deine Worte der Wahrheit lehrst. Wie du mich in die Welt gesandt hast, so sende ich sie in die Welt. Und ich gebe mich ganz für sie hin, damit auch sie durch die Wahrheit ganz dir gehören.

Ich bete nicht nur für diese Jünger, sondern auch für alle, die durch ihr Wort an mich glauben werden. Ich bete für sie alle, dass sie eins sind, so wie du und ich eins sind, Vater – damit sie in uns eins sind, so wie du in mir bist und ich in dir bin, und die Welt glaubt, dass du mich gesandt hast. Ich habe ihnen die Herrlichkeit geschenkt, die du mir gegeben hast, damit sie eins sind, wie wir eins sind – ich in ihnen und du in mir, damit sie alle zur Einheit vollendet werden. Dann wird die Welt wissen, dass du mich gesandt hast, und wird begreifen, dass du sie liebst, wie du mich liebst.

Vater, ich möchte, dass die, die du mir gegeben hast, bei mir sind, damit sie meine Herrlichkeit sehen können. Du hast mir die Herrlichkeit geschenkt, weil du mich schon vor Erschaffung der Welt geliebt hast. Gerechter Vater, die Welt kennt dich nicht, aber ich kenne dich, und diese Jünger wissen, dass du mich gesandt hast. Ich habe ihnen deinen Namen offenbart und werde ihn auch weiterhin offenbaren. Das tue ich, damit deine Liebe zu mir in ihnen bleibt und ich in ihnen.«

Im Garten Gethsemane

Nachdem er ihnen all das gesagt hatte und nachdem sie ein Loblied gesungen hatten, überquerte Jesus mit seinen Jüngern den Bach Kidron und ging hinaus auf den Ölberg.

Sie kamen zu einem Olivenhain, der Gethsemane heißt, und Jesus sagte: »Betet, damit ihr der Versuchung nicht erliegt. Bleibt hier sitzen, während ich ein Stück weitergehe, um zu beten.« Petrus und die beiden Söhne des Zebedäus, Jakobus und Johannes, nahm er mit. Er war sehr traurig, und schreckliche Angst quälte ihn. Er sagte zu ihnen: »Meine Seele ist zu Tode betrübt. Bleibt hier und wacht mit mir.«

Er entfernte sich etwa einen Steinwurf weit, kniete nieder und betete: »Abba, Vater, dir ist alles möglich. Wenn du willst, dann lass diesen Kelch des Leides an mir vorübergehen. Doch dein Wille geschehe, nicht meiner.«

Da erschien ein Engel vom Himmel und stärkte ihn. Aber er war von Angst erfüllt und betete noch heftiger und kämpfte so sehr, dass sein Schweiß wie Blut auf die Erde tropfte.

Dann kehrte er zu den Jüngern zurück und sah, dass sie eingeschlafen waren. Er sagte zu Petrus: »Schläfst du etwa? Konntet ihr nicht wenigstens eine Stunde mit mir wach bleiben? Bleibt wach und betet. Sonst wird euch die Versuchung überwältigen. Denn der Geist ist zwar willig, aber der Körper ist schwach!«

Und wieder ließ er sie zurück und betete: »Mein Vater! Wenn dieser Kelch nicht an mir vorübergehen kann, dann geschehe dein Wille.« Wieder ging er zu den Jüngern zurück und sah, dass sie schliefen, denn sie konnten ihre Augen nicht offen halten. Und sie wussten nicht, was sie ihm antworten sollten.

Da ging er ein drittes Mal fort, um zu beten, und sprach die gleichen Worte. Schließlich stand er auf und ging zu den Jüngern zurück, die, erschöpft vor Kummer, eingeschlafen waren. »Schlaft ihr noch immer? Ruht ihr euch immer noch aus? Genug damit! Es ist so weit. Der Menschensohn wird in die Hände der Sünder ausgeliefert. Kommt, lasst uns gehen. Der Verräter ist da!«

Tag 36

Verraten und verhaftet

Er hatte noch nicht ausgeredet, da näherte sich eine Menschenmenge, angeführt von Judas, einem der zwölf Jünger. Judas, der Verräter, kannte den Ort, weil Jesus oft mit seinen Jüngern dort gewesen war. Die obersten Priester und Pharisäer hatten Judas einen Trupp römischer Soldaten und Tempelwächter mitgegeben, die ihn begleiten sollten. Nun marschierten sie mit lodernden Fackeln, Laternen, Schwertern und Knüppeln dorthin.

Judas hatte mit ihnen ein Zeichen vereinbart: »Ihr werdet wissen, wer es ist, wenn ich auf ihn zugehe und ihn mit einem Kuss begrüße. Den könnt ihr festnehmen und abführen.« Also ging Judas direkt auf Jesus zu. »Ich grüße dich, Rabbi!«, rief er und gab ihm einen Kuss. Aber Jesus sagte: »Judas, wie kannst du den Menschensohn mit einem Kuss verraten?«

Jesus wusste, was mit ihm geschehen würde. Er ging ihnen entgegen und fragte: »Wen sucht ihr?«

»Jesus von Nazareth«, erwiderten sie.

»Ich bin es«, sagte Jesus.

Judas stand bei ihnen, als Jesus sich zu erkennen gab. Und als er sagte: »Ich bin es«, wichen sie alle zurück und fielen zu Boden.

Noch einmal fragte er sie: »Wen sucht ihr?«

Und wieder antworteten sie: »Jesus von Nazareth.«

»Ich habe euch doch gesagt, dass ich es bin«, sagte Jesus. »Und da ich derjenige bin, den ihr sucht, lasst die anderen gehen.« Damit erfüllte er seine eigene Aussage: »Ich habe auch nicht einen Einzigen von denen verloren, die du mir gegeben hast.«

Da packten die anderen Jesus und verhafteten ihn. Als die anderen Jünger begriffen, was die Menge vorhatte, riefen sie: »Herr, sollen wir kämpfen? Wir haben die Schwerter mitgebracht!«

Plötzlich zog Simon Petrus ein Schwert und schlug Malchus, dem Diener des Hohen Priesters, das rechte Ohr ab. Aber Jesus sagte zu Petrus: »Leistet keinen Widerstand mehr. Steck dein Schwert wieder in die Scheide. Wer das Schwert benutzt, wird durchs Schwert umkommen. Soll ich etwa nicht aus dem Kelch trinken, den mir der Vater gegeben hat? Wisst ihr denn nicht, dass ich meinen Vater um Tausende von Engeln bitten könnte, um uns zu beschützen, und er würde sie sofort schicken? Doch wenn ich das täte, wie sollte sich dann erfüllen, was in der Schrift vorausgesagt wird und nun eintreten muss?« Und er berührte das Ohr des Mannes und heilte ihn.

Dann wandte er sich an die obersten Priester, die Befehlshaber der Tempelwache und die Anführer der Gruppe. »Bin ich ein Schwerverbrecher«, fragte er, »dass ihr mit Schwertern und Knüppeln bewaffnet anrückt, um mich zu verhaften? Warum habt ihr mich nicht im Tempel verhaftet? Ich habe doch jeden Tag dort gepredigt. Aber dies ist eure Stunde, die Zeit, in der die Macht der Finsternis die Oberhand hat. All das geschieht, um die Worte der Propheten zu erfüllen, wie sie in der Schrift aufgeschrieben sind.«

Da verließen ihn alle Jünger und flohen. Ein junger Mann, nur mit einem Leinenhemd bekleidet, schlich hinterher. Als die Männer auch ihn zu fassen versuchten, rissen sie ihm das Hemd vom Leib, doch er entkam ihnen und lief nackt davon.

Die Soldaten, ihr Befehlshaber und die Männer der Tempelwache verhafteten Jesus und fesselten ihn.

Gerichtsverhandlung – jüdische Phase eins (Hannas)

Zunächst brachten sie ihn zu Hannas, dem Schwiegervater von Kaiphas, dem amtierenden Hohen Priester. Kaiphas war es gewesen, der zu den Juden gesagt hatte: »Es ist besser, wenn einer für das ganze Volk stirbt.«

Inzwischen begann der Hohe Priester, Jesus über seine Anhänger und seine Lehre zu befragen. Jesus sagte: »Was ich lehre, ist überall bekannt, denn ich habe regelmäßig in den Synagogen und im Tempel gesprochen. Überall haben die Menschen mich gehört, und ich lehre nichts hinter verschlossenen Türen, was ich nicht in der Öffentlichkeit gesagt habe. Warum fragst du mich? Frag doch die, die mich gehört haben. Sie wissen, was ich gesagt habe.«

Ein Mann der Tempelwache, der dabeistand, schlug Jesus ins Gesicht und meinte: »Ist das eine Art und Weise, dem Hohen Priester zu antworten?«

Jesus erwiderte: »Wenn ich etwas Falsches gesagt habe, dann beweise es. Darfst du einen Menschen schlagen, weil er die Wahrheit sagt?« Da ließ Hannas Jesus fesseln und zum Hohen Priester Kaiphas führen. Jesus wurde zum Haus des Hohen Priesters gebracht, wo die obersten Priester, die anderen führenden Männer des Volkes und die Schriftgelehrten sich versammelt hatten.

Petrus im Gerichtshof

Petrus und ein anderer Jünger folgten ihnen in einiger Entfernung bis in den Innenhof des hohepriesterlichen Hauses. Dieser andere Jünger war mit dem Hohen Priester bekannt und durfte deshalb mit Jesus den Innenhof des hohepriesterlichen Palastes betreten.

Die Wachen und die Bediensteten standen um ein Kohlenfeuer, das sie angezündet hatten, weil es kalt war. Und Petrus ging hinein und setzte sich so zu den Wachen, dass er sehen konnte, was mit Jesus geschehen würde, und wärmte sich.

Gerichtsverhandlung – jüdische Phase zwei (Kaiphas)

Im Haus suchten die obersten Priester und der gesamte Hohe Rat nach Zeugen, die zu einer Falschaussage gegen Jesus bereit wären, sodass sie ihn zum Tode verurteilen konnten. Doch alle ihre Bemühungen waren vergebens. Zwar sagten viele falsche Zeugen gegen ihn aus, aber sie widersprachen einander. Schließlich fanden sie zwei Männer, die behaupteten: »Dieser Mann hat gesagt: ›Ich kann den Tempel Gottes zerstören und ihn in drei Tagen wieder aufbauen.‹« Doch auch ihre Aussagen stimmten nicht überein.

Da stand der Hohe Priester auf und fragte Jesus: »Hast du zu diesen Anschuldigungen nichts zu sagen? Was hast du zu deiner Verteidigung vorzubringen?« Doch Jesus schwieg. Da sagte der Hohe Priester zu ihm: »Im Namen des lebendigen Gottes, sage uns, ob du der Christus bist, der Sohn Gottes. Bist du der Christus, der Sohn Gottes, des Hochgelobten?«

Jesus antwortete: »Ich bin es. Ihr werdet den Menschensohn zur Rechten Gottes, des Allmächtigen, auf dem Platz der

Macht sitzen und auf den Wolken des Himmels wiederkommen sehen.«

Da zerriss der Hohe Priester zum Zeichen seines Abscheus sein Gewand und rief aus: »Gotteslästerung! Wozu brauchen wir noch weitere Zeugen? Ihr alle habt seine Gotteslästerung gehört! Was ist euer Urteil?«

Sie riefen: »Schuldig! Er muss sterben!« Einige begannen, Jesus anzuspucken, und schlugen ihn mit den Fäusten. Dann fingen die Wächter, die Jesus gefangen hielten, an, ihn zu verspotten und zu schlagen. Sie verbanden ihm die Augen, dann schlugen sie ihn und fragten: »Nun, du Prophet, wer hat dich wohl gerade geschlagen?« Und sie beschimpften ihn.

Petrus verleugnet, Jesus zu kennen

Da sprach der andere Jünger mit der Türhüterin, und sie ließ auch Petrus herein. Sie sah ihn näher an und sagte dann: »Dieser Mann war auch bei Jesus! Du warst doch auch einer von denen, die mit Jesus von Nazareth zusammen waren.«

Doch Petrus leugnete laut, sodass es alle hören konnten. »Frau, ich kenne den Mann überhaupt nicht!«, sagte er und ging hinaus in den Vorhof. In diesem Augenblick krähte ein Hahn.

Später, als er draußen am Tor war, bemerkte ihn eine andere Dienerin, und auch sie sagte zu den Umstehenden: »Dieser Mann war bei Jesus von Nazareth.«

Und wieder leugnete Petrus, diesmal schwor er sogar: »Ich kenne den Mann noch nicht einmal.«

Kurz darauf sagten auch die Umstehenden zu Petrus: »Du musst auch einer von ihnen sein, du kommst doch auch aus Galiläa; wir erkennen dich an deinem galiläischen Akzent.«

Ein Diener des Hohen Priesters, ein Verwandter des Mannes, dem Petrus ein Ohr abgeschlagen hatte, fragte ihn: »Habe ich dich nicht dort im Olivenhain bei Jesus gesehen?«

Wieder sagte Petrus: »Ich schwöre bei Gott, ich kenne diesen Mann nicht.«

In diesem Augenblick krähte der Hahn zum zweiten Mal.

Da erinnerte dieser sich an die Worte des Herrn: »Bevor der Hahn zwei Mal kräht, wirst du mich drei Mal verleugnen.« Und Petrus ging hinaus, brach zusammen und weinte bitterlich.

Gerichtsverhandlung – jüdische Phase drei (Hoher Rat)

Gegen Tagesanbruch versammelten sich die führenden Männer des Volkes sowie die obersten Priester und Schriftgelehrten. Jesus wurde diesem Hohen Rat vorgeführt, und sie fragten ihn: »Sage uns, ob du der Christus bist.«

Doch er erwiderte: »Wenn ich es euch sagte, würdet ihr mir doch nicht glauben. Und wenn ich euch eine Frage stellte, würdet ihr mir nicht antworten. Aber bald kommt die Zeit, in der der Menschensohn zur Rechten des allmächtigen Gottes sitzen wird.«

Da riefen alle: »Dann behauptest du also, Gottes Sohn zu sein?«

Und er erwiderte: »Ihr sagt es selbst; ich bin es.«

»Wozu brauchen wir da noch Zeugen?«, schrien sie. »Wir haben es ihn selbst sagen hören.«

Das Ende von Judas

Als seinem Verräter Judas klar wurde, dass Jesus zum Tode verurteilt war, überfiel ihn tiefe Reue. Er wollte den obersten Priestern und Ältesten die dreißig Silberstücke zurückgeben. »Ich habe gesündigt«, gestand er, »ich habe einen Unschuldigen verraten.«

Sie fuhren ihn an: »Was geht uns das an? Das ist deine Sache.« Da warf Judas das Geld auf den Boden des Tempels, ging hinaus und erhängte sich.

Die obersten Priester hoben das Geld auf. »Wir können es nicht zum Tempelschatz legen«, sagten sie, »denn es ist todbringendes Geld.« Und nachdem sie eine Weile beraten hatten, beschlossen sie, den Acker des Töpfers davon zu kaufen und daraus einen Friedhof für Fremde zu machen. Deshalb heißt dieses Stück Land heute noch Blutacker. So erfüllte sich die Prophezeiung Jeremias: »Sie nahmen die dreißig Silberstücke – die Summe, die er dem Volk Israel wert war – und kauften damit den Acker des Töpfers, so wie es der Herr befahl.«

Tag 37

Gerichtsverhandlung – römische Phase eins (Pilatus)

Früh am nächsten Morgen traten die obersten Priester, führende Männer des Volkes und Schriftgelehrte – der gesamte Hohe Rat – zusammen, um über das weitere Vorgehen zu beraten. Sie fesselten Jesus und brachten ihn zu Pilatus, dem römischen Statthalter, in das Prätorium, den Palast des römischen Statthalters. Seine Ankläger gingen nicht mit ihm hinein, weil sie sich nicht verunreinigen wollten; sie hätten sonst nicht an den Passah-Feierlichkeiten teilnehmen dürfen.

Deshalb kam Pilatus zu ihnen heraus und fragte: »Was habt ihr gegen diesen Mann vorzubringen?«

»Wir würden ihn dir nicht vorführen, wenn er kein Verbrecher wäre!«, gaben sie zurück.

»Dann führt ihn ab und verurteilt ihn nach euren eigenen Gesetzen«, erklärte Pilatus.

»Unser Gesetz erlaubt es uns nicht, jemanden hinzurichten«, erwiderten die Juden. Damit erfüllte sich die Voraussage von Jesus über die Art, wie er sterben würde.

Daraufhin legten die obersten Priester Jesus zahlreiche Verbrechen zur Last: »Dieser Mann verführt unser Volk. Er fordert es auf, dem Kaiser keine Steuern zu zahlen, und er behauptet, der Christus, ein König, zu sein.«

Doch als die obersten Priester und die Ältesten ihre Anklagen vorbrachten, schwieg Jesus. »Hast du nichts dazu zu sagen? Siehst du nicht, was sie alles gegen dich vorbringen? Hörst du nicht die Anschuldigungen gegen dich?«, fragte Pilatus. Doch sehr zum Erstaunen des Statthalters sagte Jesus nichts.

Pilatus ging wieder hinein in das Prätorium und ließ Jesus vorführen. »Bist du der König der Juden?«, fragte er ihn.

Jesus erwiderte: »Bist du selbst auf diese Frage gekommen oder haben andere dir von mir erzählt?«

»Bin ich etwa ein Jude?«, entgegnete Pilatus. »Dein eigenes Volk und ihre obersten Priester haben dich hergebracht. Warum? Was hast du getan?«

Darauf antwortete Jesus: »Mein Reich ist nicht von dieser Welt. Wenn es so wäre, hätten meine Diener für mich gekämpft, als ich verhaftet wurde. Aber mein Königreich ist nicht von dieser Welt.«

Pilatus entgegnete: »Dann bist du also doch ein König?«

Jesus bestätigte: »Du sagst es: Ich bin ein König. Dazu bin ich geboren. Ich bin gekommen, um der Welt die Wahrheit zu bringen. Wer die Wahrheit liebt, wird erkennen, dass meine Worte wahr sind.«

Da fragte Pilatus: »Was ist Wahrheit?« Dann ging er wieder zu den Leuten hinaus und sagte zu ihnen: »Er ist keines Verbrechens schuldig.«

Doch sie bestanden darauf: »Wo er auch hinkommt, verursacht er Unruhe im Volk – in ganz Judäa, von Galiläa bis nach Jerusalem!«

Gerichtsverhandlung – römische Phase zwei (Herodes Antipas)

»Der Mann ist also ein Galiläer?«, fragte Pilatus. Als sie das bestätigten, ließ Pilatus Jesus zu Herodes Antipas bringen, denn Galiläa unterstand seiner Rechtsprechung und Herodes hielt sich gerade in Jerusalem auf. Herodes freute sich sehr, Jesus kennenzulernen. Er hatte schon viel von ihm gehört und immer gehofft, einmal Zeuge eines seiner Wunder zu werden. Er stellte Jesus eine Frage nach der anderen, aber Jesus gab keine Antwort. Währenddessen standen die obersten Priester und Schriftgelehrten dabei und brachten mit lauter Stimme ihre Anklagen vor. Da begannen Herodes und seine Soldaten Jesus zu verhöhnen und zu verspotten. Sie legten ihm ein prächtiges Gewand an und schickten ihn zu Pilatus zurück. An diesem Tag wurden Herodes und Pilatus, die bis dahin verfeindet gewesen waren, Freunde.

Gerichtsverhandlung – römische Phase drei (Pilatus)

Pilatus berief die obersten Priester und Schriftgelehrten und das Volk ein und gab sein Urteil bekannt. »Ihr habt mir diesen Mann vorgeführt und ihn beschuldigt, das Volk aufzuhetzen. Ich habe ihn in eurer Anwesenheit gründlich befragt und habe keine Schuld an ihm gefunden. Herodes ist zum gleichen Schluss gelangt und hat ihn zu uns zurückbringen lassen. Dieser Mann hat nichts getan, wofür er den Tod verdient. Ich werde ihn auspeitschen lassen und danach lasse ich ihn frei.«

Es war Brauch, dass der Statthalter jedes Jahr anlässlich des Passahfestes einen Gefangenen freiließ, den das Volk bestimmen durfte. In diesem Jahr saß ein berüchtigter Verbrecher namens Barabbas im Gefängnis, der bei einem Aufstand zusammen mit anderen des Mordes überführt worden war. Eine große Menschenmenge bedrängte nun Pilatus und bat ihn, wie üblich einen Gefangenen freizulassen. Als die Menge sich an diesem Morgen vor dem Haus von Pilatus versammelt hatte, fragte er sie: »Welchen soll ich für euch freilassen – Barabbas oder Jesus, den man den Christus nennt?« Denn Pilatus erkannte, dass die obersten Priester Jesus nur aus Neid verhaftet hatten.

Während Pilatus auf dem Richterstuhl saß, schickte ihm seine Frau eine Nachricht: »Lass diesen unschuldigen Mann in Ruhe; ich hatte letzte Nacht seinetwegen einen schrecklichen Traum.«

In der Zwischenzeit hatten die obersten Priester und die Ältesten das Volk aufgehetzt: Es sollte die Freilassung von Barabbas und die Hinrichtung von Jesus fordern. Als der Statthalter noch einmal fragte: »Wen von diesen beiden soll ich freilassen?«, rief die Menge: »Nicht diesen Mann, sondern Barabbas!«

Pilatus redete ihnen zu, denn er wollte lieber Jesus freilassen. »Aber wenn ich Barabbas freilasse«, fragte Pilatus, »was soll ich dann mit Jesus machen, der Christus genannt wird?« Aber sie schrien nur: »Kreuzige ihn! Kreuzige ihn!«

Zum dritten Mal wandte er ein: »Warum? Welches Verbrechen hat er begangen? Ich habe keinen Grund gefunden, ihn zum Tod zu verurteilen. Ich werde ihn auspeitschen lassen und dann freigeben.« Aber die Menge schrie nur noch lauter: »Kreuzige ihn!«

Daraufhin ließ Pilatus Jesus auspeitschen. Einige der Soldaten des Statthalters brachten Jesus in das Prätorium und riefen alle anderen Soldaten zusammen. Sie zogen ihn aus und legten ihm ein purpurrotes Gewand an. Dann machten sie eine Krone aus langen, spitzen Dornen, setzten sie ihm auf den Kopf und gaben ihm einen Stock in die rechte Hand als Zepter. Daraufhin knieten sie vor ihm nieder, verhöhnten ihn und grölten: »Sei gegrüßt, König der Juden!« Sie schlugen ihn mit den Fäusten, spuckten ihn an, nahmen ihm den Stock weg und schlugen ihn damit auf den Kopf.

Pilatus ging wieder hinaus und sagte zu den Leuten: »Ich lasse ihn jetzt zu euch hinausbringen, damit ihr wisst, dass ich keine Schuld an ihm finden kann.« Dann kam Jesus heraus. Er trug die Dornenkrone und das Purpurgewand. Und Pilatus sagte: »Hier ist er, der Mensch!«

Als sie ihn sahen, fingen die obersten Priester und die Männer der Tempelwache an zu schreien: »Kreuzige ihn! Kreuzige ihn!«

Pilatus entgegnete: »Nehmt ihr ihn selbst und kreuzigt ihr ihn. Ich kann keine Schuld an ihm finden.«

Die Juden erwiderten: »Nach unserem Gesetz muss er sterben, weil er sich selbst als Gottes Sohn bezeichnet hat.«

Als Pilatus das hörte, fürchtete er sich noch mehr. Er ließ Jesus wieder zurück ins Prätorium bringen und fragte ihn: »Woher kommst du?« Aber Jesus gab keine Antwort. »Sprichst du nicht mit mir?«, fragte Pilatus. »Weißt du denn nicht, dass ich die Macht habe, dich freizulassen oder dich zu kreuzigen?«

Da sagte Jesus: »Du hättest keine Macht über mich, wenn sie dir nicht von oben gegeben wäre. Deshalb hat der, der mich dir ausgeliefert hat, die schwerere Sünde begangen.«

Darauf wollte Pilatus ihn erneut freilassen, die Juden aber schrien: »Wenn du diesen Mann freilässt, bist du kein Freund des Kaisers. Wer sich zum König erklärt, erhebt sich gegen den Kaiser.«

Auf diese Worte hin ließ Pilatus Jesus wieder hinausführen. Dann setzte er sich auf den Richterstuhl, an einer Stelle, die man »Steinpflaster« nannte (auf Hebräisch Gabbata). Das war um die Mittagszeit am Tag vor dem Passahfest. Und Pilatus sagte zu den Leuten: »Hier ist euer König!«

Sie schrien: »Weg mit ihm! Weg mit ihm – kreuzige ihn!« Pilatus fragte:

»Was? Euren König soll ich kreuzigen lassen?«

Die obersten Priester gaben zurück: »Wir haben keinen König außer dem Kaiser.« Sie übertönten Pilatus mit ihrem Geschrei.

Pilatus sah, dass er so nicht weiterkam und dass sich ein Tumult anbahnte. Da ließ er sich eine Schüssel mit Wasser bringen und wusch sich vor den Augen der Menge die Hände mit den Worten: »Ich bin unschuldig am Blut dieses Mannes. Die Verantwortung liegt bei euch!«

Und die Menge schrie zurück: »Wir übernehmen die Verantwortung für seinen Tod – wir und unsere Kinder!«

Da ließ Pilatus, weil er dem Volk gefallen wollte, Barabbas frei. Jesus dagegen lieferte er ihnen aus, wie sie es gefordert hatten, und lieferte ihn dann den römischen Soldaten aus, die ihn kreuzigen sollten.

Der Weg nach Golgatha

Als sie genug davon hatten, ihn zu verspotten, zogen sie ihm das Purpurgewand wieder aus und zogen ihm seine eigenen Kleider an. Dann führten sie ihn zur Kreuzigungsstätte. Jesus trug das Kreuz selbst.

Auf dem Weg begegnete ihnen ein Mann namens Simon, der aus Kyrene stammte. Er kam gerade vom Feld zurück. Den zwangen sie, das Kreuz für Jesus zu tragen. (Simon ist der Vater von Alexander und Rufus.) Sie zwangen ihn, hinter Jesus herzugehen und ihm sein Kreuz zu tragen.

Ihnen schloss sich eine große Menschenmenge an, darunter viele trauernde, wehklagende Frauen. Doch Jesus wandte sich um und sagte zu ihnen: »Töchter Jerusalems, weint nicht um mich, sondern klagt über euch selbst und eure Kinder. Denn es kommt die Zeit, da werden sie sagen: ›Glücklich sind die Frauen, die kinderlos geblieben sind, deren Körper nie ein Kind geboren und deren Brüste keinen Säugling gestillt haben.‹ Die Menschen werden die Berge anflehen, auf sie zu fallen, und die Hügel, sie unter sich zu begraben. Denn wenn dies schon mit dem grünen Holz geschieht, wie wird es dann erst dem toten Holz ergehen?«

Sie brachten Jesus an einen Ort, der Golgatha heißt, das bedeutet »Schädelstätte«. Dort wollten sie ihm Wein geben, der mit Myrrhe vermischt war, aber er nahm ihn nicht.

Tag 38

Jesus wird gekreuzigt

Dort kreuzigten sie ihn. Zusammen mit ihm wurden zwei Verbrecher gekreuzigt; ihre Kreuze standen rechts und links von ihm, mit Jesus in der Mitte. Es war neun Uhr morgens, als sie ihn kreuzigten.

Jesus sagte: »Vater, vergib diesen Menschen, denn sie wissen nicht, was sie tun.«

Pilatus ließ ein Schild über ihm am Kreuz anbringen, auf dem stand: »Jesus von Nazareth, König der Juden«. Der Ort, an dem Jesus gekreuzigt wurde, lag in unmittelbarer Nähe der Stadt; und das Schild war in Hebräisch, Lateinisch und Griechisch geschrieben, sodass viele Leute es lesen konnten. Da sagten die obersten Priester zu Pilatus: »Schreib nicht ›König der Juden‹, sondern schreib: ›Er hat behauptet: Ich bin der König der Juden.‹«

Pilatus entgegnete: »Was ich geschrieben habe, habe ich geschrieben.«

Nachdem die Soldaten – es waren vier Mann – Jesus gekreuzigt hatten, teilten sie seine Kleider unter sich auf. Sie nahmen auch sein Untergewand an sich. Es war ohne Naht aus einem einzigen Stück gewebt, deshalb sagten sie: »Wir wollen es nicht zerreißen, sondern darum würfeln.« Damit erfüllte sich die Schrift, in der es heißt: »Sie teilten meine Kleider unter sich auf und würfelten um mein Gewand.« Sie verlosten seine Kleider, indem sie darum würfelten, was jeder bekommen sollte. Dann setzten sie sich um das Kreuz und hielten Wache.

Die Leute, die vorübergingen, beschimpften und verhöhnten ihn: »So! Du kannst also den Tempel zerstören und in drei Tagen wieder aufbauen? Nun, wenn du der Sohn Gottes bist, dann rette dich doch selbst und steig vom Kreuz herab!«

Die obersten Priester, Schriftgelehrten und Ältesten verspotteten Jesus ebenfalls. »Anderen hat er geholfen«, höhnten sie, »aber sich selbst kann er nicht helfen! Wenn er wirklich der König Israels ist, dann soll er doch vom Kreuz herabsteigen. Dann werden wir an ihn glauben! Er hat Gott vertraut – nun soll Gott zeigen, dass er zu ihm steht, indem er ihn verschont! Er hat ja behauptet: ›Ich bin der Sohn Gottes.‹« Auch die Soldaten verhöhnten ihn. Sie gaben ihm Weinessig zu trinken und riefen ihm zu: »Wenn du der König der Juden bist, rette dich doch selbst!«

Selbst die beiden Verbrecher, die mit Jesus zusammen gekreuzigt wurden, verhöhnten ihn. Einer der Verbrecher, die neben ihm hingen, spottete: »Du bist also der Christus? Beweise es, indem du dich rettest – und uns mit!«

Doch der andere mahnte: »Hast du nicht einmal jetzt Ehrfurcht vor Gott, da du den Tod vor Augen hast? Wir haben für unsere Vergehen den Tod verdient, aber dieser Mann hat nichts Unrechtes getan.« Dann sagte er: »Jesus, denk an mich, wenn du in dein Reich kommst.«

Da antwortete Jesus: »Ich versichere dir: Heute noch wirst du mit mir im Paradies sein.«

Inzwischen war es Mittag geworden. In der Nähe des Kreuzes standen die Mutter von Jesus und ihre Schwester sowie Maria, die Frau von Klopas, und Maria von Magdala. Als Jesus seine Mutter dort neben dem Jünger stehen sah, den er lieb hatte, sagte er zu ihr: »Frau, das ist jetzt dein Sohn.« Und zu dem Jünger sagte er:

»Das ist nun deine Mutter.« Von da an nahm der Jünger sie zu sich in sein Haus.

Es ist vollbracht

Um die Mittagszeit wurde es plötzlich im ganzen Land dunkel – bis drei Uhr. Die Sonne hatte sich verfinstert. Gegen drei Uhr rief Jesus mit lauter Stimme: »Eli, Eli, lama asabtani?«, das bedeutet: »Mein Gott, mein Gott, warum hast du mich verlassen?«

Einige der Vorübergehenden hatten ihn falsch verstanden und dachten, er riefe nach dem Propheten Elia.

Jesus wusste, dass nun alles vollbracht war, und um zu erfüllen, was in der Schrift vorausgesagt war, sagte er: »Ich habe Durst.« Einer lief und tauchte einen Schwamm in ein Gefäß mit Weinessig und steckte ihn auf einen Ysopzweig, den sie an seine Lippen hielten. »Wartet. Wir wollen sehen, ob Elia wirklich kommt und ihn herunterholt!«, sagte er.

Als Jesus davon genommen hatte, sagte er: »Es ist vollbracht!« Jesus rief: »Vater, ich lege meinen Geist in deine Hände!« Dann neigte er den Kopf und starb.

Übernatürliche Ereignisse

In diesem Augenblick zerriss der Vorhang im Tempel von oben bis unten in zwei Teile. Die Erde bebte, Felsen zerbarsten, Gräber öffneten sich und die Leiber vieler gottesfürchtiger Männer und Frauen, die schon längst verstorben waren, wurden von den Toten auferweckt. Nachdem Jesus auferstanden war, verließen sie die

Gräber, gingen in die heilige Stadt Jerusalem und erschienen dort vielen Menschen.

Den römischen Offizier und die anderen Soldaten, die ihn gekreuzigt hatten, überkam Todesangst bei dem Erdbeben und den anderen Ereignissen. Sie sagten: »Es stimmt, das war wirklich der Sohn Gottes!«

Und die vielen Zuschauer, die zur Kreuzigung gekommen waren und alles miterlebt hatten, was geschehen war, gingen voll Reue wieder nach Hause.

Aber die Freunde von Jesus, unter ihnen die Frauen, die ihm aus Galiläa gefolgt waren, schauten aus einiger Entfernung zu. Unter ihnen waren auch Maria von Magdala, Maria, die Mutter von Jakobus und Josef, und Salome, die Frau des Zebedäus, die Mutter von Jakobus und Johannes.

Der Tod von Jesus wird bestätigt

Die führenden Männer des jüdischen Volkes wollten die Gekreuzigten nicht bis zum nächsten Tag, einem Sabbat – der wegen des Passahfestes noch dazu ein besonderer Sabbat war –, am Kreuz hängen lassen. Um den Tod schneller herbeizuführen, baten sie Pilatus, dass man ihnen die Beine brach. Dann konnten die Leichname vom Kreuz abgenommen werden. Da kamen die Soldaten und brachen den beiden Männern, die mit Jesus gekreuzigt worden waren, die Beine. Doch als sie zu Jesus kamen, sahen sie, dass er schon tot war, deshalb brachen sie ihm nicht die Beine. Einer der Soldaten bohrte jedoch einen Speer in seine Seite, und Blut und Wasser flossen heraus. Dieser Bericht stammt von einem Augenzeugen. Alles, was er sagt, ist zuverlässig und wahr; er berichtet darüber, damit auch ihr zum Glauben findet.

Diese Dinge sind geschehen, damit sich erfüllt, was in der Schrift vorausgesagt ist: »Nicht einer seiner Knochen wird zerbrochen werden«, und: »Sie werden auf den schauen, den sie durchbohrt haben«.

Jesus wird begraben

Dies ereignete sich alles an einem Freitag, dem Rüsttag, das ist der Tag vor dem Sabbat. Als es Abend wurde, fasste Josef von Arimathäa, ein gütiger und gerechter Mann und ein angesehenes Mitglied des Hohen Rates, Mut und ging zu Pilatus, um ihn um den Leichnam von Jesus zu bitten. Josef war einer von denen, die auf das Kommen des Reiches Gottes warteten. Er war mit der Entscheidung und dem Vorgehen der anderen Ratsmitglieder nicht einverstanden gewesen. Pilatus konnte nicht glauben, dass Jesus schon tot war, deshalb ließ er den verantwortlichen römischen Hauptmann rufen und fragte ihn. Der Hauptmann bestätigte den Tod, und Pilatus überließ Josef den Leichnam. Als Pilatus es ihm gestattete, ging Josef und holte den Leichnam.

Auch Nikodemus, der Jesus einmal in der Nacht aufgesucht hatte, kam und brachte zum Einbalsamieren etwa dreißig Kilogramm Myrrhe und Aloe mit. Gemeinsam wickelten sie den Leichnam mit den Kräutern in lange Leinentücher, wie es bei den Juden vor dem Begräbnis Brauch ist. Der Ort der Kreuzigung befand sich in der Nähe eines Gartens; dort lag ein neues Grab, das aus dem Felsen gehauen war und das noch nie benutzt worden war. Und weil es der Tag der Vorbereitung für das Passahfest war und das Grab sich in der Nähe befand, bestatteten sie Jesus dort. Schließlich rollte er einen großen Stein vor den Eingang und ging.

Dies geschah am späten Freitagnachmittag, dem Rüsttag für den Sabbat. Maria von Magdala und Maria, die Mutter von Josef, blieben in der Nähe sitzen und beobachteten, wohin der Leichnam von Jesus gelegt wurde. Als sein Leichnam fortgebracht wurde, folgten die Frauen aus Galiläa und sahen das Grab, in das sie ihn legten. Dann gingen sie nach Hause und bereiteten Kräuter und Öle vor, um ihn damit einzubalsamieren. Doch als sie mit den Vorbereitungen fertig waren, war der Sabbat angebrochen, und sie ruhten den ganzen Tag, wie es im Gesetz vorgeschrieben ist.

Das Grab wird versiegelt

Am nächsten Tag – dem ersten Tag des Passahfestes – gingen die obersten Priester und Pharisäer zu Pilatus. Sie sagten zu ihm: »Herr, uns ist eingefallen, dass dieser Verführer, als er noch lebte, einmal gesagt hat: ›Nach drei Tagen werde ich von den Toten auferweckt.‹ Wir möchten dich deshalb bitten, das Grab bis zum dritten Tag versiegeln zu lassen. Das wird seine Jünger daran hindern, zurückzugehen und seinen Leichnam zu stehlen, um dann allen zu sagen, er sei wieder lebendig! Denn wenn das geschieht, wird der Betrug noch schlimmer sein als vorher.«

Pilatus erwiderte: »Nehmt Wachen mit und sichert das Grab, so gut ihr könnt.« Also versiegelten sie das Grab und stellten Wachen auf, die es schützen sollten.

Tag 39

Das leere Grab

Am nächsten Abend, als der Sabbat vorüber war, kauften Maria von Magdala, Salome und Maria, die Mutter von Jakobus, wohlriechende Öle, um den Leichnam einzubalsamieren.

Plötzlich gab es ein starkes Erdbeben, weil ein Engel des Herrn vom Himmel herabkam, den Stein beiseiterollte und sich darauf niederließ. Sein Gesicht leuchtete wie ein Blitz, und sein Gewand war weiß wie Schnee. Die Wachen zitterten vor Angst, als sie ihn sahen, fielen zu Boden und blieben wie tot liegen.

Früh am ersten Tag der Woche, als es noch dunkel war, kam Maria von Magdala zum Grab und fand den Stein vom Eingang weggerollt. Sie lief zu Simon Petrus und dem anderen Jünger, den Jesus lieb hatte, und sagte: »Sie haben den Herrn aus dem Grab weggenommen, und ich weiß nicht, wo sie ihn hingebracht haben!«

Früh am Sonntagmorgen gingen Salome und Maria, die Mutter von Jakobus, zum Grab und brachten die Öle mit, die sie vorbereitet hatten. Unterwegs überlegten sie, wer ihnen den Stein vom Eingang des Grabes wegwälzen könnte. Als sie jedoch hinkamen, sahen sie, dass der Stein – ein massiver Felsblock – bereits zur Seite gewälzt war.

So gingen sie in die Grabhöhle hinein, konnten aber den Leichnam von Jesus, dem Herrn, nicht finden. Sie waren ratlos und überlegten, was geschehen sein konnte. Plötzlich standen zwei Männer in strahlenden Gewändern neben ihnen. Die Frauen erschraken und verneigten sich vor ihnen.

Der Engel auf der rechten Seite sagte: »Habt keine Angst. Ihr sucht Jesus von Nazareth, der gekreuzigt wurde. Warum sucht ihr den Lebenden bei den Toten? Er ist nicht hier! Er ist von den Toten auferstanden, wie er gesagt hat. Seht, das ist die Stelle, an der sie ihn hingelegt haben. Geht jetzt zu seinen Jüngern und sagt ihnen, auch Petrus: Jesus geht euch nach Galiläa voraus. Dort werdet ihr ihn sehen, wie er es euch gesagt hat, bevor er starb! Merkt euch, was ich euch gesagt habe.

Erinnert ihr euch nicht, wie er euch in Galiläa sagte, dass der Menschensohn in die Hände sündiger Menschen übergeben und gekreuzigt werden muss und dass er am dritten Tag wieder auferstehen wird?« Da erinnerten sie sich, dass er das gesagt hatte.

Zitternd vor Angst und Bestürzung flohen die Frauen aus dem Grab. Sie waren zu Tode erschrocken und doch zugleich außer sich vor Freude. Sie redeten mit niemandem darüber, so sehr fürchteten sie sich. So schnell sie konnten, liefen sie zu den Jüngern, um ihnen auszurichten, was der Engel gesagt hatte.

Petrus und Johannes sehen das leere Grab

Petrus und der andere Jünger liefen zum Grab, um nachzusehen. Der andere Jünger lief schneller als Petrus und kam als Erster an. Er beugte sich vor, um hineinzuschauen, und sah die Leinentücher daliegen, aber er ging nicht hinein. Dann kam Simon Petrus und ging in die Grabhöhle hinein. Auch er sah die Leinentücher dort liegen; das Tuch, das den Kopf von Jesus bedeckt hatte, lag zusammengefaltet auf der Seite; dann ging er weg und fragte sich verwundert, was geschehen war. Da ging auch der andere Jünger hinein, der zuerst bei dem Grab angekommen war, und er sah und glaubte – denn bis dahin hatten sie die Aussage der Schrift nicht verstanden, dass Jesus von den Toten auferstehen würde. Dann gingen sie nach Hause zurück.

Jesus erscheint Maria von Magdala

Maria stand weinend draußen vor dem Grab, und während sie weinte, beugte sie sich vor und schaute hinein. Da sah sie zwei weiß gekleidete Engel sitzen, einen am Kopf- und einen am Fußende der Stelle, an der der Leichnam von Jesus gelegen hatte. »Warum weinst du?«, fragten die Engel sie.

»Weil sie meinen Herrn weggenommen haben«, erwiderte sie, »und ich nicht weiß, wo sie ihn hingelegt haben.«

Sie blickte über ihre Schulter zurück und sah jemanden hinter sich stehen. Es war Jesus, aber sie erkannte ihn nicht.

»Warum weinst du?«, fragte Jesus sie. »Wen suchst du?«

Sie dachte, er sei der Gärtner. »Herr«, sagte sie, »wenn du ihn weggenommen hast, sag mir, wo du ihn hingebracht hast; dann gehe ich ihn holen.«

»Maria!«, sagte Jesus.

Sie drehte sich um zu ihm und rief aus: »Meister!«

»Berühre mich nicht«, sagte Jesus, »denn ich bin noch nicht zum Vater aufgefahren. Aber geh zu meinen Brüdern und sage ihnen, dass ich zu meinem Vater und zu eurem Vater, zu meinem Gott und zu eurem Gott auffahre.«

Maria von Magdala fand die Jünger, die um ihn trauerten und weinten, und berichtete ihnen, dass Jesus lebe und dass sie ihn gesehen habe. »Ich habe den Herrn gesehen!« Doch sie glaubten ihr nicht.

Jesus erscheint den anderen Frauen

Die Frauen, die zum Grab gegangen waren, waren Maria von Magdala, Johanna und Maria, die Mutter von Jakobus, und mehrere andere. Unterwegs begegneten sie Jesus. »Seid gegrüßt!«, sagte er. Und sie liefen zu ihm hin, umklammerten seine Füße und beteten ihn an. Jesus sagte zu ihnen: »Habt keine Angst! Geht und sagt meinen Brüdern, sie sollen nach Galiläa kommen, dort werden sie mich sehen.«

Sie liefen schnell zurück, um den elf Jüngern – und allen anderen – zu berichten, was geschehen war, doch für diese klang die Geschichte völlig unsinnig, deshalb glaubten sie ihnen nicht.

Die Soldaten berichten den jüdischen Autoritäten

Während die Frauen auf dem Weg in die Stadt waren, gingen einige der Männer, die das Grab bewacht hatten, zu den obersten Priestern und berichteten ihnen, was geschehen war. Sofort wurde eine Versammlung aller Ältesten einberufen. Sie beschlossen, die Soldaten zu bestechen, und gaben ihnen die folgende Anweisung: »Ihr müsst sagen: ›Die Jünger von Jesus kamen in der Nacht, während wir schliefen, und haben seinen Leichnam gestohlen.‹ Wenn der Statthalter davon erfährt, werden wir euch beistehen. Ihr braucht nichts Schlimmes zu befürchten.« Die Soldaten nahmen das Bestechungsgeld an und sagten, was ihnen aufgetragen worden war. Ihre Geschichte verbreitete sich unter den Juden, und sie erzählen sie noch bis zum heutigen Tag.

Erscheinung auf dem Weg nach Emmaus

Am gleichen Tag waren zwei Jünger von Jesus unterwegs nach Emmaus, einem Dorf, das etwa elf Kilometer von Jerusalem entfernt lag. Auf dem Weg sprachen sie über alles, was geschehen war. Plötzlich kam Jesus selbst, schloss sich ihnen an und ging mit ihnen. Aber sie wussten nicht, wer er war, weil Gott verhinderte, dass sie ihn erkannten.

»Worüber redet ihr?«, fragte Jesus. »Was beschäftigt euch denn so?« Da blieben sie voller Traurigkeit stehen.

Einer von ihnen, Kleopas, sagte: »Du bist wohl der einzige Mensch in Jerusalem, der nicht gehört hat, was sich dort in den letzten Tagen ereignet hat.«

»Was waren das für Ereignisse?«, fragte Jesus.

»Das, was mit Jesus von Nazareth geschehen ist«, sagten sie. »Er war ein Prophet, der vor Gott und dem ganzen Volk erstaunliche Wunder tat und mit großer Vollmacht lehrte. Doch unsere obersten Priester und die anderen Ältesten haben ihn verhaftet, den Römern ausgeliefert und zum Tod verurteilen lassen, und er wurde gekreuzigt. Wir hatten gehofft, er sei der Christus, der Israel retten und erlösen wird. Das alles geschah vor drei Tagen. Aber heute Morgen waren einige Frauen aus unserer Gemeinschaft schon früh an seinem Grab und kamen mit einem erstaunlichen Bericht zurück. Sie sagten, sein Leichnam sei nicht mehr da und sie hätten Engel gesehen, die ihnen sagten, dass Jesus lebt! Einige von uns liefen hin, um nachzuschauen, und tatsächlich war der Leichnam von Jesus verschwunden, wie die Frauen gesagt hatten.«

Darauf sagte Jesus zu ihnen: »Was seid ihr doch für unverständige Leute! Es fällt euch so schwer zu glauben, was die Propheten in der Schrift gesagt haben. Haben sie nicht angekündigt, dass der Christus alle diese Dinge erleiden muss, bevor er verherrlicht wird?« Und er begann bei Mose und den Propheten und erklärte ihnen alles, was in der Schrift über ihn geschrieben stand.

Mittlerweile näherten sie sich ihrem Ziel, dem Dorf Emmaus. Es schien so, als ob Jesus weitergehen wollte, doch sie baten ihn inständig, über Nacht bei ihnen zu bleiben, da es schon dunkel wurde. Da trat er mit ihnen ins Haus.

Als sie sich hinsetzten, um zu essen, nahm er das Brot, segnete es, brach es und gab es ihnen. Da gingen ihnen die Augen auf und sie erkannten ihn. Doch im selben Augenblick verschwand er! Sie sagten zueinander: »War es uns nicht seltsam warm ums Herz, als er unterwegs mit uns sprach und uns die Schrift auslegte?« Und sofort brachen sie auf und gingen nach Jerusalem zurück, wo die elf Jünger und die, die bei ihnen waren, sich versammelt hatten. Als sie ankamen, wurden sie mit der Nachricht empfangen: »Der Herr ist tatsächlich auferstanden! Er ist Petrus erschienen!«

Sie liefen zurück. Da erzählten auch die beiden Jünger aus Emmaus ihre Geschichte, wie Jesus unterwegs mit ihnen gesprochen hatte und wie sie ihn erkannt hatten, als er das Brot brach, aber kciner glaubte ihnen.

Tag 40

Jesus erscheint seinen Jüngern

Am Abend dieses ersten Tages der Woche trafen die Jünger sich hinter verschlossenen Türen, weil sie Angst vor den Juden hatten. Und während sie noch sprachen, stand Jesus plötzlich selbst mitten unter ihnen und sagte: »Friede sei mit euch!« Doch sie hatten alle schreckliche Angst, weil sie dachten, sie sähen einen Geist! »Warum fürchtet ihr euch so?«, fragte er. »Warum zweifelt ihr, wer ich bin? Seht euch meine Hände an. Seht euch meine Füße an. Ihr könnt doch sehen, dass ich es wirklich bin. Berührt mich und vergewissert euch, dass ich kein Geist bin; denn ein Geist hat keinen Körper, und ich habe einen, wie ihr seht!« Bei diesen Worten hielt er ihnen seine Hände hin und zeigte ihnen seine Füße.

Noch immer standen sie voller Zweifel und Freude da. Er fragte sie: »Habt ihr etwas zu essen da?« Sie reichten ihm ein Stück gebratenen Fisch, und er aß ihn vor ihren Augen. Freude erfüllte die Jünger, als sie ihren Herrn sahen.

Wieder sprach er zu ihnen und sagte: »Friede sei mit euch. Wie der Vater mich gesandt hat, so sende ich euch.« Dann hauchte er sie an und sprach: »Empfangt den Heiligen Geist. Wem ihr die Sünden vergebt, dem sind sie vergeben. Wem ihr sie nicht vergebt, dem sind sie nicht vergeben.«

Dann sagte er: »Als ich bei euch war, habe ich euch erklärt, dass alles, was bei Mose, bei den Propheten und in den Psalmen über mich geschrieben steht, in Erfüllung gehen muss.« Nun öffnete er ihnen den Blick für das Verständnis dieser Schriften. Er sagte: »Es wurde vor langer Zeit aufgeschrieben, dass der Christus leiden und sterben und am dritten Tag auferstehen muss. Geht in seinem Namen zu allen Völkern, angefangen in Jerusalem, ruft sie zur Umkehr auf, damit sie Vergebung der Sünden erhalten. Für all dies seid ihr meine Zeugen. Und nun werde ich euch den Heiligen Geist senden, wie mein Vater es versprochen hat. Ihr aber bleibt hier in der Stadt, bis der Heilige Geist kommen und euch mit Kraft aus dem Himmel erfüllen wird.«

Thomas sieht und glaubt

Einer der Jünger, Thomas, der auch »Zwilling« genannt wurde, war nicht dabei gewesen, als Jesus kam. Sie erzählten ihm: »Wir haben den Herrn gesehen!«

Doch er erwiderte: »Das glaube ich nicht, es sei denn, ich sehe die Wunden von den Nägeln in seinen Händen, berühre sie mit meinen Fingern und lege meine Hand in die Wunde an seiner Seite.«

Acht Tage später waren die Jünger wieder beisammen, und diesmal war auch Thomas bei ihnen. Die Türen waren verschlossen; doch plötzlich stand Jesus, genau wie zuvor, in ihrer Mitte. Er sprach: »Friede sei mit euch!«

Dann sagte er zu Thomas: »Lege deine Finger auf diese Stelle hier und sieh dir meine Hände an. Lege deine Hand in die Wunde an meiner Seite. Sei nicht mehr ungläubig, sondern glaube!«

»Mein Herr und mein Gott!«, rief Thomas aus.

Da sagte Jesus zu ihm: »Du glaubst, weil du mich gesehen hast. Glücklich sind die, die mich nicht sehen und dennoch glauben.«

Erscheinung vor den Jüngern am See

Später zeigte sich Jesus den Jüngern noch einmal am See von Tiberias. Das geschah folgendermaßen: Simon Petrus, Thomas, der auch »Zwilling« genannt wurde, Nathanael aus Kana in Galiläa, die Söhne des Zebedäus und zwei andere Jünger waren dort zusammen.

Simon Petrus sagte: »Ich gehe fischen.«

Die anderen meinten: »Wir kommen mit.« Also fuhren sie im Boot hinaus, doch sie fingen die ganze Nacht über nichts.

Bei Morgengrauen sahen die Jünger Jesus am Ufer stehen, doch sie konnten nicht sehen, wer es war. Er rief ihnen zu: »Freunde, habt ihr etwas gefangen?«

Sie antworteten: »Nein.«

Da sagte er: »Werft euer Netz auf der rechten Seite des Bootes aus, dann werdet ihr etwas fangen!« Sie taten es, und bald konnten sie das Netz nicht mehr einholen, weil so viele Fische darin waren. Da sagte der Jünger, den Jesus liebte, zu Petrus: »Es ist der Herr!«

Als Simon Petrus hörte, dass es der Herr war, legte er sein Obergewand an – denn er hatte es zur Arbeit ausgezogen –, sprang ins Wasser und schwamm ans Ufer. Die anderen blieben beim Boot und zogen das gefüllte Netz hinter sich her. Sie waren etwa hundert Meter vom Ufer entfernt.

Als sie ausstiegen und an Land gingen, sahen sie ein Kohlenfeuer brennen, auf dem Fisch gebraten wurde; dazu gab es Brot. »Holt ein paar von den Fischen, die ihr gerade gefangen habt«, sagte Jesus. Da stieg Simon Petrus ins Boot und holte das Netz an Land. Obwohl es mit hundertdreiundfünfzig großen Fischen gefüllt war, zerriss das Netz nicht.

»Kommt her und frühstückt!«, sagte Jesus. Doch keiner wagte ihn zu fragen, ob er wirklich der Herr sei. Sie wussten, dass er es war. Jesus kam auf sie zu, nahm das Brot und gab es ihnen, ebenso den Fisch. Das war das dritte Mal, dass Jesus seinen Jüngern erschien, seit er von den Toten auferstanden war.

Nach dem Frühstück sagte Jesus zu Simon Petrus: »Simon, Sohn des Johannes, liebst du mich mehr als die anderen?«

Petrus erwiderte: »Ja, Herr, du weißt, dass ich dich lieb habe.«

Jesus sagte: »Dann weide meine Lämmer!« Jesus wiederholte die Frage: »Simon, Sohn des Johannes, liebst du mich?«

Petrus antwortete: »Ja, Herr, du weißt, dass ich dich lieb habe.«

Jesus sagte: »Dann hüte meine Schafe!« Noch einmal fragte er ihn: »Simon, Sohn des Johannes, hast du mich lieb?«

Petrus wurde traurig, weil Jesus die Frage zum dritten Mal stellte, und sagte: »Herr, du weißt alles. Du weißt, dass ich dich lieb habe.«

Jesus sagte: »Dann weide meine Schafe! Ich versichere dir: Als du jung warst, konntest du tun, was du wolltest, und hingehen, wo es dir gefiel. Doch wenn du alt bist, wirst du deine Hände ausstrecken, und ein anderer wird dich führen und hinbringen, wo du nicht hingehen willst.« So deutete Jesus an, auf welche Weise Petrus sterben würde, um Gott damit zu verherrlichen. Dann forderte Jesus ihn auf: »Folge mir nach!«

Petrus drehte sich um und sah, dass der Jünger hinter ihnen ging, den Jesus liebte – jener Jünger, der sich beim Abendmahl zu Jesus hinübergelehnt und gefragt hatte: »Herr, wer von uns wird dich verraten?« Petrus fragte Jesus: »Was ist mit ihm, Herr?«

Jesus erwiderte: »Wenn ich will, dass er am Leben bleibt, bis ich wiederkomme, was geht das dich an? Folge du mir nach!«

Deshalb verbreitete sich in der Gemeinde der Gläubigen das Gerücht, dass dieser Jünger nicht sterben würde. Doch das hatte Jesus nicht gesagt. Er hatte nur gesagt: »Wenn ich will, dass er am Leben bleibt, bis ich wiederkomme, was geht das dich an?«

Dies ist der Jünger, der diese Ereignisse miterlebt hat und sie hier aufzeichnete. Und wir alle wissen, dass sein Bericht über diese Dinge wahr ist.

Der Missionsauftrag

Dann gingen die elf Jünger nach Galiläa zu dem Berg, den Jesus ihnen genannt hatte. Als sie ihn sahen, beteten sie ihn an – aber einige zweifelten immer noch. Jesus kam und sagte zu seinen Jüngern: »Mir ist alle Macht im Himmel und auf der Erde gegeben. Darum geht und macht alle Völker zu Jüngern. Tauft sie im Namen des Vaters und des Sohnes und des Heiligen Geistes und lehrt sie, alles zu befolgen, was ich euch aufgetragen habe. Und ich versichere euch: Ich bin immer bei euch bis ans Ende der Zeit.«

Später erschien er den elf Jüngern, während sie gemeinsam aßen. Er rügte ihren Unglauben, ihre hartnäckige Weigerung, denen zu glauben, die ihn nach seiner Auferstehung gesehen hatten. Und er sagte zu ihnen: »Geht in die ganze Welt und verkündet allen Menschen die gute Botschaft. Wer glaubt und getauft wird, wird gerettet werden. Wer aber nicht glaubt, wird verurteilt werden. Und diese Zeichen werden die begleiten, die glauben: Sie werden in meinem Namen Dämonen austreiben und sie werden neue Sprachen sprechen. Sie werden Schlangen anfassen oder etwas Tödliches trinken können, und es wird ihnen nicht schaden. Sie werden Kranken die Hände auflegen und sie heilen.«

Die Himmelfahrt von Jesus

Dann führte Jesus sie nach Betanien. Dort hob er die Hände zum Himmel und segnete sie. Noch während er sie segnete, verließ er sie und wurde in den Himmel hinaufgehoben und setzte sich auf den Ehrenplatz an die rechte Seite Gottes. Sie beteten ihn an und kehrten danach voll großer Freude nach Jerusalem zurück. Und sie hielten sich die ganze Zeit über im Tempel auf und priesen Gott. Die Jünger aber gingen überallhin und predigten die gute Botschaft. Der Herr wirkte durch sie und bestätigte alles, was sie sagten, durch viele wunderbare Zeichen.

Epilog

Die Jünger sahen, wie Jesus noch viele andere Wunder tat, die nicht in diesem Buch aufgezeichnet sind. Wenn man dies alles aufschreiben würde, glaube ich, könnte die ganze Welt die Bücher nicht fassen, die man dann schreiben müsste.

Diese aber wurden aufgeschrieben, damit ihr glaubt, dass Jesus der Christus ist, der Sohn Gottes, und damit ihr durch den Glauben an ihn in seinem Namen das ewige Leben habt.

BIBELSTELLENÜBERSICHT

Tag 1

Der Anfang: Markus 1,1; Lukas 1,1-4; Johannes 1,1-18
Der Stammbaum von Abraham bis Jesus: Matthäus 1,1-17
Der Stammbaum von Jesus bis Adam: Lukas 3,23-38
Die Ankündigung der Geburt von Johannes dem Täufer: Lukas 1,5-25
Maria wird die Geburt von Jesus angekündigt: Lukas 1,26-38

Tag 2

Maria besucht Elisabeth: Lukas 1,39-45
Marias Lobgesang: Lukas 1,46-56
Die Geburt von Johannes dem Täufer: Lukas 1,57-66
Das Lied von Zacharias: Lukas 1,67-80
Josef wird von Jesus erzählt: Matthäus 1,18-25
Die Geburt von Jesus: Lukas 2,1-7
Die Hirten und die Engel: Lukas 2,8-20
Die Beschneidung und Weihe von Jesus im Tempel: Lukas 2,21-38

Tag 3

Die Sterndeuter kommen zu Besuch: Matthäus 2,1-12
Flucht nach Ägypten: Matthäus 2,13-18
Rückkehr nach Nazareth: Matthäus 2,19-23

Die frühen Jahre von Jesus: Lukas 2,39-52
Der Dienst von Johannes dem Täufer: Matthäus 3,1-12; Markus 1,2-8; Lukas 3,1-18
Die Taufe von Jesus: Matthäus 3,13-17; Markus 1,9-11; Lukas 3,21-23

Tag 4

Die Versuchung von Jesus in der Wüste: Matthäus 4,1-11; Markus 1,12-13; Lukas 4,1-13
Wer ist Johannes der Täufer?: Johannes 1,19-28
Johannes benennt Jesus als Gottes Sohn: Johannes 1,29-34
Die ersten Nachfolger von Jesus: Johannes 1,35-51
Die Hochzeit in Kana: Johannes 2,1-12
Jesus im Tempel: Johannes 2,13-22
Frühe Reaktionen auf die Wunder von Jesus: Johannes 2,23-25

Tag 5

Nikodemus trifft sich mit Jesus: Johannes 3,1-21
Johannes der Täufer weist auf Jesus hin: Johannes 3,22-36
Jesus reist von Judäa durch Samaria: Matthäus 4,12; Markus 1,14; Lukas 3,19-20; 4,14; Johannes 4,1-4
Jesus und die samaritanische Frau am Brunnen: Johannes 4,5-26
Eine geistliche Ernte: Johannes 4,27-42

Tag 6

Jesus kehrt nach Galiläa zurück: Matthäus 4,17; Markus 1,14-15; Lukas 4,14-15; Johannes 4,43-45
Jesus heilt den Sohn eines Beamten: Johannes 4,46-54
Jesus wird in Nazareth abgelehnt: Lukas 4,16-30
Jesus zieht nach Kapernaum: Matthäus 4,13-16
Jesus beruft vier Fischer: Matthäus 4,18-22; Markus 1,16-20; Lukas 5,1-11
Jesus und der Besessene: Markus 1,21-28; Lukas 4,31-37
Jesus heilt die Schwiegermutter von Petrus: Matthäus 8,14-17; Markus 1,29-34; Lukas 4,38-41

Tag 7

Jesus predigt in Galiläa: Matthäus 4,23-25; Markus 1,35-39; Lukas 4,42-44
Jesus heilt einen Aussätzigen: Matthäus 8,2-4; Markus 1,40-45; Lukas 5,12-16
Jesus heilt einen Gelähmten: Matthäus 9,1-8; Markus 2,1-12; Lukas 5,17-26
Die Berufung eines Zöllners: Matthäus 9,9-13; Markus 2,13-17; Lukas 5,27-32
Das Gleichnis von den Weinschläuchen: Matthäus 9,14-17; Markus 2,18-22; Lukas 5,33-39
Jesus heilt am Sabbat: Johannes 5,1-11

Tag 8

Jesus verteidigt seine Heilung am Sabbat: Johannes 5,12-47
Weitere Kontroversen um den Sabbat: Matthäus 12,1-14; Markus 2,23–3,6; Lukas 6,1-11
Jesus zieht sich zurück und die Menge folgt ihm: Matthäus 12,15-21; Markus 3,7-12; Lukas 6,17-19
Jesus beruft seine zwölf Apostel: Markus 3,13-19; Lukas 6,12-16

Tag 9

Die Bergpredigt: Matthäus 5,1-2
Seligpreisungen und Ankündigung zukünftigen Leides: Matthäus 5,3-12; Lukas 6,20-26
Salz und Licht: Matthäus 5,13-20
Eine neue Art zu denken: Matthäus 5,21–6,4; Lukas 6,27-36
Vom Beten: Matthäus 6,5-18

Tag 10

Der Schatz im Himmel: Matthäus 6,19-24
Gott versorgt: Matthäus 6,25-34
Demut und Weisheit: Matthäus 7,1-11; Lukas 6,37-42
Der schmale Weg: Matthäus 7,12-20; Lukas 6,43-45
Ein festes Fundament: Matthäus 7,21–8,1; Lukas 6,46-49
Der Diener des Hauptmanns wird geheilt: Matthäus 8,5-13; Lukas 7,1-10
Der Sohn der Witwe wird wieder lebendig: Lukas 7,11-17

Tag 11

Johannes der Täufer stellt Fragen: Matthäus 11,2-19; Lukas 7,18-35
Wehklage über Städte, die sich nicht bekehren wollen: Matthäus 11,20-30
Die Fußsalbung: Lukas 7,36–8,1-3
Die geistliche Familie von Jesus: Matthäus 12,46-50; Markus 3,31-35; Lukas 8,19-21

Tag 12

Das Gleichnis von den vier Äckern: Matthäus 13,1-23; Markus 4,1-25; Lukas 8,4-18
Die Gleichnisse vom Unkraut, vom Senfkorn und vom Sauerteig: Matthäus 13,24-43; Markus 4,26-34
Die Gleichnisse vom Schatz, von der Perle und vom Fischernetz: Matthäus 13,44-53

Tag 13

Die Sturmstillung: Matthäus 8,18.23-27; Markus 4,35-41; Lukas 8,22-25
Austreibung von Dämonen: Markus 5,1-20; Lukas 8,26-39
Heilung der Kranken, Blinden und Besessenen: Matthäus 9,18-34; Markus 5,21-43; Lukas 8,40-56
Letzter Besuch in seiner Heimatstadt: Matthäus 13,54-58; Markus 6,1-6a

Tag 14

Arbeiter für die Ernte: Matthäus 9,35–11,1; Markus 6,6b-13; Lukas 9,1-6
Der Tod Johannes des Täufers: Matthäus 14,1-12; Markus 6,14-29; Lukas 9,7-9
Ein Versuch, Ruhe zu finden: Matthäus 14,13-14; Markus 6,30-34; Lukas 9,10-11; Johannes 6,1-3

Tag 15

Mehr als fünftausend Menschen werden satt: Matthäus 14,15-23; Markus 6,35-46; Lukas 9,12-17; Johannes 6,4-15
Jesus läuft auf dem Wasser: Matthäus 14,24-36; Markus 6,47-56; Johannes 6,16-21
Das Brot des Lebens: Johannes 6,22-59

Tag 16

Manche folgen Jesus nicht mehr: Johannes 6,60-71
Jesu Brüder glauben nicht an ihn: Johannes 7,1-9
Jesus bricht religiöse Traditionen: Matthäus 15,1-20; Markus 7,1-23
Jesus und eine heidnische Frau: Matthäus 15,21-28; Markus 7,24-30
Heilungen in den Zehn Städten: Matthäus 15,29-31; Markus 7,31-37
Mehr als viertausend Menschen werden satt: Matthäus 15,32-38; Markus 8,1-9

Tag 17

Forderungen von Wundern: Matthäus 15,39–16,12; Markus 8,10-26
Petrus' großes Bekenntnis: Matthäus 16,13-20; Markus 8,27-30; Lukas 9,18-21
Jesus sagt seinen Tod und seine Auferstehung voraus: Matthäus 16,21-23; Markus 8,31-33; Lukas 9,22
Nimm dein Kreuz auf dich: Matthäus 16,24-28; Markus 8,34–9,1; Lukas 9,23-27
Die Verklärung von Jesus: Matthäus 17,1-13; Markus 9,2-13; Lukas 9,28-36
Heilung eines besessenen Jungen: Matthäus 17,14-21; Markus 9,14-29; Lukas 9,37-43a

Tag 18

Vorhersage seines Todes: Matthäus 17,22-23; Markus 9,30-32; Lukas 9,43b-45
Wer zahlt Tempelsteuer?: Matthäus 17,24-27
Wer ist der Größte?: Matthäus 18,1-14; Markus 9,33-50; Lukas 9,46-50
Heilung zerbrochener Beziehungen: Matthäus 18,15-20
Vergebung ohne Grenzen: Matthäus 18,21-35
Reise durch Samaria: Lukas 9,51-56
Was es kostet, Jesus nachzufolgen: Matthäus 8,19-22; Lukas 9,57-62

Tag 19

Jesus kommt beim Fest an und lehrt: Johannes 7,10-36
Ströme lebendigen Wassers: Johannes 7,37–8,1
Die Ehebrecherin: Johannes 8,2-11
Das Licht der Welt: Johannes 8,12-30

Tag 20

Die Wahrheit macht frei: Johannes 8,31-59
Jesus sendet zweiundsiebzig Jünger aus: Lukas 10,1-24
Der gute Samariter: Lukas 10,25-37
Jesus besucht Maria und Marta: Lukas 10,38-42

Tag 21

Wie man betet: Lukas 11,1-13
Vorwurf der Gotteslästerung: Matthäus 12,22-37; Markus 3,20-30; Lukas 11,14-23
Das Zeichen von Jona: Matthäus 12,38-45; Lukas 11,24-36
Weheruf über die Pharisäer: Lukas 11,37-54

Tag 22

Warnung vor Heuchelei: Lukas 12,1-12
Warnung über Besitz und Sorge: Lukas 12,13-34
Immer bereit sein: Lukas 12,35-48

Warnung über die Zeichen der Zeit: Lukas 12,49-59
Tut Buße oder geht zugrunde: Lukas 13,1-9

Tag 23

Jesus heilt eine verkrüppelte Frau: Lukas 13,10-21
Ein Blindgeborener: Johannes 9,1-7
Der Blinde wird nach seiner Heilung befragt: Johannes 9,8-34
Geistliche Blindheit: Johannes 9,35-41
Der gute Hirte: Johannes 10,1-21

Tag 24

Jesus wird mit Steinigung bedroht: Johannes 10,22-42
Der schmale Weg zum Königreich: Lukas 13,22-33
Abendessen im Haus des Pharisäers: Lukas 14,1-24
Der Preis der Nachfolge: Lukas 14,25-35
Gleichnisse vom verlorenen Schaf und von der verlorenen Münze: Lukas 15,1-10

Tag 25

Gleichnis vom verlorenen Sohn: Lukas 15,11-32
Gleichnis vom klugen Verwalter: Lukas 16,1-13
Die Gefahren des Reichtums: Lukas 16,14-17.19-31
Lektionen über Jüngerschaft: Lukas 17,1-10

Tag 26

Ein Freund stirbt: Johannes 11,1-16
Lazarus wird vom Tod auferweckt: Johannes 11,17-44
Das Mordkomplott gegen Jesus: Johannes 11,45-54
Jesus heilt zehn Aussätzige: Lukas 17,11-19
Das Kommen des Königreichs: Lukas 17,20-37

Tag 27

Zwei Gleichnisse über das Beten: Lukas 18,1-14
Diskussion mit den Pharisäern über Scheidung:
Matthäus 19,1-12; Markus 10,1-12; Lukas 16,18
Lasst die Kinder zu mir kommen: Matthäus 19,13-15;
Markus 10,13-16; Lukas 18,15-17
Der reiche junge Mann: Matthäus 19,16-26; Markus 10,17-27;
Lukas 18,18-27
Die Ersten werden die Letzten sein, die Letzten die Ersten:
Matthäus 19,27–20,16; Markus 10,28-31; Lukas 18,28-30

Tag 28

Eine Lektion über Ehrgeiz: Matthäus 20,17-28; Markus 10,32-45;
Lukas 18,31-34
Der blinde Bartimäus: Matthäus 20,29-34; Markus 10,46-52;
Lukas 18,35-43
Zachäus will Jesus sehen: Lukas 19,1-10
Gleichnis von den zehn Pfund Silber: Lukas 19,11-27

Maria salbt Jesus für sein Begräbnis: Matthäus 26,6-13; Markus 14,3-9; Johannes 11,55–12,11

Tag 29

Triumphaler Einzug: Matthäus 21,1-11.14-17; Markus 11,1-11; Lukas 19,28-44; Johannes 12,12-19
Verfluchung des Feigenbaums: Matthäus 21,18-19; Markus 11,12-14
Jesus reinigt den Tempel: Matthäus 21,12-13; Markus 11,15-18; Lukas 19,45-48
Griechen wollen Jesus sehen: Johannes 12,20-36
Jesajas Prophezeiung wird erfüllt: Johannes 12,37-50

Tag 30

Lektion über den vertrockneten Feigenbaum: Matthäus 21,20-22; Markus 11,19-26; Lukas 21,37-38
Jesu Autorität wird von den Ältesten angefochten: Matthäus 21,23-27; Markus 11,27-33; Lukas 20,1-8
Gleichnis von den beiden Söhnen: Matthäus 21,28-32
Gleichnis vom Weinberg: Matthäus 21,33-46; Markus 12,1-12; Lukas 20,9-19
Gleichnis des Hochzeitsmahls: Matthäus 22,1-14
Eine Frage über die Steuer: Matthäus 22,15-22; Markus 12,13-17; Lukas 20,20-26
Eine Frage über die Auferstehung: Matthäus 22,23-33; Markus 12,18-27; Lukas 20,27-40

Tag 31

Das größte Gebot: Matthäus 22,34-46; Markus 12,28-37; Lukas 20,41-44
Religiöse Heuchler werden zurechtgewiesen: Matthäus 23,1-39; Markus 12,38-40; Lukas 13,34-35; 20,45-47
Die Gabe der Witwe: Markus 12,41-44; Lukas 21,1-4
Zeichen für das Ende des Zeitalters: Matthäus 24,1-14; Markus 13,1-13; Lukas 21,5-19

Tag 32

Das abscheuliche Götzenbild: Matthäus 24,15-28; Markus 13,14-23; Lukas 21,20-24
Das Kommen des Menschensohns: Matthäus 24,29-31; Markus 13,24-27; Lukas 21,25-27
Die Zeit ist nahe: Matthäus 24,32-41; Markus 13,28-33; Lukas 21,28-33
Seid wachsam und bereit: Matthäus 24,42–25,30; Markus 13,34-37; Lukas 21,34-36

Tag 33

Gericht beim Kommen des Menschensohns: Matthäus 25,31-46
Der Verrat beginnt: Matthäus 26,1-5.14-16; Markus 14,1-2.10-11; Lukas 22,1-6
Vorbereitung auf das Passahfest: Matthäus 26,17-20; Markus 14,12-17; Lukas 22,7-16

Streit über Größe: Lukas 22,24-30
Jesus wäscht die Füße der Jünger: Johannes 13,1-20
Jemand wird mich verraten: Matthäus 26,21-25;
Markus 14,18-21; Lukas 22,21-23; Johannes 13,21-35

Tag 34

Eine schreckliche Vorhersage: Matthäus 26,31-35;
Markus 14,27-31; Lukas 22,31-38; Johannes 13,36-38
Das letzte Abendmahl: Matthäus 26,26-29; Markus 14,22-25;
Lukas 22,17-20
Habt keine Angst: Johannes 14,1-14
Wenn ihr mich liebt: Johannes 14,15-31
Bleibt in meiner Liebe: Johannes 15,1-17

Tag 35

Rechnet mit Anfeindung: Johannes 15,18–16,4
Der Geist der Wahrheit: Johannes 16,5-15
Das Versprechen der Freude: Johannes 16,16-22
Das Versprechen von erhörten Gebeten und Frieden:
Johannes 16,23-33
Jesus betet: Johannes 17,1-26
Im Garten Gethsemane: Matthäus 26,30.36-46;
Markus 14,26.32-42; Lukas 22,39-46; Johannes 18,1

Tag 36

Verraten und verhaftet: Matthäus 26,47-56; Markus 14,43-52; Lukas 22,47-53; Johannes 18,2-12
Gerichtsverhandlung – jüdische Phase eins (Hannas): Matthäus 26,57; Markus 14,53; Lukas 22,54a; Johannes 18,13-14.19-24
Petrus im Gerichtshof: Matthäus 26,58; Markus 14,54; Lukas 22,54b-55; Johannes 18,15-16a.18
Gerichtsverhandlung – jüdische Phase zwei (Kaiphas): Matthäus 26,59-68; Markus 14,55-65; Lukas 22,63-65
Petrus verleugnet, Jesus zu kennen: Matthäus 26,69-75; Markus 14,66-72; Lukas 22,56-62; Johannes 18,16b-17.25-27
Gerichtsverhandlung – jüdische Phase drei (Hoher Rat): Matthäus 27,1; Markus 15,1; Lukas 22,66-71
Das Ende von Judas: Matthäus 27,3-10

Tag 37

Gerichtsverhandlung – römische Phase eins (Pilatus): Matthäus 27,2.11-14; Markus 15,1-5; Lukas 23,1-5; Johannes 18,28-38
Gerichtsverhandlung – römische Phase zwei (Herodes Antipas): Lukas 23,6-12
Gerichtsverhandlung – römische Phase drei (Pilatus): Matthäus 27,15-30; Markus 15,6-19; Lukas 23,13-25; Johannes 18,39–19,16
Der Weg nach Golgatha: Matthäus 27,31-34; Markus 15,20-23; Lukas 23,26-33a; Johannes 19,17

Tag 38

Jesus wird gekreuzigt: Matthäus 27,35-44; Markus 15,24-32; Lukas 23,33b-44a; Johannes 19,18-27
Es ist vollbracht: Matthäus 27,45-50; Markus 15,33-37; Lukas 23,44b-45a.46; Johannes 19,28-30
Übernatürliche Ereignisse: Matthäus 27,51-56; Markus 15,38-41; Lukas 23,45b.47-49
Der Tod von Jesus wird bestätigt: Johannes 19,31-37
Jesus wird begraben: Matthäus 27,57-61; Markus 15,42-47; Lukas 23,50-56; Johannes 19,38-42
Das Grab wird versiegelt: Matthäus 27,62-66

Tag 39

Das leere Grab: Matthäus 28,1-8; Markus 16,1-8; Lukas 24,1-8; Johannes 20,1-2
Petrus und Johannes sehen das leere Grab: Lukas 24,12; Johannes 20,3-10
Jesus erscheint Maria von Magdala: Markus 16,9-11; Johannes 20,11-18
Jesus erscheint den anderen Frauen: Matthäus 28,9-10; Lukas 24,9-11
Die Soldaten berichten den jüdischen Autoritäten: Matthäus 28,11-15
Erscheinung auf dem Weg nach Emmaus: Markus 16,12-13; Lukas 24,13-35

Tag 40

Jesus erscheint seinen Jüngern: Lukas 24,36-49; Johannes 20,19-23
Thomas sieht und glaubt: Johannes 20,24-29
Erscheinung vor den Jüngern am See: Johannes 21,1-24
Der Missionsauftrag: Matthäus 28,16-20; Markus 16,14-18
Die Himmelfahrt von Jesus: Markus 16,19-20; Lukas 24,50-53
Epilog: Johannes 20,30-31; 21,25

ÜBER DIE AUTOREN

Steve Laube veröffentlicht bereits seit über vierzig Jahren Bücher, als Buchverkäufer, Lektor, Herausgeber und Literaturagent. Er arbeitet als Bibellehrer, ist verheiratet und hat drei Töchter und zwei Enkel. Er ist ein Würdenträger in der Hall of Fame des Grand Canyon University's College of Theology.

Amanda Jenkins ist die leitende Autorin des Bonusmaterials von *The Chosen*. Dallas Jenkins ist der Autor von *The Chosen*. Sie leben mit ihren vier Kindern in Texas, wo *The Chosen* gefilmt wird.

DAS BESONDERE AN DER »NEUES LEBEN«-BIBELÜBERSETZUNG

Diese Bibelübersetzung ist ideal für Menschen auf der Suche nach einer Bibel, die in heutigem Deutsch geschrieben ist und sich gleichzeitig nah am Grundtext orientiert. Lebensnah, leicht verständlich und doch sachlich und inhaltlich zuverlässig sind die Kennzeichen dieser Bibelübersetzung. Ein Expertenteam aus Theologen, Übersetzern und Lektoren hat in intensiver Zusammenarbeit den biblischen Grundtext so übersetzt, dass die Gedanken des Originaltextes wiedergegeben werden und dennoch dem heutigen Sprachgebrauch angepasst sind. Damit folgt man dem Vorbild und Charakter der amerikanischen »New Living Translation«. Diese Übersetzung, die sich zum Ziel setzt, den von den biblischen Autoren beabsichtigten Sinn den Lesern von heute zu vermitteln, ist sowohl textlich genau als auch sprachlich gut lesbar. Als Grundtext diente für das Alte Testament die »Biblia Hebraica Stuttgartensia«. Des Weiteren wurden während der Übersetzung die Septuaginta, der samaritanische Pentateuch sowie alle weiteren relevanten Schriften berücksichtigt. Für das Neue Testament liegt das »Novum Testamentum Graece« in der Bearbeitung von Nestle und Aland u. a. zugrunde. Dabei ist jetzt die 28. Auflage maßgeblich und es wurden die Änderungen des Wortlauts eingearbeitet, die sich daraus im Jakobus- und Judasbrief sowie in den Petrus- und Johannesbriefen ergeben. Der Wortlaut der betreffenden Stellen in früheren Ausgaben ist in einer Fußnote nachgewiesen, wenn er nennenswerte sprachliche oder inhaltliche Unterschiede aufwies.

Die Bibel zum Vorlesen

Heute wie in vergangener Zeit werden biblische Texte häufig laut vorgelesen und sollen dabei gut verstanden werden. Die lebendige Sprache der »Neues Leben«-Bibelübersetzung eignet sich hervorragend zum Vorlesen, aber auch als Grundlage für Predigten und für das persönliche Bibelstudium.

Sprachliche Besonderheiten und Ausnahmen

Das häufig mit Stiftshütte übersetzte Zeltheiligtum wird mit Zelt Gottes wiedergegeben. Für Zion steht Jerusalem, wo sich Zion auf die Stadt, die Einwohner oder die Frauen Jerusalems bezieht. Ansonsten bleibt wie im hebräischen Text Zion bzw. Tochter Zion erhalten. Das priesterliche Kleidungsstück Efod ist mit Priesterschurz übersetzt bis auf die Stellen, wo Efod in Verbindung mit Hausgötzen (Terafim) vorkommt. Bei der Weisheitsliteratur wurde besonders auf den poetischen Charakter der Sprache geachtet. Viele Ausdrücke, die den Menschen der damaligen Zeit verständlich waren, bedeuten für Leser heute etwas anderes. In diesen Fällen gibt die Übersetzung die heutige Bedeutung wieder. Was z. B. damals als Stadt galt, ist nach modernem Verständnis häufig nur ein Dorf. Die Sprache ist dem jeweiligen biblischen Buch sowie der historischen Zeit angemessen. So wird z. B. statt des Begriffs Gouverneur bewusst der historisch richtige Ausdruck Statthalter oder statt des Begriffs Armee Heer verwendet. Zentrale theologische Begriffe wie Sünde, Schuld, Gnade u. a. m. bleiben erhalten und werden nicht durch modernere Formulierungen in ihrer Bedeutung aufgelöst.

Weitere Literatur

Begegnung fürs Leben. Die Studienbibel für jeden Tag. Holzgerlingen: SCM R.Brockhaus, 2023, Seite 1812-1819.

Boettner, Loraine: *A Harmony of the Gospels.* Phillipsburg, NJ: Presbyterian and Reformed Publishing, 1976.

Cheney, Johnston M./Ellisen, Stanley: *The Greatest Story: A Unique Blending of the Four Gospels.* Sisters, OR: Multnomah Books, 1994.

Daniel, Orville E.: *A Harmony of the Four Gospels: The New International Version.* 2. Auflage, Grand Rapids: Baker Books, 1996.

Dimitrov, Nikola: *The Four in One Gospel of Jesus Chronologically Integrated According to Matthew, Mark, Luke, and John.* 2. Auflage, Ventura, CA: Nordskog Publishing, 2017.

Knight, George W.: *A Simplified Harmony of the Gospels.* Nashville: Broadman & Holman, 2001.

MacArthur, John: *One Perfect Life: The Complete Story of the Lord Jesus.* Nashville: Thomas Nelson Publishing, 2012.

Pentecost, J. Dwight: *A Harmony of the Words and Works of Jesus Christ.* Grand Rapids: Zondervan Publishing House, 1981.

Simmons, Brian: *The Life of Jesus: Harmonized Gospels Reader's Edition*. The Passion Translation. Savage, MN: BroadStreet Publishing, 2018.

Thomas, Robert L./Gundry, Stanley N.: *The NIV Harmony of the Gospels: New International Version*. New York: HarperCollins Publishers, 1988.

Vanheiden, Karl-Heinz: *Die authentische Botschaft des Christentums. Das Neue Testament chronologisch*. Muldenhammer: Jota Publikationen GmbH, 2003.

Vanheiden, Karl-Heinz: *Jesus – Das Leben. Die authentische Biografie nach den Berichten der Bibel*. Dillenburg: CV Dillenburg, 2019.

Chronologische Bibelausgaben

Chronological Life Application Study Bible: New Living Translation (NLT). Wheaton, IL: Tyndale House Publishers, 2012.

The Chronological Study Bible: New King James Version (NKJV). Nashville: Thomas Nelson Publishers, 2008.

Guthrie, George H.: *Reading God's Story: A Chronological Reading Bible*. Nashville: Broadman & Holman, 2011.

Smith, F. LaGard: *The Daily Bible: In Chronological Order*. Eugene, OR: Harvest House Publishers, 1984.

Dallas Jenkins, Kristen Hendricks, Amanda Jenkins,

Unterwegs mit Jesus
Andachten

Die Andachten in diesem Buch drehen sich alle um die Frage, wie deine Nachfolge mehr an Klarheit und stärkerer Überzeugung für ein Leben mit Jesus gewinnen kann. Auf der 40-tägigen Reise mit diesem Buch treffen wir wieder auf Menschen, die Jesus vor über zweitausend Jahren kennengelernt haben.

Gebunden, 12,5 × 18,7 cm, 240 Seiten
Nr. 227.000.044, ISBN: 978-3-417-00044-3